FACE À FACE :
L'ADOLESCENT ET LA SOCIÉTÉ

PSYCHOLOGIE ET SCIENCES HUMAINES

Denis Szabo
Denis Gagne
Alice Parizeau

l'adolescent et la société

(étude comparative)

Deuxième édition

DESSART ET MARDAGA, EDITEURS
2, GALERIE DES PRINCES, BRUXELLES

1re édition : 1972

© by Dessart et Mardaga, Bruxelles 1972

D. 1977-0024-4

PRÉFACE

Ce livre est le fruit d'une collaboration entre une juriste spécialiste du traitement des jeunes délinquants et deux sociologues, intéressés aux causes et aux caractéristiques de l'inadaptation juvénile contemporaine [1]. *Il s'agit là plutôt d'une convergence d'intérêts et non d'un projet unique, réalisé de concert. En effet, une véritable dichotomie s'observe encore aujourd'hui entre, d'une part, des études d'inspiration sociologique qui s'efforcent d'analyser les causes socioculturelles de l'inadaptation juvénile et, d'autre part, des études de délinquance juvénile réalisées dans les contextes juridiques et institutionnels spécifiques.*

Quelle est la cause de ces divergences? Elle est principalement dans le point de départ des observations. En effet, le sociologue examine le contexte mésologique de l'homme et analyse les conséquences du milieu sur la conduite sociale, comme le psychologue centre ses observations sur la conduite individuelle telle qu'elle résulte du fonctionnement de l'organisme humain. Le juriste base ses réflexions sur l'examen d'une institution qui existe en fonction de l'application d'une règle de droit. C'est ainsi que pour le sociologue, le terme

[1] Denis GAGNE, professeur adjoint au Département de Criminologie de l'Université de Montréal, est subitement décédé en octobre 1970. Voir biographie succincte dans *Acta Criminologica*, janvier 1972.

« *déviant* » *indique une catégorie sociale spécifique que l'on peut identifier grâce à l'observation des groupes sociaux. Aucun jugement de valeur n'y est implicite. Il s'agit d'une catégorie sociale ayant des caractéristiques particulières que l'on peut observer, et dont les traits peuvent être quantifiés et faire l'objet de manipulations statistiques. Des questions se posent évidemment quant aux critères* « *déviance* ». *Ils sont relatifs aux valeurs que l'on prend comme point de référence. Certaines de ces valeurs se reflètent dans la loi, d'autres sont en dehors de ce cadre de référence.*

Fort différent est le point de départ de celui qui analyse la délinquance. Le terme est, en effet, de connotation juridique : la loi délimite l'âge de la responsabilité pénale et tout un système socio-administratif est venu se greffer sur une législation spéciale concernant les jeunes « *délinquants* ». *Quel que soit le terme qu'on utilise :* « *délinquant* », « *contrevenant* », *etc., ceux que la loi concerne, prend sous sa* « *protection* », *sont marqués par un stigmate social certain.*

Inadaptation, déviance et délinquance sont donc des notions qui se recouvrent partiellement, mais qui sont définies par rapport à des critères différents. En effet, les valeurs souvent diffuses, traversant des frontières de la stratification sociale et ethnique, inspirant l'émergence de sous-cultures nouvelles et variées, doivent être prises en considération lorsqu'on établit des traits qui permettront de classifier certains comme « *déviants* » *ou* « *inadaptés* ». *C'est le* « *devenir* » *et la transformation de la société qui secrètent, avec plus d'abondance lors de l'accélération des changements, des individus et des groupes* « *déviants* ». *La connotation négative des termes tend à diminuer à mesure que les valeurs de la culture officielle, dominante, tendent à se discréditer. Et dans certains milieux, on sera près d'affirmer, à l'instar des* « *déviants* » *politiques des XVIIIᵉ et XIXᵉ siècles, que les hors-la-loi d'hier représenteront la légitimité de demain.*

Tout autre est la portée de la notion de « *délinquance* ». *Une condamnation infamante, presque irrévocable, y est attachée : celui qui en est marqué est mis dans une catégorie à part, bien délimitée par rapport au reste de la société. De tout un ensemble de mesures appliquées par des organismes créés à cet effet, résulte une ségrégation sociale.*

Or, la perplexité des observateurs de la vie sociale, celle du spécialiste comme celle de l'honnête homme, est grande devant ces faits et il n'est guère facile d'en dégager la portée générale. Les tenants d'un certain positivisme sociologique se rallieraient volontiers au relativisme philosophique, si facilement compatible avec le relativisme méthodologique qui est de mise dans les sciences humaines. Toutes les valeurs se valent et celles qui sont « déviantes » ne sont peut-être que, momentanément, minoritaires; peu à peu leurs adhérents augmentant en nombre, elles seront tolérées, voire acceptées. Ceux qui reconnaissent une certaine hiérarchie des valeurs sinon immuable du moins dotée d'une grande stabilité, considèrent que la « déviance » n'est qu'une variante adoucie de conduites « délinquantes » dont le danger, tant pour la collectivité que pour celui qui a commis l'acte répréhensible, demeure constant.

Ce serait sans doute trop prétendre que de penser que le présent ouvrage apporte des éclaircissements décisifs sur les problèmes qu'on vient d'évoquer. On a tenté néanmoins de jeter quelque lumière en répartissant le contenu en trois parties. Dans une première partie, nous examinerons, à la lumière des considérations macrosociologiques et en se situant dans la perspective d'une sociologie de la morale, les théories de l'inadaptation et nous tenterons de proposer une explication inspirée par la dialectique de l'ordre et du changement. Dans une deuxième partie, Denis Gagne décrit les diverses recherches sociologiques contemporaines consacrées à la déviance et les met en regard de la notion traditionnelle de la délinquance. Finalement, dans une troisième partie, Alice Parizeau confronte ces notions sociologiques à la réalité institutionnelle et juridique : elle examine les systèmes que plusieurs pays contemporains se sont donnés pour « traiter » les délinquants. De cette confrontation résultent des enseignements intéressants non seulement pour des juristes et des administrateurs des services sociaux, mais également pour des chercheurs en sciences humaines.

En conclusion, il convient d'insister sur la nécessité d'une conver-

gence entre toutes les démarches intellectuelles touchant le problème d'inadaptation juvénile. Beaucoup de recherches sociologiques ignorent les réalités juridiques et institutionnelles, les considérant tacitement, parfois même expressément, comme des structures que l'évolution sociale a vidées de son contenu. Ceux qui administrent ces organismes sont souvent convaincus du caractère ésotérique et purement hypothétique des recherches sociologiques. Or, une interpénétration entre ces deux mondes est des plus souhaitables comme elle est aussi des plus profitables. La variété et le caractère parfois éphémère des conduites « déviantes » doivent atténuer considérablement la portée de la notion de « délinquance » qui s'applique à certains. Une recherche pertinente doit préciser la signification des comportements que toute société organisée a cependant le devoir de tenir sous contrôle et surveillance. Un des meilleurs exemples en est l'usage des drogues dans certaines sous-cultures juvéniles.

Une science sociale appliquée comme la criminologie constitue un champ idoine de rencontre entre chercheurs préoccupés des problèmes semblables, mais venant d'horizons disciplinaires différents. Nous souhaitons que le lecteur puisse surmonter la difficulté qui provient de cette démarche inusitée : espérons qu'il sera récompensé de ses peines.

Denis SZABO

Montréal, décembre 1971

PREMIÈRE PARTIE

INADAPTATION JUVÉNILE : FONDEMENTS PSYCHO-CULTURELS

par

Denis SZABO

INTRODUCTION

La succession des générations, l'intégration des jeunes dans les structures institutionnalisées de la société sont des problèmes majeurs qui ont retenu l'attention des observateurs de la vie sociale, qu'ils soient écrivains, philosophes ou spécialistes des sciences humaines. Les conflits qui naissent, les tensions qui se dégagent de la rencontre du monde impétueux des jeunes à l'apogée de leur expansion biopsychologique et du monde des adultes, déjà pliés aux conformismes qu'impose le poids des traditions incarnées dans les institutions sociales, intéressent le criminologue car il croit y découvrir les racines de nombreuses inadaptations, délinquances, pathologies dans la vie individuelle et collective.

L'analyse du mal de la jeunesse, du spleen, de l'anarchisme, du vandalisme, de l'aliénation — autant de manifestations de la difficulté d'être soi-même, de la recherche d'une identité — présente des problèmes d'une grande complexité. Elle sied mieux au talent d'écrivains comme Gide ou Moravia qui nous traçaient, dans *les Caves du Vatican* ou dans *les Indifférents*, des portraits d'une justesse psychologique et d'une authenticité morale difficilement égalables par ceux qui recourent à l'armature conceptuelle rébarbative des sciences sociales.

Il nous apparaît néanmoins que, dans l'étude de ce problème, on peut restaurer les intentions globalisantes de la sociologie du XIXe siècle, héritière de la philosophie et de l'histoire, qui tentait d'aider l'homme à déterminer son identité et son destin dans un monde dont l'évolution, en Occident du moins, avait pris un rythme accéléré. L'ordre, qui semblait naturel à cause de la relative stabilité dont jouissait notre société, édifiée sur les fondements judéo-helléniques et romains, fut remis en cause si radicalement que le doute envahit les consciences. L'éthos même de notre civilisation devint l'objet d'examens minutieux car on n'étudie que ce qui est opaque : lorsque les modèles de conduite, basés sur des normes et des valeurs régulièrement transmises de génération en génération, deviennent diffus, l'effet sécurisant de la culture non seulement diminue, mais est remplacé par des interrogations qui créent plus de problèmes qu'elles n'en résolvent.

Pourtant, ce phénomène n'est pas propre à notre époque. Les jeunes s'opposèrent toujours à leurs aînés, les innovateurs se heurtèrent toujours aux conformistes. Qu'est-ce qui lui donne ce sens d'urgence dramatique que chacun de nous ressent ? Il nous semble que c'est l'échelle à laquelle se pose le problème qui a radicalement changé. En effet, la société de consommation, soumise à un progrès technologique incessant, a généralisé un phénomène qui n'était caractéristique que d'une petite minorité. Les classes moyennes qui ne sont moyennes que par un jeu d'esprit géométrique — ne s'étendent-elles pas sur la vaste majorité de la société ? — ne subissant plus les contraintes de la société industrielle, que Marx avait raison d'appeler « lois d'airain ». La civilisation de loisirs qui est la nôtre s'apparente à celle de la noblesse de l'Ancien Régime : libérée des contraintes socio-économiques, elle se libère avec allégresse de la contrainte morale. Le renouveau d'intérêt pour l'œuvre de Sade prend valeur de symbole à cet effet. La civilisation de cour, où rien ne devait limiter les aspirations qui prennent leur origine dans les instincts, l'orgueil, la vanité ou la volonté de puissance, est pratiquement à la portée de tout le monde. Cette nouvelle civilisation est un véritable bouillon de culture de moralités de toutes sortes et les hommes, jeunes et vieux, éprouvent des difficultés accrues pour sélectionner des critères de choix sûrs et des motifs d'action cohérents. Le moratoire psycho-social dont parle Erickson (1963) donne bien le cadre général de notre analyse : la prolongation de la scolarité obligatoire recule l'entrée des jeunes dans le champ de la responsabilité propre au statut d'adulte. Or les mécanismes d'apprentissage et de socialisation n'assurent pas une préparation morale, une maturité suffisante pour orienter avec assurance le destin des jeunes vers des buts précis.

Dans le présent essai, nous envisagerons le cadre macro-sociologique de notre étude en confrontant l'hypothèse de la néoténie avec celle du misonéisme. Nous résumerons, par la suite, les caractéristiques de la société et de la culture de masse, contexte sociologique précis de notre analyse. En privilégiant les éléments psychologiques et culturels dans l'étude du fait moral, nous tenterons de préciser les contributions respectives de la sociologie de la connaissance et de la sociologie de la socialisation à notre sujet; à cette occasion nous indiquerons l'apport relatif de la psychologie et de la sociologie et nous soulèverons les problèmes heuristiques que pose la collaboration interdisciplinaire. Finalement, c'est par l'étude du concept de l'obligation que nous tenterons de poser des jalons vers l'analyse de l'inadaptation psycho-culturelle des adolescents dans notre société et nous en viendrons aux paradigmes microsociologiques, puis à des hypothèses partielles plus précises. Une note sur les rapports entre types de moralité et types de civilisation conclura ces propos.

L'HYPOTHÈSE MACROSOCIOLOGIQUE

I. NÉOTÉNIE ET MISONÉISME : ÉLÉMENTS D'UNE DÉFINITION

Nous allons tenter de définir deux concepts peu usités pour désigner une réalité qui constitue le cadre macrosociologique de notre analyse. Il s'agit des concepts de la néoténie et du misonéisme, le premier se référant au rôle novateur des jeunes dans la dynamique sociale, le second au rôle stabilisateur de la structure sociale.

La néoténie est une interprétation de l'évolution de l'homme, qui considère l'adulte non pas comme le terme mais comme le point de départ. Dans la perspective évolutionniste classique, l'enfant prépare l'adulte. Devenir homme, c'est « actualiser la perfectibilité caractéristique de l'espèce » (Lapassade, 1963, p. 24). Ce concept désigne en même temps un fait, comme l'existence de batraciens qui conservent leur forme larvaire et se perpétuent sous cette forme, et une idée, celle de Darwin : les formes juvéniles, fixées au cours de l'évolution, auraient succédé chronologiquement à des formes adultes ancestrales. Si le néotène est un adolescent qui a remplacé l'adulte, l'enfant peut succéder à l'adulte au lieu de le précéder. On peut conclure, d'après cette hypothèse, que le progrès ne passe plus par le perfectionnement des formes adultes, qu'il peut donc s'inscrire, comme le note

Lapassade (1963), dans des formes embryonnaires stabilisées.

Dans ces conditions, dire d'un homme qu'il est néotène, c'est indiquer qu'il a conservé la plasticité de la vie embryonnaire et juvénile, en même temps que sa fragilité. L'espèce humaine se caractérise ainsi par une indétermination ouverte, à jamais marquée par l'inachèvement originel. L'homme néotène, conclut Lapassade (1963), n'est donc pas seulement immaturé, il est aussi prématuré. La vie humaine vue dans cette perspective considère l'état adulte à jamais éloigné de la condition humaine. « L'inachèvement permanent de l'individu est à l'image de l'inachèvement permanent de l'espèce » (Lapassade, 1963, p. 39). L'inachèvement signifie la conservation des formes juvéniles, de la plasticité des stades juvéniles, pour l'opposer à la stabilité des adultes. Le progrès suppose la plasticité caractéristique des formes embryonnaires de la vie et en devient le principe même.

Or, la société de masse contemporaine, comme nous le verrons plus tard, a fait, de ce progrès accéléré, la condition fondamentale de son fonctionnement : tout ce qui ne s'y adapte pas est considéré comme « déviant ». L'hypothèse de Lapassade (1963) nous paraît particulièrement intéressante, car elle permet d'expliquer le rôle croissant des jeunes dans la société contemporaine. Il importe cependant d'en examiner les conséquences dans l'ordre moral, dans la transmission des valeurs culturelles et c'est là notre propos fondamental. Cet examen révèle qu'en même temps qu'une certaine rupture entre générations, il existe aussi une profonde continuité, une stabilité dans notre civilisation. On peut supposer que la crise se manifeste durant les périodes précises de la socialisation et qu'elle est amplifiée par les facteurs socio-culturels circonstanciels. Mais si la néoténie est une hypothèse valable pour expliquer la crise de la jeunesse et le rôle majeur de celle-ci dans les transformations de la société de masse, vouée apparemment à un progrès et à un état de changement illimités, comment pouvons-nous rendre compte de la stabilité fondamentale des organisations, des structures ou des institutions sociales ? Quel que soit le nom par lequel on désigne cette conscience collective que Durkheim a caractérisée par l'extériorité et par la contrainte, par rapport aux consciences individuelles, nous sommes forcés de reconnaître qu'elle impose au mouvement néoténique des freins puissants.

Cette résistance au changement, cette stabilité fondamentale de relations sociales au sein des institutions, des organisations, nous l'appellerons « misonéisme ». Toutes les analyses sociologiques qui visaient à rendre compte des organisations sociales ont raisonné en termes d'équilibre, de changement et d'adaptation plutôt qu'en termes de progrès et de transformation. On a maintes fois dénoncé le caractère conservateur d'une telle sociologie, à laquelle s'apparente l'école fonctionnaliste contemporaine. Pour nous, le misonéisme est un corollaire de la néoténie et l'on doit utiliser simultanément les deux concepts car ils désignent des réalités différentes mais coexistantes. Le graphique suivant tentera d'éclairer nos propos :

Transmission des valeurs du milieu de travail :   20 - 30 ans
forces misotropes

Transmission des valeurs des pairs :   10 - 20 ans
forces néotropes

Transmission des valeurs parentales :   0 - 10 ans
forces misotropes

Action des forces misotropes et néotropes

L'hypothèse générale de cette recherche est que la néoténie et le misonéisme, deux concepts macrosociologiques, éclairent utilement les mécanismes de transmission des valeurs morales. Celles-ci sont successivement fonction des expériences liées à l'action des forces néotropes et à celle des forces misotropes. Elles expliquent le paradoxe qui est présent dans toutes les sociologies, anthropologies ou philosophies visant à une explication totale de la condition humaine : la propension au changement en même temps qu'à la stabilité.

2. NÉOTÉNIE, MISONÉISME ET MORALITÉ

La néoténie qui caractériserait notre société, conséquence des exigences créées par les progrès continuels et accélérés des techniques qui engendrent une consommation croissante de qualités essentiellement propres à la jeunesse, a d'importantes répercussions dans l'ordre moral. En effet, si ce rajeunissement obligatoire des cadres dirigeants fait, de la plasticité du caractère, de l'adaptation aisée de la personnalité à des tâches nouvelles et variées, du dynamisme, de la rapidité du jugement et de la décision, les vertus dominantes et seules garantes de la réussite, on peut s'interroger légitimement sur les conséquences morales de cette néoténie.

Si l'expérience devient synonyme de routine, si la fermeté de caractère fait figure de rigidité, et telle semble bien être la caractéristique de la néoténie, on peut indiquer dès maintenant certains corollaires moraux de cette nouvelle situation. L'ambiguïté des valeurs, l'incertitude dans le jugement moral, le flottement quant aux options fondamentales implicites dans l'adhésion à des règles de conduite, autant de traits que nous avions associés à la structure incertaine de la conscience morale en pleine évolution et à la maturation des adolescents, se retrouvent donc dans la société des adultes. Ce n'est pas sans raison que le concept d'anomie de Durkheim (1951), conçu initialement pour expliquer l'étiologie d'une des variantes du suicide dans la société industrielle, est devenu, par l'intermediaire de Merton (1957), une des clefs de voûte de la pensée sociologique moderne. L'absence de normes, l'ambiguïté des valeurs, l'instabilité des relations humaines qui caractérisent cette société ne conduisent plus au suicide, à la délinquance, aux diverses manifestations névrotiques seulement dans la mégalopolis moderne : elles se sont étendues à notre civilisation tout entière. Et ceci pour deux raisons : la première est la généralisation du genre de vie urbaine qui implique l'anomie, la deuxième est la néoténie qu'engendre la dynamique de notre système économique.

La moralité des jeunes devient, dans cette perspective, la moralité des adultes. L'incertitude quant à l'avenir, les frustrations mal contrôlées débouchant sur l'agressivité gratuite se généralisent dans la société « néoténisée ». La naissance et le succès de moralités diagnostiquant cette situation, telles celles de Sartre, de Genêt, de Camus ou de Vian, pour ne citer que des auteurs français, ont valeur de symbole à cet égard. L'aliénation et le non-engagement d'une part et, d'autre part, le vandalisme et les manifestations de sadisme qui touchaient quelques privilégiés de la fortune ou des éléments économiquement marginaux de la société, se retrouvent dans des couches de plus en plus larges de la population, chez tous les jeunes dont l'âge est bien plus proche de la trentaine que de la vingtaine. L'adolescence se prolonge et, à la gérontocratie des temps anciens et modernes, succède une juvénocratie, phénomène dont on n'a pas fini de mesurer les conséquences économiques, socio-culturelles et morales.

Les motifs d'action de nos contemporains reflètent bien cette érosion générale des normes de conduite et ce pluralisme moral. La socialisation des jeunes se fait dans des conditions psycho-sociologiques d'une rare précarité : les méthodes éducatives, basées sur une expérience transmise par des générations et préservant une certaine continuité à travers le temps, sont remises en question. Les expériences des générations précédentes sont disqualifiées en raison d'exigences précises de la société — celles-ci sont vues en termes de « prospectives », c'est-à-dire projetées vers le futur — et personne ne peut systématiser l'expérience présente pour en faire une base solide en vue de l'éducation des nouvelles générations. Les adultes « néoténisés » ne transmettent plus des modèles de conduite cohérents, l'image qu'ils s'en font en vue de l'identification pour les jeunes étant ambiguë. On n'a qu'à relever les discussions au sujet du choix et de l'utilisation des techniques de discipline dans la psycho-pédagogie moderne pour se convaincre de la profondeur du désarroi : la formation de la conscience morale qui en dépend s'en ressent beaucoup.

Nombreux sont les aspects de la néoténie qui mériteraient

une étude approfondie. Affirmons simplement ici que l'étude de la conscience morale, de sa formation et de ses orientations se situe au centre même de la préoccupation de ceux qui sont concernés par les relations entre le progrès social et le progrès moral en termes de crise sociale et de crise morale. Nos méthodes sont encore bien imparfaites pour mesurer l'interaction des variables qui nous intéressent. L'essayiste prime encore sur le chercheur lorsqu'on aborde ces problèmes. Néanmoins, on peut tenter de sérier les questions, de les dégrossir tout en préparant le terrain pour l'observation, voire l'expérimentation scientifique. Car on ne peut qu'entrevoir les multiples conséquences de la néoténie sur la morale contemporaine. Notons-en rapidement quelques-unes : par le suffrage universel, le vote des jeunes, chaque citoyen pèse sur l'orientation et le destin collectif de la communauté; les moyens de communication de masse diffusent des valeurs, des idéologies, et suscitent des aspirations parmi lesquelles le choix est d'autant plus difficile que le sens moral de la population est émoussé; toutes les aventures deviennent possibles, toutes les causes trouvent des défenseurs; les adultes manquent de conviction, sont insuffisamment motivés dans la présentation des valeurs et des normes morales, ce qui donne un caractère d'inauthenticité à celles-ci aux yeux des jeunes à la recherche de leur identité. Et l'on pourrait énumérer encore bien d'autres sujets de recherche et de réflexion dans le cadre de l'étude scientifique de la morale contemporaine.

L'interprétation de l'histoire par l'interaction des facteurs individuels et collectifs, d'ordre biopsychique et d'ordre socio-culturel, est un jeu de hasard où bien des esprits, par ailleurs éminents, ont laissé leur fortune entière. Néanmoins, il ne nous est guère possible d'éviter d'esquisser certaines hypothèses quelque hasardeuses qu'elles soient.

La néoténie socio-culturelle est un phénomène dont l'interprétation s'apparente aux théories évolutionnistes qui ont suggéré des parallélismes entre l'évolution génétique, le progrès technologique et les transformations socio-économiques. Cette théorie optimiste qui est à la base de la pensée libérale et de la pensée socialiste prévoit l'évolution de la société vers des formes toujours supérieures, assurant aux individus un progrès moral, corollaire des progrès matériels. Cette tradition intellectuelle conçoit la nature de l'homme comme étant d'une grande flexibilité, d'une plasticité presque absolue devant les exigences des structures socio-économiques. Celles-ci obéissent à des lois naturelles inéluctables et l'homme, par ses instincts ainsi que sa moralité, s'y conforme et s'y intègre. Comme cette transformation sociale est téléologique, orientée vers le perfectionnement accru de la collectivité comme de l'individu, ce dernier s'améliore moralement en améliorant ses conditions d'existence. Selon les sciences modernes du comportement, la socialisation façonne l'individu d'une manière considérable : nous sommes ce que la société exige que nous soyons, ce qui est bien conforme, par ailleurs, au credo du fonctionnalisme.

Or, il est très difficile d'expliquer la crise morale contemporaine, telle que nous l'avons esquissée plus haut, dans la perspective évolutionniste. Certains ont tendance à considérer tous ces problèmes comme de vagues épiphénomènes, fruits de contradictions dialectiques de structures en gestation, porteuses de la forme supérieure de civilisation qui résoudra tous ces problèmes en les assumant. Mais nous sommes forcés de constater la permanence des problèmes d'inadaptation qui surgissent entre les traits psychologiques, les normes et les valeurs culturelles, d'une part, et les exigences et les conditions d'existence socio-économiques, d'autre part.

Une autre tradition intellectuelle, plus pessimiste celle-là, invoque la rigidité relative de la nature humaine, dont les variations et les réactions à certaines situations ne s'opèrent qu'entre des limites précises : la propension de l'homme au progrès est largement contrebalancée par sa propension à la tradition. Cette dernière correspond à des instincts profonds de conservatisme, de sécurité, qu'assure le connu. Le conformisme, la méfiance de l'inédit, la crainte du changement, le refus instinctif de l'innovation en sont les données naturelles. La tradition chrétienne, la philosophie de Hobbes et la pensée de Sorel, de Pareto ou de Sorokin appartiennent à cette lignée. L'histoire et l'évolution ne s'inscrivent pas dans une montée continue, téléologique, réalisant à travers les transformations technologiques et socio-économiques un idéal moral. Au contraire, les changements sont cycliques, les progrès et les régressions dans l'histoire des civilisations sont le reflet des contradictions naturelles de l'homme, qui peuvent être limitées par l'éducation et par la socialisation, sans cependant se faire éliminer ni complètement ni même partiellement. Cette deuxième tradition fait donc appel au misonéisme, résistance aux changements qui s'explique par une évaluation plus pessimiste des ressources et des orientations de la nature humaine.

Quelles sont les relations de la néoténie et du misonéisme dans l'interprétation de la crise de la morale contemporaine, en particulier celle que connaissent les adolescents dans les sociétés de masse ? Notre hypothèse générale est que le misonéisme rend compte des conséquences de la néoténie. Expliquons-nous. Il paraît plausible que la néoténie, corollaire des transformations technologiques rapides et permanentes, surestime et surcharge la capacité d'adaptation des individus, sur le plan des valeurs et des normes, aux structures socio-économiques nouvelles. Le misonéisme, lui, dans les termes des sciences du comportement, se pose de la manière suivante : quelle est la qualité et la quantité des valeurs transmises au cours de la socialisation d'une génération à l'autre ? Si l'on raisonne dans la perspective freudienne du développement du moi, on sait que le rôle des parents et des groupes de pairs ne s'exerce qu'à l'intérieur de cadres spatio-temporels précis. La structure instinctuelle de la personnalité impose, par ailleurs, certaines orientations en même temps que des limites aux influences exogènes normales. La quantité et la qualité des valeurs et des normes qui dérivent de la nouvelle expérience socio-culturelle des parents et que ceux-ci sont disposés ou capables de transmettre à leurs enfants semblent fort restreintes. D'autant plus que le mariage est de plus en plus précoce et que les parents « néoténisés » manquent à la fois de motivation et de méthodes adéquates pour la transmission de certaines de ces valeurs et de ces normes. En d'autres termes, dans l'hypothèse du misonéisme, la plasticité de la nature humaine ne se vérifie pas, et ainsi s'expliquent la stabilité des structures socio-culturelles et celle de la personnalité dans la société de masse en dépit de changements spectaculaires mais superficiels. Les flambées de violence et de nihilisme moral sont plus puissantes chez les adolescents dans nos sociétés à cause des effets de la néoténie, mais tout rentre dans l'ordre dès que les adolescents abordent les canaux ordinaires qui conduisent à des positions responsables dans la structure socio-économique et culturelle de la communauté. Une observation du sens commun permet de voir ce que nous voulons dire : si le système de valeurs et la vision du monde d'un adolescent peuvent être aux antipodes de ceux de ses parents, ces différences apparaîtront bien amenuisées au fur et à mesure de son accession aux responsabilités de la vie adulte. Il serait très intéressant, dans cette perspective, de conduire une recherche comparative, en rapprochant la vision du monde de générations s'échelonnant, de cinq ans en cinq ans, entre quinze et soixante-cinq ans. Les effets de la néoténie prédomineront durant les premières tranches d'âge, pour céder la place aux effets du misonéisme durant les dernières.

3. MORALE ET ÉTHIQUE

Plus précisément, sur quoi porte alors la crise ? Sur les croyances des adultes, forgées au cours d'une existence riche d'expériences sanctionnées par une série de succès ou d'échecs, ou bien sur les idéaux et les devoirs moraux que les jeunes perçoivent et dont ils sont incapables de ressentir l'authenticité ? Et là se pose le problème de l'unité ou de la diversité des morales dans la culture contemporaine, ainsi que celui de la possibilité d'une éthique universelle transcendante aux morales propres à chacun des cadres socio-culturels d'une même société.

Nietzsche notait déjà que le contenu de notre conscience est fait de préceptes qui résultent de demandes répétées et non justifiées de personnes à qui nous vouions, durant notre enfance, une vénération mêlée de crainte. Et Freud précisait que l'anxiété morale issue de la crainte de perdre l'amour parental était la ressource majeure de la conscience morale. Nous discuterons et préciserons ces idées ultérieurement. Affirmons ici simplement qu'une importante source de confusion dans le sujet qui nous intéresse provient de l'ambiguïté du terme « morale ». Celle-ci est toujours contingente, très partiellement communicable, et représente la somme des compromis qu'un individu ou une catégorie d'individus a réalisée durant le cycle complet de sa vie. Loring (1966) a raison lorsqu'elle dit qu'il n'y a pas de langage ni de standard universels d'évaluation éthique. Un seul principe demeure universel : c'est que chacun doit agir conformément à son propre sens du devoir. La diversité des expériences, des tempéraments, des goûts et des cadres socio-culturels d'existence explique et justifie la diversité des morales. La condition de l'*homo sapiens* justifie et explique ce principe éthique implicite dans la conscience humaine. L'absence de ce sens éthique, quel qu'en soit par ailleurs le contenu réel, caractérise justement le psychopathe criminel, variante extrême de l'*homo sapiens* (Stephenson, 1966).

La société et la culture de masse unifiant cependant l'expérience des individus dans nos sociétés technologiques post-industrielles, serait-il possible de parler de recul progressif des morales teintées d'idéologies — c'est-à-dire d'autojustifications, de plaidoyers *pro domo*, d'hommes, de classes, de races — au profit d'une éthique universelle ? L'écroulement des morales traditionnelles sous l'épreuve des transformations socio-économiques rapides renforce les effets de la néoténie. Comment se maintient alors la continuité de la culture et la stabilité, toute relative mais réelle, de la structure sociale ? C'est par ce qu'Erickson (1963) appelle l'exigence de la fidélité des adolescents à une identité profonde entre leurs aspirations et leur manière d'être. Cette fidélité exige un dévouement discipliné et un engagement dans les expériences de l'époque qu'ils abordent. Ils en assument ainsi les traditions, utilisent et renouvellent sa technologie, se rebellent contre ses morales surannées et reformulent ses exigences éthiques. Ce processus s'inscrit parmi les effets du misonéisme.

Ces trop brèves remarques n'autorisent ni conclusions ni hypothèses précises. Peut-être Erickson (1963) a-t-il raison d'espérer l'avènement progressif de cette éthique commune, résultat d'une œuvre commune des jeunes, qui ne sont pas en proie aux mythes des idéologies, et des moins jeunes, qui ne demeurent pas prisonniers de la morale de leurs expériences. On ne peut cependant que souhaiter que les philosophes et les moralistes se joignent aux spécialistes des sciences sociales dans leur quête commune des énigmes de la condition humaine.

ANALYSE PSYCHO-CULTURELLE
DU FAIT MORAL :
PERSPECTIVES NOUVELLES

Les vastes et approximatives hypothèses macrosociologiques déblayaient notre sujet. Il s'agit maintenant d'en préciser les cadres en analysant les caractéristiques de la société et de la culture de masse contemporaines.

Nous examinerons d'abord les relations entre la société de masse et la culture de masse ; ensuite nous verrons comment, progressivement, les conditions d'inadaptation culturelle prennent le pas sur les causes d'inadaptation sociale dans l'hypothèse d'une société de masse ; enfin, nous analyserons quelques conséquences qu'entraînent, sur le plan théorique, les changements qu'ont subis la réalité et la notion d' « inadaptation sociale ».

I. CADRE SOCIO-CULTUREL : SOCIÉTÉ DE MASSE

a) *Caractéristiques de la société de masse*

Après la rupture radicale de la symbiose entre le milieu naturel et la société traditionnelle, due aux révolutions démographique, industrielle, technologique et scientifique des XVIIIe et XIXe siècles, un nouveau type de société a émergé, désigné communément sous le nom de société de masse.

Ce type de société, qui apparaît dans les typologies sociologiques dès le siècle dernier, semble s'être généralisé dans l'Europe des deux côtés du rideau de fer ainsi qu'en Amérique du Nord. C'est la variante la plus récente de la société industrielle, décrite par Raymond Aron (1962), qui se distingue des sociétés non industrielles ou moins industrialisées du tiers monde. Dans cette société, la tyrannie de la nature et de la technique, qui imposa une contrainte considérable durant les phases précédentes de l'évolution sociale, tend à disparaître avec le perfectionnement technologique, l'automation et l'accroissement du temps consacré aux loisirs. Sans doute, dans une certaine mesure, la contrainte technologique s'est étendue dans la société contemporaine en atteignant la plupart des employés, les cols blancs en particulier. La façon dont cette « existence » détermine la « conscience » a fait l'objet d'études aujourd'hui classiques. Mais la contrainte dont résulte la cohésion sociale provient d'abord d'une autre source : l'économie du marché (à l'Ouest) et l'économie planifiée (à l'Est) exigent une imprégnation toujours plus profonde des esprits par le truchement des *mass media*, par le canal des mythes, des motivations et des incitations qui canalisent les intérêts, les pouvoirs d'achats, les curiosités, en un mot, les forces vitales psycho-sociales et économiques, dans le sens exigé par la finalité propre à la société globale.

Cependant, les forces économiques conduisent la société vers une intégration étroite. Marcuse (1963) note les traits suivants : une concentration croissante de l'économie nationale ; un rapport étroit entre l'économie nationale et les systèmes d'alliances militaires, de conventions monétaires, de programmes d'assistance technique et de plans de développement ; l'affaiblissement progressif des différences entre l'ouvrier et l'employé, entre la direction des grandes affaires et celle des grands syndicats ouvriers, entre les loisirs et les aspirations des couches inférieures et ceux des couches supérieures de la société ; une harmonie préétablie entre le monde universitaire et la politique nationale ; la pénétration des *mass media* dans l'intimité du foyer et la coordination de l'opinion publique et de l'opinion privée.

L'intégration économique se poursuit donc, mais son influence sur la société et la culture est relayée par les *mass media* qui véhiculent les idées et les images stéréotypées que nécessitent son fonctionnement et son progrès [1]. Les relations entre la société de masse contemporaine, particulièrement celle des États-Unis, et sa culture ont fait l'objet d'un certain nombre d'études et aussi de quelques conclusions contradictoires. Comme le remarque Wilensky (1964), les théoriciens, de Tocqueville à Mannheim, ont tous insisté sur la déperdition des élites porteuses de certaines valeurs culturelles, au profit des masses populaires, véhicules d'autres valeurs qui menacent de déborder les premières. Ces sociologues pensaient que la mobilité, l'hétérogénéité socio-culturelle ainsi que la centralisation socio-économique et politique des sociétés modernes affaiblissaient les liens que les hommes entretenaient avec les groupes primaires (famille, compagnons de travail, voisinage, etc.) et en faisaient une proie facile pour toute agression psychologique ou action de propagande. « Société de masse » évoquait pour eux l'image d'une société totalitaire.

De nombreuses études empiriques ont démontré, en revanche, que les groupes primaires ont survécu à l'avènement de la société de masse. S'il est vrai que la société de masse a développé une culture de masse dont les valeurs et les croyances tendent à être fluides et homogènes, sans racine profonde dans une population largement atomisée et sujette aux changements rapides de la mode et des engouements passagers, cette culture de masse est filtrée par la diversité des milieux socio-culturels dont se compose la société américaine. L'absorption de la culture de masse serait donc largement tempérée et diversifiée par les attitudes qui prévalent dans les diverses communautés. Et c'est un des paradoxes que nous avons à noter : la société de masse, si largement carac-

---

[1] En investissant la presque totalité de ses bénéfices dans la publicité, une firme américaine est encore capable de tripler ou quadrupler ses chiffres d'affaires en l'espace de peu d'années, même sur un marché qui semble saturé et où les conditions de la concurrence sont extrêmement sévères.

térisée par une culture commune, véhiculée par les moyens de communication de masse auxquels tout le monde est exposé à peu près de la même manière, est aussi la société des « mille ghettos », conservant des particularismes nombreux.

Que résultera-t-il de la rencontre des deux tendances, des deux forces sociales contradictoires ? Nous avons, d'une part, la division du travail social qui crée sans cesse de nouveaux milieux de vie, de nouveaux types d'expériences et de responsabilités sociales et, d'autre part, les bureaucraties, les systèmes d'éducation, de loisirs et de communications, tous centralisés, sécrétant une culture de plus en plus homogène. Les cinq hypothèses développées par Wilensky (1964) méritent un rapide examen car elles sont étayées d'enquêtes intensives sur la relation entre société de masse et culture de masse :

— La différenciation sociale persiste, voire augmente. En dépit d'un certain nivellement socio-culturel, cette différenciation s'approfondit et prend ses racines dans les structures d'âge, de profession, de religion ainsi que dans la famille nucléaire. La persistance et la stabilité de ces liens ne doivent pas être sous-estimées, en dépit de la rationalisation progressive du système social qui caractérise les pays opulents.

— L'uniformité culturelle tend à augmenter, elle aussi. Sans effacer la différenciation sociale, sans en supprimer les progrès, la standardisation des valeurs, des croyances, des aspirations et des goûts se généralise et ne tient point compte du cloisonnement des divers milieux. Les causes en sont multiples : généralisation et augmentation de l'instruction obligatoire, extension des programmes d'éducation aux adultes, taux élevé de la mobilité sociale et géographique, émergence des marchés à l'échelle nationale, voire continentale, suscitant une publicité, une orientation commune des aspirations et des besoins.

— Par conséquent, c'est dans les sociétés les plus modernes, les plus opulentes, que les variations de la structure sociale et de la culture sont les plus indépendantes. En d'autres termes, la différenciation sociale, due au progrès de la division du travail et de la technique, peut s'accroître en même temps que l'uniformité culturelle.

— De plus, on observe une indépendance appréciable dans la variation entre les contenus culturels des diverses sphères institutionnelles et la structure sociale : le genre de travail ne conditionne pas automatiquement le degré de participation dans les activités sociales, la surface de contact, les réactions à l'égard des moyens de diffusion de masse, ni la vulnérabilité à l'égard des mouvements politiques de masse. En tout cas, le phénomène de contagion joue en ce qui concerne les conduites qui peuvent se transplanter d'une sphère constitutionnelle à l'autre, sans tenir compte des cloisonnements de la structure sociale.

— Néanmoins, à long terme, on observe une poussée vers une plus grande cohérence entre les valeurs, les aspirations et les croyances propres à chacun des complexes sociaux.

Wilensky (1964) estime que les effets conjoints de l'éducation des masses (tant l'extension de la durée de celle des jeunes que le développement de celle des adultes), des moyens de communication de masse et de l'État centralisé, finiront par submerger les variations socio-culturelles actuellement existantes et dues au genre de travail, à la religion, à l'âge et au milieu écologique. Il croit en outre que la culture de masse finira par pénétrer, tant en Amérique du Nord qu'en Europe occidentale, la totalité des structures sociales et des sphères culturelles.

b) *Société de masse et inadaptation sociale*

Le type idéal de la société de masse connaît une mobilité verticale et horizontale maximale. Ce fait diminue, dans une large mesure, l'importance des facteurs d'inadaptation proprement sociaux. En effet, la structure socio-économique tend à assurer à chacun des chances égales pour faire partie de cette société des classes moyennes dont Wright Mills nous donnait une image assez exacte.

Il reste un résidu qui s'exclut de cette mobilité et qui atteint une importance impressionnante dans certaines régions des États-

Unis, mais il s'agit surtout de minorités ethniques et la cause principale de cette exclusion est d'ordre au moins autant culturel que social. A cette exception près, les problèmes d'inadaptation se présentent le plus souvent à l'échelle de la société de masse en termes psychologiques ou psycho-sociologiques. C'est quand on considère les réactions de l'individu à une situation sociale donnée que les problèmes se posent. Et ce sont ces derniers qui sont un objet d'étude privilégié. Le développement prodigieux des sciences psychologiques et psychiatriques n'a pas d'autre raison : les individus se trouvent en face de problèmes parfois trop difficiles à résoudre et dont la solution est fournie par les disciplines cliniques, voire par une certaine sociologie clinique.

Ainsi nous avons vu que les conditions d'existence tendent à se standardiser dans une société de masse, qui est souvent une société d'opulence *(affluent society)*. Le facteur d'aliénation devient moins l'exploitation de l'homme par l'homme — les formes actuelles du capitalisme comme du socialisme se ressemblent par leur caractère bureaucratique et technocratique — que ce désarroi éprouvé par l'individu mis en face de sollicitations contradictoires et qui n'est pas en mesure, pour des raisons sur lesquelles nous reviendrons, de prendre des décisions conformes à ses intérêts et à ses désirs profonds. Le problème de l'inadaptation devient donc plutôt d'ordre psycho-culturel, le facteur social tendant à s'égaliser pour tous, perdant ainsi beaucoup de sa spécificité.

c) *Situations conflictuelles dans la société de masse :*
exemple des minorités ethniques

Le phénomène suivant constitue un bon exemple de notre hypothèse. La sociologie de l'inadaptation sociale classique, avec son étiologie et ses projets de réformes, ne s'applique, dans les grandes villes nord-américaines, qu'à des minorités bien circonscrites qui, à cause de préjugés ethniques d'une part et de l'absence d'enculturation profonde dans la culture dominante d'autre part, demeurent à l'écart des « ascenseurs » de la société de masse des classes moyennes. Ces catégories sociales ont été infiniment plus nombreuses et leur origine ne fut pas ethnique mais socio-économique dans la société européenne avant l'avènement progressif de la société de masse contemporaine. C'est en postulant leur permanence, avec tout ce que cela représente comme idéologie, genre de vie, etc., qu'une sociologie classique avait été édifiée, sociologie à laquelle nous devons l'étiologie (en termes de facteurs : chômage, logement, niveau de vie, etc.) de l'inadaptation sociale. Il nous semble que la tendance actuelle de la transformation sociale allant vers une société de masse réduit de plus en plus le rôle de ces facteurs d'inadaptation sociale, pour en faire l'apanage de populations tenues à l'écart, sorte d'isolats socio-culturels. A côté des minorités ethniques, notons les sociétés de beatniks qui refusent l'intégration dans la société de masse et dont l'étude postule une étiologie différente.

Par ailleurs, il est intéressant de noter l'échec des efforts visant l'intégration de ces minorités dans la société globale. En effet, les services sociaux, les groupes de prévention ou de resocialisation font appel à une motivation faite d'utilitarisme, d'intérêt personnel ou d'organisation rationnelle du temps, des activités, du budget, etc., motivation inexistante, trop peu puissante ou présente dans l'esprit des membres de ces groupes. *Mutatis mutandis*, c'était le même décalage, la même opposition idéologique, disons la même incompatibilité socio-culturelle qui caractérisait la société de classes de la phase de l'évolution sociale précédant l'avènement de la société de masse. Les groupements patronaux et syndicaux, qui incarnaient ces idéologies opposées, manifestaient également l'antagonisme radical de ces catégories sociales à tous les niveaux : celui des aspirations, des attitudes, des valeurs ainsi que celui des genres de vie. L'avènement progressif de la société de masse en Europe occidentale, par exemple, tend à transformer les organes des classes ouvrières, comme ceux des autres classes de la société, en organes de contrôle, en attendant d'être des organes de participation au pouvoir.

Ce même processus est signalé par Marcuse (1963). La domination, caractéristique des premières phases du capitalisme, devient administration, note-t-il.

« Les patrons d'autrefois disparaissent en tant qu'agents responsables individuels ; la gestion devient une fonction bureaucratique dans une vaste organisation. La source tangible de l'exploitation disparaît derrière la façade de la rationalité objective et de l'intérêt général... Ni la contrainte administrative, au lieu de la contrainte physique (faim, dépendance personnelle, force), ni le changement apporté à la nature du travail, ni l'assimilation des diverses classes, ni l'uniformisation dans le domaine de la consommation ne compensent le fait que les décisions concernant la vie et la mort, la sécurité individuelle et la sécurité nationale sont prises à un niveau auquel les individus n'ont pas accès » (p. 915).

Il demeure, cependant, que les forces socio-économiques, sanctionnées en cela par les mœurs et la culture, ont radicalement transformé les rapports existant entre les mouvements sociaux antagonistes ; entre patronat et ouvriers organisés, les intérêts communs tendent à primer les intérêts opposés. Un sous-prolétariat, concentré dans les « poches » de sous-développement, inorganisé et sans force électorale effective, demeure, à l'instar de certaines minorités ethniques, à l'intérieur de la société de masse contemporaine.

La situation de ces minorités ethniques aux États-Unis évolue également vers un point de rupture : soit absorption complète par la société de masse, soit récession socio-culturelle, voire politique.

Il va de soi que nous parlons d'un type idéal et d'un point de vue prospectif lorsque nous opposons la société de masse des régions métropolitaines de l'Amérique du Nord à d'autres genres de société. De fait, l'évolution sociale charrie les restes, plus ou moins bien conservés, de plusieurs autres types sociaux dans le même espace et à la même époque. Des structures socio-économiques datant de la première révolution industrielle, ou même antérieures, subsistent tant dans le sud des États-Unis que dans certaines régions d'Europe. Mais il semble que, dans les sociétés industrialisées, leur temps est compté et il y a lieu de prendre comme critère de normalité, dans le sens durkheimien du terme, les conditions d'existence de la société de masse.

d) *Le concept d'anomie et ses limites*

Le grand mérite d'Émile Durkheim, pour le sujet qui nous intéresse ici, a été de préciser le concept d'anomie qui a connu la même fortune que l'analyse du concept de bureaucratie de Max Weber, ou celui d'aliénation de Karl Marx. Utilisé lors de la tentative d'élucidation de l'étiologie d'un type de suicide dont la fréquence est bien plus grande dans ce que nous appelons une société de masse, il s'est révélé un concept fécond pour l'analyse de l'ensemble des problèmes de l'inadaptation psycho-sociale. Finalement Robert Merton (1957) a donné à ce concept une extension qui en fait la clef de voûte de toute étude théorique du problème de la déviance. La question que l'on peut se poser est cependant grave : voulant tout expliquer, le concept ne perd-il pas de sa spécificité ? On sait quel sort fut réservé à bien des découvertes qui se sont incorporées dans l'acquis universel du savoir. Si nous acceptons, en effet, avec Hannah Arendt, que la caractéristique principale de l'homme d'une société de masse est son isolement et l'absence de relation sociale normale avec ses semblables, nous exprimons, en langage vulgaire, l'essentiel de la littérature contemporaine au sujet de l'anomie. Ainsi Arendt (1954) exprime, à son tour, l'essentiel de ce que les auteurs les plus représentatifs ont à nous dire sur la société de masse, tels que Fromm (1945), Mannheim (1940, 1956), Kornhauser (1959), Selznick (1952), Riesman (1964) et Shils (1960).

Il semble donc que l'anomie se généralise dans la société de masse et qu'elle en est même l'état habituel. L'état d'anomie est décrit par Pizzorno (1963) comme un conflit de rôles à l'intérieur de la personne. Il y a anomie « lorsque la personne n'est pas capable d'établir une hiérarchie de priorité parmi les différents rôles qu'elle doit jouer; c'est-à-dire lorsqu'elle ne possède pas de critères pour choisir d'obéir aux obligations d'un rôle ou d'un autre » (p. 24). Ce schéma convient pleinement à la condition humaine dans une société de masse.

Prenons un exemple. En appliquant les analyses faites par les auteurs précités sur les rapports entre société de masse et vie politique, vie économique ou santé mentale, aux rapports qui existent entre le développement de la démocratie communale et le crime organisé en Amérique du Nord, nous pouvons faire rapidement certaines observations. Les organes de l'administration de la justice (magistrats, procureurs de la poursuite, policiers, etc.) ont été des émanations directes de la démocratie communale : élus, ils étaient sous le contrôle étroit de cette communauté libre de citoyens, dont l'homogénéité sociale et culturelle assurait le fonctionnement sans heurt de ces institutions de contrôle démocratique dont s'émerveillait Alexis de Tocqueville. Cependant, avec l'avènement progressif de la société de masse, ces organes de contrôle ont perdu une grande part de leur caractère démocratique et effectif. Les caractéristiques de cette nouvelle société (mobilité maximale, etc.) suppriment la plupart des éléments de contrôle organique, exercé par les citoyens et leurs associations représentatives (les groupes intermédiaires), tout en les maintenant comme fiction légale. Cette désintégration structurelle a pour corollaire la désintégration de la personnalité. Les sentiments de loyauté, de devoir et de respect de la justice dépérissent. Or, la convoitise du pouvoir, soit par la voie politique, soit par la voie économique, ne trouvait qu'une résistance anémiée des forces démoralisées, dépourvues des moyens de défendre les valeurs morales et matérielles de la communauté.

Ce phénomène a été aggravé particulièrement par les effets, sur les élites politiques américaines, du principe de Lord Acton : « le pouvoir corrompt, le pouvoir absolu corrompt absolument ». Pour parer à ce danger, la séparation des pouvoirs a été si rigidement observée par le législateur qu'une véritable paralysie administrative en résulte souvent.

Or, comme le font observer Rogow et Lasswell (1963), la carence du pouvoir (c'est-à-dire l'impuissance de ceux qui devraient exercer l'autorité) est génératrice de corruption au moins autant que la possession du pouvoir effectif. La faiblesse chronique des mesures prises contre le crime organisé (y compris les activités des groupes de pression telles que celles qui sont reprochées au syndicat des teamsters : intimidation, subornation de témoins, voire meurtre) ne s'explique pas autrement.

Ces phénomènes sont liés à la société de masse, à la culture de masse. La puissance d'attraction du gain matériel et du pouvoir représente une tentation à laquelle on ne succombe que trop facilement, n'ayant point acquis, durant le processus décisif de la socialisation, le respect dû aux règles et aux normes qui régissent l'accès aux buts convoités. C'est pourquoi l'analyse classique de Merton sur l'anomie demeure une des sources d'inspiration les plus riches pour les chercheurs qui étudient les formes et le potentiel de déviance de la société américaine.

e) Changements dans les formes de la criminalité

Nous avons vu la naissance et la disparition de certaines formes de criminalité, liées à des ensembles socio-culturels qui ont sombré avec elles au cours de l'histoire. Songeons aux procès de sorcellerie qui, aux XVe et XVIe siècles, ont dépeuplé des régions entières par l'exécution de dizaines de milliers de victimes. Michelet (1964), dans *la Sorcière*, nous a peint une image frappante de ce phénomène psycho-social qui fut, durant le Moyen Age, un problème de déviance de toute première importance. Plus près de nous, le phénomène que le Code pénal désigne sous le nom de vagabondage, et qui fut un phénomène d'inadaptation sociale important de l'histoire sociale depuis que les chroniqueurs nous en entretiennent, est près de disparaître. Et Vexliart (1963), qui a consacré tant d'attention à l'étude du vagabondage, a pu parler de sa disparition comme fléau social universel et noter ainsi un aspect de la transformation sociale qui se produit pratiquement sous nos yeux. La mise en place des organismes publics et privés donne naissance à une nouvelle forme d'organisation socio-économique et politique que l'on désigne du nom de

Welfare State. En France, par exemple, un milliard d'anciens francs a été consacré aux inadaptés sociaux en 1951; ce chiffre a atteint 23 milliards en 1958 et la courbe est toujours ascendante. Des chiffres semblables indiquent la même évolution dans les pays de l'Europe occidentale et de l'Amérique du Nord.

Il y a tout lieu de penser que la criminalité de la deuxième moitié de notre siècle, et à plus forte raison celle du XXIe, sera fort différente de celle dont nous parlions plus haut. Déjà la criminalité des cols blancs, que nous qualifierons de type intermédiaire, ainsi que les infractions aux législations anti-trusts en filiation directe avec les activités des chevaliers d'industrie *(robber barons)*, dont l'éthique a laissé une si forte empreinte sur la moralité publique nord-américaine, relèvent d'une étiologie qui a fort peu de choses en commun avec celle des vols à main armée. La prévention et le contrôle de cette criminalité exigent une nouvelle conceptualisation scientifique, basée sur de nouvelles recherches; elles exigeront, à coup sûr, des institutions, des moyens et des techniques inédits pour faire assurer le respect de la loi et des règles de la vie en commun. Si, suivant le mot de Daniel Bell (1953), *the crime is an American way of life*, on est loin d'en avoir trouvé les remèdes. Ce que nous connaissons du crime organisé nous ouvre également des horizons nouveaux pour la recherche.

Cependant, un nouveau phénomène d'inadaptation propre à la société de loisirs qu'est la société de masse se dessine et semble devoir dominer la société de demain. Le vandalisme, de plus en plus fréquent chez les jeunes, n'obéit plus aux mêmes motifs qui ont poussé le voleur de bicyclette décrit par De Sica. Cette humanité, partiellement libérée des contraintes du machinisme, se trouve dans la même situation, *mutatis mutandis*, que les oisifs de tous les temps avant la révolution industrielle. Mais, au lieu d'une fraction mince de la population, c'est en sa totalité que l'humanité y accédera progressivement. Le rituel qui régissait la conduite de la noblesse, qui s'explique, du moins partiellement, par son indépendance relative au point de vue de la subsistance matérielle et qui contenait tellement d'éléments qui, plus tard, furent qualifiés d'irrationnels par les idéologues de la bourgeoisie industrieuse, présente des similitudes frappantes avec la délinquance des oisifs de nos jours : attitude irresponsable à l'égard de la propriété et des institutions consacrées comme la famille, l'État, l'Église, etc., manifestations d'agressivité et de violence sans que les conditions classiques de frustrations soient présentes. On pourrait multiplier les éléments de rapprochement entre ces deux civilisations de loisirs.

En résumé, on peut formuler les observations suivantes :

— Les transformations sociales du dernier demi-siècle dans la partie industrialisée du monde ont engendré un nouveau type de société qu'on désigne du nom de société de masse; celle-ci a donné naissance à une culture de masse. L'action réciproque de cette société et de cette culture crée, pour les individus, des problèmes d'adaptation qui sont neufs et méritent un examen attentif. La libération relative des contraintes du machinisme, pour les individus, coïncide avec la contrainte psycho-culturelle des moyens de communication de masse qui assujettissent les énergies psychiques, libérées de la société, à la culture. Il ne s'agit pas, bien entendu, d'un changement absolu mais d'un déplacement d'accent de la société vers la culture.

— L'inadaptation sociale proprement dite tend à diminuer à cause de l'avènement progressif de la société d'opulence; les victimes de l'industrialisation, de l'accumulation des capitaux et de l'autofinancement de l'industrie, qui constituaient l'armée de réserve des inadaptés et des criminels potentiels du capitalisme du XIXᵉ siècle et du début du XXᵉ, cèdent la place aux minorités culturellement handicapées. C'est parmi ces dernières que se recrute la majorité des inadaptés qui entrent en conflit avec la loi. Une proportion importante de ces minorités est composée de gens de couleur aux États-Unis; ils représentent les cas extrêmes d'inadaptation psycho-culturelle. L'assimilation complète des valeurs de succès (l'approbation de l'esprit de compétition ou d'une philosophie utilitaire, la concentration des énergies psychologiques sur le moi, etc.) devient la condition la plus importante de l'adaptation ; son absence semble la raison décisive de l'inadaptation.

— Ce changement de nature dans l'inadaptation, qui de socio-culturelle tend à devenir psycho-culturelle, entraîne des conséquences d'ordre théorique et conceptuel. C'est ainsi que la méthode historique se combine fort avantageusement avec le point de vue structurel-fonctionnel et permet de dégager les éléments de changement ou de transformation dans les conduites sociales et les valeurs. Les mœurs et leurs crises ne peuvent pas être évaluées sans référence aux valeurs essentiellement variables des diverses époques historiques. D'autres concepts, tel celui d'anomie, rendirent compte fidèlement d'un phénomène qui est apparu avec force dans la seconde moitié du XIXe siècle et en indiquèrent la spécificité. Le phénomène s'étant généralisé, la valeur heuristique a perdu beaucoup de précision.

— Nous avons besoin d'une nouvelle armature conceptuelle, mieux adaptée aux exigences de l'analyse d'un nouveau type de société. La délinquance issue des déterminismes socio-économiques cède la place à une délinquance née des sollicitations contradictoires de la liberté. La délinquance est due à l'exaspération des besoins créés par les conditions d'existence propres à la société de masse. Les théories des conflits de cultures, de sous-cultures, de contra-cultures sont autant d'efforts pour susciter une théorie capable d'expliquer ces phénomènes nouveaux. On attend encore, toutefois, l'ouvrage d'envergure qui, à l'instar du *Suicide* de Durkheim, fixerait les perspectives d'analyse de l'inadaptation.

2. CONTEXTE PSYCHO-CULTUREL :
LA PERSONNE DANS LA CULTURE DE MASSE

Il y a lieu de réviser les concepts opératoires et même heuristiques, développés à une époque où l'idée de la généralisation probable de la société d'opulence ne s'était pas imposée aussi largement qu'aujourd'hui. Prenons par exemple la triade fondamentale « culture », « société » et « personnalité » qui sous-tend l'analyse théorique. Si notre hypothèse sur les caractéristiques de la société de masse est exacte, l'élément « société » semble revêtir une importance réduite par rapport aux deux autres. Sans parler de son effacement, notons seulement que la technologie moderne, liée à l'opulence et à la mobilité, en fait une variable relativement homogène et, par conséquent, relativement facile à contrôler.

Il y aurait donc trois types d'action à examiner : voyons d'abord le type traditionnel, qui lie les conduites sociales aux contraintes technologiques, et le type le plus nouveau, qui lie les conduites sociales aux contraintes culturelles. L'interaction de la personnalité, tant avec la culture qu'avec la société, demeure un champ d'étude très important de la psychologie sociale ; la personnalité est le facteur dynamique qui imprime sa marque à la société et à la culture. C'est au niveau du psychisme qu'il faut rechercher les motifs du choix dans la gamme des possibilités offertes par la société et la culture. En effet, on relève toujours des différences plus ou moins significatives au niveau du choix, au niveau de la *praxis* sociale de l'individu. Dans le champ de communication qui relie les hommes aux structures sociales et aux modèles culturels, les émetteurs socio-culturels ne sont pas captés d'une façon égale par chacun des récepteurs individuels. Ces différences constituent donc le troisième type d'action à examiner.

L'étude des mécanismes du contrôle social (fondements de la sanction, signification de la déviance, déterminants du conformisme, etc.) nécessite l'analyse de l'acte moral. Les questions suivantes pourraient être formulées à son sujet : quelles sont les valeurs véhiculées par les moyens de communication de masse ? quels sont les critères de leur distribution dans une population donnée ? quelles sont les attitudes développées au sein du groupe familial en regard des valeurs culturelles du groupe ? quels sont les rôles et les influences respectifs d'autres milieux et groupes à cet égard ?

Sur le plan psychologique, il y a lieu d'étudier la genèse des motivations (relatives aux choses désirables et indésirables) inculquées à l'enfant au cours de l'éducation. La création de l'anxiété par la punition répétée de certains actes devient le point de départ d'inhibitions et de sentiments de culpabilité qui jouent un si grand rôle dans la conduite morale de l'adolescent et de l'adulte. Le développement d'un système de motivation secondaire, issu des méthodes d'éducation des parents (récompenses et punitions), constitue l'objet d'étude capital de notre point de vue.

Ces problèmes peuvent être examinés sous un double aspect : d'une part, la genèse de l'incorporation des valeurs culturelles par le truchement des groupes primaires et secondaires au cours de la socialisation de l'individu — la formation de l'identité —, d'autre part, l'analyse de la pénétration des stéréotypes culturels diffusés par les moyens de communication de masse — la formation des attitudes, des opinions, des préjugés, etc. En effet, l'ensemble de la production de la recherche empirique depuis une quinzaine d'années pourrait être classé sous ces deux catégories à peu d'exceptions près.

L'interaction dialectique entre personnalité et collectivité, qui constituait l'objet d'étude central de la sociologie, se présente sous un jour différent : les liens de la personne avec la collectivité se sont multipliés. Par conséquent, la pression des facteurs exogènes a augmenté considérablement. En revanche, l'accroissement de ces liens a augmenté aussi les possibilités de choix pour l'individu ; loin de l'écraser, ils intensifient les sollicitations dans tous les sens. Ce n'est pas un des moindres paradoxes de la société de masse qu'en augmentant le degré de la pression, elle augmente, en même temps, les virtualités de liberté. Et l'on peut penser que, si les maladies sociales et les crises sociales du passé étaient dues aux lois d'airain d'ordre socio-économique, celles qui caractérisent la société de masse sont issues d'une extrême liberté devant des choix trop nombreux.

3. MATRICE DE LA RECHERCHE SUR LA DÉVIANCE

Quelle devrait être la matrice d'une recherche sur la déviance dans une société de masse ? En contrôlant les variables relatives à la société, il s'agit de délimiter des univers culturels en rapport avec les types de personnalité. Au fond, parmi les déterminants de l'acte moral, nous trouvons, d'une part, les valeurs culturelles spécifiques des groupes dans lesquels l'individu a été socialisé et, d'autre part, les critères sur lesquels chaque individu se base lorsqu'il opère un choix parmi les valeurs.

Tous ceux qui appartiennent à la même culture ou sous-culture sont donc exposés aux mêmes influences, mais chacun sélectionnera et éliminera certaines valeurs en accord avec les critères de moralité qui lui sont particuliers. La question de savoir pourquoi seulement certains adolescents deviennent délinquants dans un milieu où tout prédispose à une carrière criminelle pourrait partiellement être résolue par l'analyse des valeurs et des conduites morales.

C'est ainsi, par exemple, que l'on peut diviser les doctrines morales en deux groupes : celles qui acceptent les critères extrinsèques aux desseins et aux préférences des hommes (les aspirations ou les conduites sont bonnes ou mauvaises en vertu de règles a priori) et celles qui prennent justement comme critères ces aspirations, désirs ou préférences (ce qui est bon ou préférable l'est parce qu'on le désire). Le premier type de moralité peut s'appeler morale déontologique : les actes sont jugés indépendamment de leurs conséquences ou de leur désirabilité intrinsèques. Le second type de moralité pourrait être qualifié de morale téléologique : c'est la finalité de l'acte qui le qualifie, c'est la préférence qu'on lui accorde qui le rend bon.

Des lumières fort intéressantes pourraient être apportées sur la fréquence constatée dans les diverses catégories sociales ou sur la préférence que tel type de personnalité accorde à tel ou tel type de moralité, à telle ou telle activité sociale. En d'autres termes, il s'agit de délimiter certaines sous-cultures et d'étudier les types de personnalité et de conduite morale qui leur sont propres. Un chapitre nouveau pourrait être ajouté ici à la science des mœurs telle que l'a définie Lucien Lévy-Bruhl ou, plus simplement, à la sociologie de l'action et du jugement moral. L'examen des opinions de ceux qui sont chargés d'évaluer ce qui est conforme à la morale et aux lois peut apparaître fort intéressant si l'on veut étudier les croyances et les pratiques morales des adolescents dans diverses sous-cultures. On peut supposer, en effet, que ces derniers ont une morale sensiblement différente de la morale sur laquelle se fondent les gens qui les jugent. La plupart du temps, les uns et les autres appartiennent à des cultures très éloignées. L'influence « médiatisante » des groupes primaires et secondaires une fois relevée, il serait peut-être fructueux d'analyser la constance et les variations des éléments qui composent des notions telles que l'équité, la loyauté, l'honneur, le bien et le mal. L'obligation et la désirabilité, critères du fait moral selon Durkheim, varieront d'intensité et de qualité suivant le type de la personnalité et l'appartenance à telle ou telle sous-culture.

Là encore, il s'agit de questions classiques en sociologie, mais elles furent posées, et provisoirement résolues, en termes d'action réciproque entre société et personnalité (pensons à la notion de justice de classe des marxistes). Il nous semble que l'examen des interactions entre la culture et la personnalité pourrait ajouter des lumières indispensables à la compréhension des mécanismes psycho-sociaux du contrôle social.

Un champ privilégié de recherche à cet égard est celui du fait moral : il est le nœud des plus importants problèmes étiologiques que se posent les criminologues. C'est en approfondissant son étude qu'on pourrait tenter de répondre aux questions relatives aux raisons du passage à l'acte de tel ou tel type d'individu dans des circonstances socio-culturelles identiques. L'établissement d'une typologie de la personnalité délinquante, de sa fréquence et de ses relations avec les diverses sous-cultures devra résulter de telles recherches. Ces dernières nous semblent parmi les plus fécondes que l'on puisse entreprendre à l'époque de la société de masse dans le domaine de l'inadaptation psycho-culturelle.

APPORTS DE LA SOCIOLOGIE
À L'ÉTUDE DU FAIT MORAL

Les deux grandes traditions intellectuelles, l'européenne et l'américaine, ont apporté une contribution différente à l'étude des faits moraux. D'orientation macrosociologique, ne négligeant pas la dimension historique des phénomènes sociaux, les sociologies européennes tentent d'expliquer les superstructures idéologiques correspondant aux cadres socio-économiques. Procédant avec un esprit plus concret, les chercheurs américains analysent les productions mentales des individus et des groupes sociaux, en s'appuyant beaucoup sur les enseignements de la psychologie. Dans la pensée de Mead (1934), on retrouve des éléments d'une synthèse qui mériterait d'être approfondie et développée. La contribution de Riesman (1964) revêt également un grand intérêt lorsqu'on veut réduire le clivage entre microsociologie et macrosociologie.

Nous avons esquissé, jusqu'à présent, les principales données auxquelles se réfère l'analyse psycho-culturelle. Nous allons maintenant relier à notre propos la problématique de la sociologie de la connaissance et celle de la socialisation. Nous allons tenter de montrer comment, principalement dans le cadre de la psychologie sociale contemporaine, on peut renouveler cette étude tout en utilisant la vieille problématique, trop longtemps tributaire soit d'une perspective macrosociologique, soit d'une perspective microsociologique.

I. SOCIOLOGIE DE LA CONNAISSANCE OU CONTRIBUTIONS MACROSOCIOLOGIQUES

a) *Sociologie de la connaissance*

Il est peu de domaines où la réflexion sociologique contemporaine jette un défi plus audacieux à l'imagination sociologique; les revues de littérature en sont particulièrement décevantes et disparates. Comme le remarque Gurvitch (1965), « malgré l'intérêt incontestable qu'elle continue de susciter, la sociologie de la connaissance a fait naître un certain désenchantement et a marqué même un temps d'arrêt depuis une vingtaine d'années » (p. 45; voir aussi Stark, 1958). Elle oscille, en effet, entre les systèmes d'explication globale, qui relient les univers du discours d'une civilisation aux conditions socio-culturelles des groupes sociaux qui la composent (cf. la tradition européenne : Durkheim, Mannheim, Pareto, Scheler, etc.) et les essais d'explication partielle basés sur l'influence du milieu culturel, principalement celle des communications de masse sur les opinions, les attitudes, la formation de la personnalité, etc. (cf. la tradition américaine : Barber, Hughes, Lazarsfeld, Merton, etc.).

La réflexion européenne a surtout porté sur les idéologies et elle apparaît le mieux systématisée dans les œuvres de Marx ou de Pareto et explicitée davantage par Mannheim (1956). « ... les opinions, assertions, propositions et systèmes d'idées ne sont pas considérés avec leur valeur apparente, mais sont interprétés à la lumière de la situation d'existence de celui qui les exprime » (p. 43). Comme le note Merton (1957), les savants européens mettent l'accent principalement sur la connaissance, les chercheurs américains sur l'opinion. Les Européens n'abordent pratiquement jamais le problème de la validité expérimentale, scientifique, de leurs assertions alors que les Américains en font la condition sine qua non de leur investigation. « The more complex the category, the lower the reliability » signale Merton (1957, p. 449) : rien n'indique mieux le défi que lance la sociologie de la connaissance à l'imagination sociologique contemporaine.

La connaissance que les individus acquièrent au cours du processus de socialisation est conditionnée par leur situation sociale, leur appartenance à une certaine génération. Les croyances morales, les systèmes de valeur constituent une partie importante de l'ensemble de leur savoir. La combinaison idiosyncrasique de ces instances intégrées au niveau du vécu forme la base du jugement personnel des individus.

Il n'est pas question de résumer ici la contribution de tous les auteurs à cette branche de la science : une excellente revue en a été faite par Merton (1957) et une bibliographie exhaustive de la sociologie de la connaissance fut dressée par Gurvitch (1960) assez récemment. Nous désirons préciser seulement deux écueils qui, à notre sens, sont responsables de la stérilité relative de cette démarche, avant de proposer des rapprochements de points de vue qui, dans notre perspective psycho-culturelle, permettront une analyse plus prooriée de la réalité concernée. Le premier écueil, nous le qualifierons de tentation épistémologique, et le deuxième, de tentation actionnaliste.

Si nous concentrions jusqu'à maintenant notre attention sur les rapports entre la psychologie et la sociologie, l'examen de ce problème doit nous conduire aux confins de la philosophie, de la politique et de la sociologie. En effet, les grands ancêtres de la sociologie de la connaissance, Marx ou Mannheim, par exemple, visaient une révolution épistémologique préparatoire ou concomitante à une révolution sociale.

En nous référant aux deux traditions, européenne et américaine, un certain consensus se fait jour pour écarter la tentation épistémologique. En effet, Merton propose un paradigme pour l'analyse sociologique de la connaissance qui oriente la recherche vers l'établissement de corrélations entre systèmes sociaux et productions mentales.

Gurvitch (1965), plus près de la tradition philosophique et polémique, par formation et par tempérament, déclare sans ambages : « vouloir déduire une épistémologie de la sociologie de la connaissance est aussi erroné que vouloir, à l'inverse, lier le sort de la sociologie de la connaissance à une prise de position particulière en épistémologie » (p. 45). En prônant une indispensable modestie, notre auteur résume, dans les points suivants, ses remarques critiques :

— L'explication ne doit jamais dépasser l'établissement de corrélations fonctionnelles, de régularités tendancielles et d'intégration directe dans les cadres sociaux. La recherche de la causalité ne peut intervenir que dans certains cas précis de décalage entre cadre social et savoir. On ne peut donc pas affirmer, sans autre forme de procès, que la connaissance est une simple projection de la réalité sociale.

— Il y a une implication mutuelle et une relation dialectique entre le cadre social et le savoir, et l'analyse du phénomène doit en tenir compte.

— Le coefficient social que se propose d'établir l'analyse des connaissances ne doit pas viser à mettre en doute la validité de ces dernières. La mise en perspective sociologique ne signifie pas, comme l'a voulu Marx, une mise en question épistémologique.

— L'objet d'analyse ne doit pas privilégier la connaissance philosophique ou la connaissance scientifique dont les rapports avec le cadre social sont bien moins directs que ceux caractérisant les multiples groupes sociaux, moyens de communication de masse, etc.

— Les recherches empiriques doivent être orientées de préférence vers la connaissance du monde extérieur et d'autrui, vers la connaissance politique et technique, et vers la connaissance du bon sens. Les investigations historiques concrètes peuvent compléter ces champs d'investigation.

— Au sein des genres de connaissance précédemment énumérés, il y aurait lieu de distinguer des formes de connaissance qui fluctuent aussi en fonction des cadres sociaux, telles que formes mystique et rationnelle, empirique et conceptuelle, positive et spéculative, intuitive et réflexive, symbolique et adéquate, collective et individuelle.

— Comme il existe une multiplicité de cadres de référence,

correspondant aux divers cadres sociaux, il y a lieu d'éliminer l'opinion selon laquelle les jugements cognitifs doivent posséder une validité universelle. Ils ne sont valables que dans le cadre de référence précis auquel ils se rattachent.

— Enfin, il faut admettre l'existence de rapports dialectiques entre connaissance individuelle et connaissance collective. En effet, l'introjection du collectif dans l'individuel est telle que ce sont les divers moi qui dialoguent et que c'est de ce dialogue que résultent le jugement, la conduite et l'acte.

On constate donc une nette divergence, dans l'analyse sociologique de la connaissance, entre la tentation épistémologique d'une part et, d'autre part, l'établissement de cadres concrets d'analyse orientés vers le point d'intersection du psychologique et du socio-culturel (la personnalité socialisée). Ce cadre d'analyse psycho-culturel, s'appuyant sur certaines traditions de la psychologie sociale comme celle de Mead (voir Berger, 1966), semble être le terrain d'aboutissement le plus favorable de la sociologie de la connaissance contemporaine.

Quant à la tentation actionnaliste, elle est intimement reliée à la tentation épistémologique : la vérité commande un engagement, une morale orientée vers l'action. L'étude des idéologies, par exemple, qui suit soit la tradition marxiste, soit la tradition parétienne ou sorélienne, débouche toujours sur une critique sociale, considérée comme un point d'honneur par les tenants de ce genre de sociologie. Or, il convient de distinguer nettement l'engagement subjectif au niveau de l'action sociale particulière qui non seulement peut mais doit imprégner les préoccupations du chercheur, d'une épistémologie sociologisante qui, à l'instar de la sociologie marxiste ou de la morale durkheimienne, vise à réévaluer les cadres de référence scientifiques de nos disciplines. La différence entre les deux types d'engagement est d'importance capitale pour nous : si la recherche orientée vers l'analyse de problèmes sociaux évidents ne constitue pas un danger immédiat pour l'objectivité et les qualités d'impartialité requises du chercheur, il n'en va pas de même lorsqu'on tente de réinterpréter, en s'appuyant sur l'autorité de la science, les bases mêmes de l'organisation sociale, l'orientation de son développement historique, en un mot, sa structure macrosociologique. Il n'y a pas lieu ici d'approfondir davantage cette idée : disons pour conclure sur ce point qu'un bilan de succès relatif peut être dressé pour les travaux issus d'un engagement subjectif au niveau de l'action sociale particulière, alors qu'un bilan d'échec est patent pour la critique macrosociologique actionnaliste.

b) *Sociologie de la connaissance et analyse psycho-culturelle : le moi et autrui*

Ces tentations écartées, quels sont les points de convergence qui se dégagent de la sociologie de la connaissance contemporaine pour féconder, en même temps que relier à sa démarche profonde, l'analyse psycho-culturelle ? Il s'agit d'examiner ici, à nouveau, les liens entre le psychique et le socio-culturel au niveau de la personnalité. Comme le note Peter Berger (1966), peu d'auteurs ont reconnu et exploité les relations entre la psychologie de Mead, dont les travaux exercent une influence déterminante sur la psychologie sociale américaine contemporaine, et la tradition classique de la sociologie de la connaissance. La genèse de la personnalité, suivant cette tradition, s'opère suivant un processus social et, de la socialisation, ne résulte pas seulement le soi. Cette genèse conditionne également la réalité proprement psychique de la personnalité. Quelles qu'en soient les origines bio-psychiques, la réalité psychologique est ainsi façonnée ; sa signification résulte de son interaction avec le monde socio-culturel, que Gurvitch appelle la dialectique du moi, autrui et nous, que Mead appelle le **je** et le **moi**, et leur relation avec le monde socio-culturel est inextricable. Comme le formule heureusement Berger (1966) : « the self exists by the virtue of society, but society is only possible as many selves continue to apprehend themselves and each other with reference to it » (p. 107) [1]. Le concept d'identité revêt un rôle central dans cette perspective. En effet, la culture est un réceptacle d'innombrables identités définies que l'individu doit connaître, intérioriser et partiellement s'approprier durant la phase de socialisation. La réalité subjective de l'individu se modèle largement tout en s'accordant avec la réalité objective du monde de la culture. La réalité psychologique de l'individu vérifie aussi subjectivement ce que la culture a défini objectivement comme une réalité. C'est ainsi que l'introspection devient une source de connaissances sociales, car nous sommes faits de tout ce dont la culture nous imprègne durant la période de socialisation. Et si Berger rapproche le point de vue de Mead de celui de Thomas, nous pouvons ajouter les noms de Durkheim, de Parsons et de Riesman sans crainte d'être contredits.

Il n'y a en effet qu'un pas qui sépare les analyses des auteurs précédemment cités de la tradition mannheimienne de la sociologie de la connaissance. Les expériences individuelles sont inséparables de la culture ambiante. Le caractère coercitif du fait social évoqué par Durkheim consiste justement dans cet effet d'ordonnancement, de structuration de la personnalité au cours de la socialisation. Si nous admettons donc ce rapprochement entre les perspectives de la psychologie sociale et celles de la sociologie de la connaissance, en insistant sur leur apport à l'analyse psycho-culturelle, nous soulignons ce rapport dialectique par lequel la culture engendre une réalité psychique subjective qui devient à son tour une réalité culturelle objective. Dans les deux circonstances, en effet, l'individu intériorise des faits qui lui sont extérieurs et, une fois intériorisés, ces derniers font partie de sa propre conscience : en les projetant de nouveau, il en fait une réalité culturelle objective (Berger, 1966). Toutefois, si ce rapprochement nous paraît légitime, il est indispensable que l'apport macrosociologique de la sociologie de la connaissance soit sauvegardé. En d'autres termes, les liens entre réalité microculturelle et macroculturelle doivent être recherchés, car seule cette relation peut prêter une signification aux faits psycho-culturels analysés.

c) *De la microsociologie à la macrosociologie : tentative de Riesman*

L'entreprise la plus digne d'intérêt à cet égard est celle de Riesman qui tente de relier le caractère, c'est-à-dire la personnalité subjective, à la société, c'est-à-dire à la culture objective. Ce lien assure le conformisme indispensable des individus aux objectifs de la collectivité, tout en lui donnant une signification qui prend un sens spécifique pour chaque individu en particulier. Trois types de personnalité peuvent être distingués suivant le critère qui est la source de l'orientation des conduites individuelles : la tradition constitue une des sources, la vie intérieure une autre, l'autrui la troisième. Si les trois types sont universels, c'est-à-dire s'ils se retrouvent dans chaque individu, dans chaque société et dans chaque phase historique d'une civilisation, l'analyse sociologique peut révéler la prédominance de l'un sur les autres dans tel type de société se trouvant à telle période de son développement. La thèse de Riesman est que la prédominance de l'autrui, comme source d'inspiration de la conduite dans nos sociétés, succède à la tradition et à la vie intérieure, qui, chacune durant une période précédente, avait assuré la prédominance. Dans une société orientée vers la tradition et dirigée par elle, la plupart des statuts sociaux sont attribués par la naissance et le système de parenté constitue le principal cadre de référence dans l'analyse de la distribution du pouvoir, lequel à son tour modèle les aspirations des individus. Le conformisme est donc imposé par le truchement d'un rituel rendu obligatoire par les groupes primaires qui ont un contrôle prépondérant sur les individus. La société préindustrielle se caractérise par cette orientation vers la tradition. La vie intérieure telle qu'elle est modelée par les agents de socialisation prend une importance accrue lorsque la société traditionnelle, préindustrielle, entre dans une phase de rapide transformation grâce au progrès technologique et à l'urbanisation. Les statuts sont de moins en moins attribués, ils doivent être acquis, et sont l'objet d'une compétition de plus en plus féroce. Ce type de société exige de ses membres une rationalisation accrue de leur conduite pour triompher de l'anarchie et de la concurrence qui constituent la base même du progrès social et économique. Enfin, dans la société de masse telle que nous l'avons nous-même caractérisée, l'autrui devient la source d'inspiration majeure. En effet, le progrès socio-économique étant pratiquement assuré, l'individu puise moins en lui-même les motifs de sa conduite qu'il ne modèle cette dernière sur autrui. Celui-ci est constitué, grâce à la généralisation d'un pouvoir d'achat élevé et de l'influence exercée par les moyens de communication de masse, de tous les individus d'une même société et, à la limite, de l'humanité tout entière.

Comme le souligne Parsons (1964), l'absence relative de déterminisme dans l'orientation des personnalités dans la société de masse fait apparaître nettement cette tendance à aspirer on ne sait plus exactement à quoi et, principalement, à ce que suggère l'économie orientée vers la consommation de masse. La dernière frontière, élastique à l'infini, est celle de la consommation. Pour l'atteindre, l'individu doit suivre ses pairs, se référant de moins en moins à la rationalité intrinsèque de la consommation. Le cas limite mais pleinement significatif est celui de la succession des modes vestimentaires ou des chansonniers.

Dans cette société, les lois d'airain de la culture de masse imposées par les pairs produisent une personnalité plutôt amorphe, dont la dépendance à l'égard d'autrui n'apporte plus le sentiment de sécurité qui prévalait dans les sociétés passées. Parmi les agents classiques de socialisation, famille et école sont détrônées par les groupes de pairs. Les enfants doivent, comme le note Riesman (1964), non seulement se conformer aux aspirations de leurs pairs, mais tenter de définir ce qui est bon ou convenable dans le flot de suggestions contradictoires qui les assaillent dès l'âge le plus tendre. Or, le seul critère sûr est l'approbation des pairs et le support moral que ces derniers assurent. Voilà la source de direction placée à l'échelle écrasante de la culture de masse. La toute-puissance d'autrui, pour l'enfant et l'adolescent, et surtout celle de leurs pairs, est la pierre angulaire de toute compréhension et de l'analyse de la situation de l'homme dans la société et dans la culture contemporaines.

2. SOCIOLOGIE DE LA SOCIALISATION OU CONTRIBUTIONS MICRO-SOCIOLOGIQUES

Les idées de Riesman et de Parsons constituent un effort pour concrétiser et expliciter les relations entre la connaissance — ses formes, son contenu et ses orientations — et le système socio-culturel d'où elle tire son origine et auquel, en même temps, elle se réfère. Il nous reste maintenant à préciser le cadre conceptuel de la socialisation ou de l'enculturation dans lequel s'opère l'acquisition des valeurs, et qui fixe l'orientation qu'elles donneront à la conduite individuelle. Le point de vue psycho-culturel s'appuie fermement sur la perspective fixée par Parsons : les valeurs, conceptions du désirable, font partie de la culture, représentent une donnée qui est connue et appropriée, intériorisée par la personnalité. C'est ainsi que la société désirable et la personnalité désirable seront définies de l'extérieur, mais trouveront d'autant plus facilement un écho dans l'individu que sa personnalité aura été modelée par cette même culture. Comme le note Ullman (1965), la culture est un système de solutions proposées aux problèmes dont les données ont été apprises ou non et qui est partagé par les membres d'une collectivité donnée. L'accent, dans notre perspective, est placé sur l'influence que la culture exerce sur la personnalité et non pas sur celle que cette dernière exerce sur la culture.

Si la socialisation ou l'enculturation procède à la transformation de l'Homme en homme membre d'une société et d'une culture particulières, et adapté aux valeurs propres à ce milieu socio-culturel, la personnalité sera constituée dans une large mesure par des relations interpersonnelles qui auront été apprises. L'individu apprend par interaction avec autrui comment il doit se comporter, celui-ci le punissant ou le récompensant suivant le cas. La socialisation est donc principalement centrée sur l'apprentissage du rôle d'autrui en anticipant la réponse de l'autre à sa propre conduite. De cette réponse anticipée dépendra l'auto-évaluation de l'acte comme étant bon ou mauvais. Cette anticipation de la réponse d'autrui peut être formulée en termes plus abstraits, symboliques, et constitue le régulateur principal de la conscience morale. Il faut souligner ici au passage l'influence socialisatrice du langage dont le symbolisme permet d'étendre rapidement, voire d'universaliser les valeurs acquises par l'apprentissage. Comme le note Brim (1966), c'est par la voie de la communication symbolique qu'un individu est capable de se situer par rapport aux attitudes et aux anticipations d'autrui à son égard. Cette relation étant interdépendante et mutuelle, le moi doit pouvoir, au terme d'une socialisation satisfaisante, agir d'une façon autonome en incorporant dans sa propre motivation celle d'autrui et se conduire conformément aux normes culturelles sans un système de sanctions apparentes et immédiates. Il résulte de tout cela que les valeurs culturelles auxquelles sont liées les normes sont autant d'éléments constitutifs de la personnalité que des régulateurs agissant par l'intermédiaire de la pression sociale. L'apprentissage des rôles, la distinction de Mead entre *play* et *game*, achève de donner à la personnalité socialisée sa pleine signification. Cette définition culturaliste de la personnalité n'élimine cependant pas les éléments proprement psychologiques. Le « moi-je », le principe d'action idiosyncrasique qui prête à chaque conduite individuelle une authenticité subjective et vécue, résulte, à son tour, d'innombrables démarches couronnées de succès ou aboutissant à l'échec, mais dont certaines sont privilégiées et donnent ainsi à la personnalité un sens profond d'identité. Le cercle d'interaction dans lequel s'élabore cette identité profonde est relativement restreint, le groupe familial médiatisant avec d'autres groupes primaires, comme les pairs, exerce les influences culturelles les plus vastes.

En résumé, on peut dire que la relation soi-autrui constitue le régulateur, voire l'évaluateur principal de l'acte puisqu'elle incorpore dans l'auto-évaluation l'anticipation de l'évaluation d'autrui. L'importance relative d'autrui dépend du degré de contrôle qu'il exerce ou qu'il a exercé jadis sur les récompenses et les punitions.

On comprend ainsi l'importance que revêtent les personnalités ou groupes de référence qui contrôlent, effectivement ou symboliquement, les valeurs constitutives de la personnalité. Dans la recherche de la motivation, comme le note Brim (1966), on doit procéder à l'examen de ce réseau de référence auquel la personnalité est reliée et dont l'anticipation déterminera largement la conduite de l'individu et l'évaluation de cette conduite. Il ne s'agit pas seulement d'un réseau impliquant des relations immédiates, face à face. A travers celles-ci peuvent apparaître des influences plus lointaines d'œuvres de civilisation (littéraires, philosophiques, poétiques, etc.). Le respect de soi, l'accord des conduites avec l'identité profonde est la forme la plus personnalisée de la motivation individuelle. Des formes extrêmes d'héroïsme, d'ascétisme ou de sainteté peuvent être citées comme exemples. Il convient de ne pas oublier, au terme de ces analyses, l'origine culturelle, transmise par les mécanismes de la socialisation, de ce qui est apparu pendant longtemps comme la manifestation la plus sublime de la condition humaine.

ÉTUDE PSYCHO-CULTURELLE DE L'OBLIGATION : CONVERGENCES THÉORIQUES ET MÉTHODOLOGIQUES

Toutes les remarques théoriques et méthodologiques précédentes convergent vers l'étude d'un phénomène fondamental, celui de l'obligation. Il semble être le ressort principal de l'action humaine, sur le plan socio-culturel. Après un rappel sommaire des données du problème, nous présenterons successivement un paradigme macrosociologique et une série d'hypothèses microsociologiques et psychologiques qui nous conduiront à l'étude empirique des diverses formes d'inadaptation, de déviance, dans la société de masse contemporaine.

I. L'OBLIGATION : FONDEMENT PREMIER DE LA MORALE

L'analyse psycho-culturelle prend tout son sens lorsqu'on aborde l'étude de la moralité ou du fait moral. En effet, l'obligation d'accomplir tel ou tel acte constitue le ressort principal de l'interaction dans un système social. Comme l'écrit Durkheim, les règles morales sont investies d'une autorité spéciale en vertu de laquelle on leur obéit parce qu'elles commandent. Sur ce point, il rejoint Kant pour qui le devoir s'imposait par ses vertus propres et était le fondement cardinal de l'action humaine. Il ajoute cependant un deuxième critère, celui de la désirabilité. Nous ne pouvons faire abstraction du contenu de l'acte qui est exigé de nous : pour que nous puissions obtempérer, il faut qu'il fasse appel à notre sensibilité, il faut qu'il nous intéresse intimement. Ce que Durkheim appelle la moralité générale et Mead l' « autre généralisé » résume, en s'incorporant, les anticipations à la conduite possible de tous ceux qui font partie de son système de référence.

Reprenons les principaux passages de la démonstration de Durkheim en nous rappelant :

a) Que son objectif était de démontrer aux yeux des philosophes idéalistes, ou plutôt rationalistes, le caractère social de l'obligation morale, sa valeur à la fois relative et absolue en tant que support de la vie collective.

b) Qu'un certain parallélisme existe entre ce point de vue et les observations faites plus haut au sujet de la culture et de la personnalité. La réalité morale se présente pour Durkheim sous un double aspect : objectif et subjectif. Le premier aspect apparaît sous la forme générale de l'opinion qui prévaut à une époque donnée, au nom de laquelle on juge, évalue et sanctionne. La conscience morale de chaque individu exprime cependant la morale commune à sa façon : sous l'influence du milieu, de l'éducation, de l'hérédité, elle voit les règles morales sous un jour particulier. D'où les variations de la moralité individuelle autour de la moyenne de la moralité générale.

La spécificité de la règle morale, dans l'ordre de toutes les autres règles qui ordonnent la vie sociale, réside dans la réaction qu'elle suscite. Contrairement aux conséquences pernicieuses résultant de la violation d'une règle d'hygiène par exemple, où la relation causale entre acte et conséquence est évidente, il est impossible de dégager analytiquement une telle conséquence de blâme d'une règle morale. Il n'y a rien dans la nature intrinsèque de l'homicide ou du viol, par exemple, qui fasse supposer une sanction. Celle-ci ne vient pas de ce qu'est l'acte mais de ce que l'acte n'est pas conforme à la règle qui le proscrit. C'est la rébellion à cette règle préétablie qui entraîne la sanction. C'est l'interdiction posée par la règle qui confère un caractère obligatoire à la règle morale.

L'affirmation que l'origine de l'obligation morale réside dans l'expérience signifie pour le chercheur : a) que ses caractéristiques doivent être expliquées en fonction de la réalité socio-culturelle ; b) que l'individu fait son option morale entre des normes diverses et dans des limites qui varient d'une civilisation et d'une époque à l'autre.

Il s'ensuit qu'une étude de l'interaction entre une culture et une personnalité doit constituer la matrice d'analyse privilégiée dans l'étude des fondements psycho-culturels de la moralité. Ce que Kant appelle l'impératif catégorique, l'« en-soi » de la philosophie, n'est pour nous que la cristallisation ultime des règles élaborées par l'infinie succession des générations qui transmettent tout en modifiant, aménageant et créant des règles et des sanctions.

Bergson (1962) dénonce aussi la conception rationaliste de l'obligation qui résulte, dit-il, d'une erreur de perspective des philosophes penchés sur la question : un être intelligent agit sur lui-même par l'intermédiaire de l'intelligence. Mais, affirme-t-il, même si c'est par des voies rationnelles qu'on revient à l'obligation, il ne s'ensuit pas que l'obligation soit rationnelle. Ce qu'il appelle le « tout de l'obligation », l'aspect objectif de la morale selon Durkheim, est un « extrait concentré », quintessence de mille habitudes spéciales que nous avons contractées pour obéir aux mille exigences particulières de la vie sociale. C'est ce qu'on exprime lorsqu'on dit « il faut parce qu'il faut ». On peut analyser rationnellement les liens qui rattachent telle règle à telle ou telle fonction sociale, ou à telle valeur. Mais cette dernière n'est justifiable en vertu d'aucun principe rationnel.

Il faut donc, dans ces conditions, représenter l'obligation comme pesant sur la volonté de la même manière qu'une habitude exerce son influence. Chaque obligation traîne derrière elle la masse accumulée des autres et utilise ainsi la pression du poids de l'ensemble. C'est ce que Bergson appelle la morale élémentaire et Durkheim la morale commune.

Le second, l'aspect subjectif de l'obligation fait appel à la désirabilité : on poursuit une fin car elle nous semble bonne, désirable. Là encore, Durkheim distingue la qualité de désirabilité de l'acte moral des autres choses désirables. Notre aspiration vers lui ne va pas sans peine, sans effort, sans un certain sacrifice que l'on s'impose. Le devoir ou l'obligation implique la désirabilité accompagnée d'une tension que l'accomplissement de l'acte moral provoque dans ce que Durkheim appelle une autre partie de nous-mêmes.

Cette « autre partie de nous-mêmes », les freudiens la désigneraient par le **ça** et le **moi** à peine socialisés. L'habitude de contracter des habitudes, selon le mot de Bergson, conditionne l'existence même des sociétés et leur fonction. L'évolution socioculturelle est comparable à l'effet régulateur des instincts dans l'ordre de l'organisme biologique. Bergson a raison d'appeler « instinct virtuel » ce processus de conditionnement qui nous imprègne d'obligations de toutes sortes. Instinct virtuel car le règne animal, dominé par les forces mécaniques de l'instinct imposant à l'acte son caractère de nécessité, fait évidemment défaut dans l'acte humain. Celui-ci est issu d'une obligation morale. Comme le dit Bergson (1962), « un être ne se sent obligé que s'il est libre, et chaque obligation prise à part implique la liberté » (p. 24). C'est l'exercice de cette liberté, orientée vers l'accomplissement du devoir, inculquée par la culture et par le truchement des récompenses et des sanctions qui procurent le plaisir dont on parlait tantôt, qui rend désirable, tout en rendant difficile, la réalisation de l'acte moral.

Mais cet aspect subjectif de la réalité morale suppose l'existence d'une sensibilité qui nous rend réceptifs à certains objectifs, à certains objets à l'exclusion d'autres. Le daltonisme moral, si frappant et si répandu dans nos sociétés, ne résulte pas d'autre chose : ce que la sensibilité des uns valorise n'est pas valorisé par celle des autres. Toutes les valeurs peuvent trouver des justifications à l'aide d'une démonstration logique plus ou moins impeccable, comme elles peuvent être contestées par d'autres arguments. Le sentiment d'authenticité qu'elles suscitent dans l'esprit de leurs adhérents n'est point altéré d'ailleurs par ces ratiocinations. L'élément déclenchant le moteur de l'obligation morale, l'enthousiasme, que telle ou telle valeur suscite prend racine dans une expérience psycho-culturelle de solidarité, dont l'archétype fut vraisemblablement le premier des agrégats des hominidés.

La sensibilité qui se constitue en réponse à un ensemble de valeurs, sur lesquelles le tempérament individuel de chacun brode des variations infinies, s'acquiert par l'enculturation du nouveau-né dans un milieu particulier. Sur les instincts hérités de l'ordre biologique se superposent des instincts virtuels d'une égale puissance, résultant de l'apprentissage des normes de conduite, faites d'obligations et inculquées par la contrainte, les sanctions et les récompenses. L'ordre culturel composé de normes dont les fonctions, selon Lorenz (1966), sont analogues au ritualisme philogénétique, sera perçu et senti différemment par des personnes socialisées dans telle ou telle culture. L'erreur d'optique des philosophes, analysant ce même phénomène, est compréhensible : l'essentiel de ce processus se produit en deça du seuil de la conscience et échappe ainsi à l'auto-observation qui fut pendant longtemps la principale méthode utilisée en philosophie.

Le fait moral, dans ses dimensions objectives et subjectives, constitue le cœur même du problème que nous nous sommes posé : comment expliquer la remise en question de plus en plus radicale et universelle des fondements mêmes de l'ordre moral ? Si l'on veut répondre à cette question il faut privilégier l'analyse des mécanismes et des processus qui président à l'intériorisation des valeurs morales dans diverses cultures. Quel enthousiasme habite tel homme, telle catégorie d'hommes ? Enthousiasme qui orientera son destin, souvent d'une façon irréversible. En grec, enthousiasme veut dire possédé par Dieu; en allemand, *Begeisterung*, possédé par un esprit. Cet enthousiasme militant, comme l'appelle si justement Lorenz (1966), s'empare des hommes dans chaque génération durant la période de puberté et devient par la suite la boussole et le moteur de leur existence. Le sociologue sait bien qu'au-delà des variantes individuelles, l'on retrouve des régularités, des tendances que le système socio-culturel imprime à cet enthousiasme qui constitue, par ailleurs, le principe dynamique du changement social.

Les questions que nous posons se formulent donc comme suit : a) quels sont les dieux qui habitent les jeunes d'aujourd'hui ? b) quels sont les rapports entre leurs aspirations et celles des générations précédentes ? c) sont-ils distribués de la même façon entre les diverses couches de la société, engendrant ainsi des cultures, des sous-cultures, voire des contra-cultures diversifiées ? d) comment se constituent-ils au cours de l'enculturation, de l'apprentissage ?

Nous avons pensé que l'analyse psycho-culturelle était la plus appropriée pour saisir ces problèmes que nous venons d'esquisser : elle constitue un point de convergence des questions posées par la sociologie de la connaissance, par celle de la socialisation et par certaines tendances de la psychologie sociale contemporaine qui s'appuie sur la pensée de Mead. Si le fait moral semble commander le problème d'adaptation de l'homme moderne à la civilisation qu'il a créée, son étude devient prioritaire et livrera peut-être la clef de certains paradoxes de la condition humaine.

Nous aborderons, dans la dernière partie de ce chapitre, les problèmes méthodologiques de l'étude psycho-culturelle de la moralité. Après un rappel des difficultés que présente l'étude empirique, nous suggérons d'abord un paradigme d'analyse macrosociologique. Le schéma et la stratégie de la recherche ainsi que les hypothèses spécifiques seront donnés par la suite.

2. PARADIGME POUR L'ÉTUDE DE LA MORALITÉ

a) *Comment se pose le problème*

S'il est exact que la moralité s'acquiert au cours de la socialisation et qu'elle représente dans ses aspects objectifs et subjectifs les exigences d'une culture particulière en vue d'un fonctionnement harmonieux, la question suivante se pose : comment peut-on analyser l'ensemble des normes, des attitudes, et les sensibilités dont l'interaction et le développement enchevêtrés constituent les matériaux de la conscience morale et de la moralité ?

La formation du moi durant l'enfance et l'incorporation des exigences propres d'une culture dans le surmoi constituent le point de départ de l'investigation. La société de masse et son corollaire, la culture de masse, créent des conditions particulièrement complexes pour l'acquisition des éléments objectifs et surtout subjectifs de la moralité. Nous avons évoqué ces problèmes dans la première partie de cet ouvrage. Les hypothèses de la néoténie et du misonéisme rendent compte de la spécificité de la crise, du désarroi qui distingue la crise morale dans notre civilisation de celles que d'autres civilisations ont connues.

L'acquisition d'une moralité autonome à partir d'une moralité hétéronome décrite dans les travaux de Piaget (1932) est pleine d'intérêt pour nos réflexions. Seulement, au lieu de nous centrer sur l'étude des mécanismes ressortissant étroitement de la psychologie individuelle, nous nous efforcerons de relier les éléments qui composent la moralité et la conscience morale à la culture propre des divers systèmes sociaux.

Ce choix nous rapproche plus de la conception qui se dégage des recherches de Kohlberg sur la moralité que des conceptions proposées par Freud et Piaget. En effet, pour Freud, la constitution du cadre de référence moral est achevée, à toutes fins pratiques, vers cinq ans ; toutes les expériences ultérieures seront triées, ordonnées en fonction de critères déjà incorporés dans la conscience morale. Piaget (1932), qui attache plus d'importance aux facteurs cognitifs et intellectuels, repousse cette limite vers les huit ou dix ans ; Kohlberg (1958), lui, trouve que la cristallisation s'opère vers la fin de l'adolescence, aux alentours de dix-sept ans (voir Brown, 1965, p. 406 sqq.). Nous pensons en effet que l'aspect objectif de la moralité, la cristallisation des obligations en règles et en normes, est transmis principalement par les plus importants agents de socialisation tels que la famille, l'école, les moyens de communication de masse, les pairs, etc. Cette cristallisation est intériorisée en fonction de l'aspect subjectif de la conscience de l'enfant ou de l'adolescent. Celle-ci est profondément altérée et troublée par le caractère contradictoire des messages transmis par les agents de socialisation; ceux-ci ont de grandes difficultés à trier des modèles de conduite cohérents et significatifs de tout ce que comprend la moralité objective dans la société de masse.

Sans prendre position sur le problème de l'antériorité de la moralité objective ou subjective dans la conscience individuelle, disons que la sensibilité aux valeurs (aspect subjectif) est liée aux connaissances et aux actes. Ces derniers varieront en fonction de critères socio-culturels car la réalité subjective de l'individu se modèle, s'accorde avec la réalité objective du monde de la culture comme nous l'affirmions plus tôt.

Nous sommes d'accord avec Brown (1965) qui déplore le fait que ces trois dimensions de la moralité ne soient pas étudiées conjointement. La conduite et les règles qui la régissent ont été analysées surtout par Bandura et Walters (1959), Sears et al. (1957), et les McCord (1960); enfin, la sensibilité aux valeurs retenait déjà l'attention de Freud. Il semble que les deux aspects de la morale, précisés par Durkheim et Bergson, tiennent compte de cette interdépendance; en tout cas, il semble que la recherche doive être orientée vers l'étude de l'interaction de ces divers aspects et leur consistance relative. On voit les grandes difficultés méthodologiques que suscite l'analyse simultanée des divers aspects de la moralité dans l'hypothèse d'une certaine coexistence entre la théorie (aspect cognitif) et la sensibilité (aspect subjectif) au niveau de la conduite morale.

Le bilan de ces études n'est guère encourageant. La conduite morale ne semble pas dériver directement des connaissances et la sensibilité ne suscite pas toujours des sentiments de culpabilité devant les actes que la théorie morale apprise réprouve. Et Brown (1965) résume bien la perplexité du chercheur devant les maigres et contradictoires résultats de la recherche contemporaine, en disant :

Peut-être n'existe-t-il pas une moralité partagée par tous les membres d'une société; peut-être la morale proposée par les parents présente-t-elle des problèmes d'apprentissage fort diversifiés, peut-être les enfants acquièrent-ils à un rythme variable les normes pertinentes à certaines valeurs; peut-être le processus même de l'apprentissage est-il différent pour certaines normes, celles-ci n'étant liées qu'à certaines valeurs; et enfin, au lieu d'être les dimensions d'un phénomène unique localisé dans le surmoi, la moralité est peut-être constituée de plusieurs systèmes différents entretenant les uns avec les autres des relations bien plus complexes que celles que nous supposions (p. 410-411).

b) *Paradigmes macrosociologiques*

Nous examinerons successivement trois variables dépendantes : la connaissance, la sensibilité et la conduite, et nous les rapprocherons d'une série de variables indépendantes.

La connaissance et la moralité s'acquièrent par l'apprentissage et l'enculturation au sein de la famille, de l'école et des groupes de pairs, et par l'immersion dans la culture de masse. L'influence de ces facteurs n'est pas la même suivant l'âge, le milieu social et culturel, la qualité des relations entre les enfants et les agents socialisateurs. Elle doit par conséquent être pondérée soigneusement à partir d'échantillons représentatifs pris dans la culture et dans la société globales. Les éléments de moralité les plus novateurs sont sans doute dispensés par les pairs, influencés fortement par la culture de masse; la famille et l'école transmettent, avec une cohérence vraisemblablement variable, une morale plus traditionnelle. Des tensions et des conflits sont à relever et l'impact relatif de ces connaissances peut être mesuré par des échelles d'attitudes et des tests objectifs.

La sensibilité se forge à partir de deux éléments, à savoir les connaissances médiatisées par la culture, dont nous avons précisé plus haut l'influence, et le caractère. Ce dernier imprime la qualité idiosyncrasique, les nuances spécifiques les moins générales à la conscience morale. Les relations des instincts biologiques et des instincts virtuels de la culture sont ici plus directes et plus intimes. Le tempérament de l'individu colorera différemment les connaissances morales, l'affectivité interviendra dans la sélection et la formation d'éléments réactionnels devant certaines exigences morales. Le rôle des personnes, symbolisant les normes et les valeurs morales, est ici d'une grande importance, dans la mesure même où il facilite l'identification des jeunes ou la rend difficile. L'examen de l'empathie dans les relations qui conduisent à l'acquisition des valeurs morales et le processus même d'acquisition de ces valeurs, grâce à certaines méthodes disciplinaires, feront l'objet d'analyses approfondies. De petits groupes d'adolescents seront sélectionnés, en raison de critères socio-culturels pertinents, et ils devront subir des tests objectifs et projectifs.

La conduite morale dépend de la connaissance et de la sensibilité. La première implique la situation de la personne et de son groupe dans la stratification culturelle et sous-culturelle de la société; la seconde, la structure de la personnalité, le caractère de cette dernière. L'attention sera concentrée sur le degré de cohérence de la conduite morale par rapport à la connaissance et à la sensibilité; cette cohérence dépendra de la convergence ou de la confusion des valeurs et des normes dues au conflit qui existe entre celles-ci au sein des diverses instances de la socialisation (famille, pairs, école, etc.).

Les adolescents peuvent intérioriser, à des degrés divers, des valeurs et des normes contradictoires. Suivant leur caractère, ils peuvent réprimer, sublimer ou extérioriser agressivement leur réaction devant ces contradictions. La sévérité ou l'efficacité de la sanction, la connotation affective de telles ou telles valeurs peuvent être considérées comme autant de facteurs influençant la conduite morale. Le type de discipline auquel l'enfant est soumis joue également un rôle important.

L'application d'échelles d'attitudes, de tests objectifs ou projectifs au même échantillon nous permettra de recueillir les données nécessaires à cette étude.

LA MORALE;
FONCTION DES VARIABLES SOCIO-CULTURELLES

Nous ne ferons qu'effleurer, en guise de conclusion, l'étude entre types de personnalité, types de moralité et types de civilisation. Il nous est apparu, en effet, que la morale, dans son contenu comme dans ses modalités, varie suivant les sociétés et les cultures, et que l'adhésion à telle ou telle valeur morale est intimement liée à l'éducation et aux diverses expériences vécues durant la socialisation. Nous nous demanderons maintenant si une morale spécifique caractérise plus fréquemment que d'autres une civilisation, un modèle de personnalité.

Deux idéaux ont sollicité, depuis des temps immémoriaux, les aspirations des hommes : celui de la sécurité dans l'impuissance et celui de la puissance dans l'inquiétude. Cazeneuve (1958), qui définit ainsi les pôles vers lesquels tendent les hommes en quête d'un bonheur aux contours si incertains, précise :

« La plupart des comportements sociaux importants s'expliquent par la tension entre le conditionné et l'inconditionné, par la situation de l'homme qui organise le réel mais ne peut s'en contenter, qui a besoin de s'enfermer en lui-même et de se dépasser, qui, enfin, est mû comme par un instinct de la règle et de l'ordre, mais aussi, en même temps, éprouve un attrait mystérieux pour ce qui menace et dépasse à la fois la règle et l'ordre (p. 185). »

Religions, philosophies, morales, et pourquoi ne pas ajouter sciences humaines contemporaines, ont essayé d'expliquer et de concilier ces données antinomiques de la condition humaine. Pleine de contradictions pour le savant, mystérieuse pour l'écrivain ou le philosophe, la condition humaine l'est sans doute en raison de ses contradictions implicites.

Nous touchons ici cependant au point d'intersection des fils que nous avons suivis au cours de cet exposé : l'éthique et les morales, l'innovation et la tradition s'appuient sur cette structure quasi instinctuelle de l'homme social. A l'échelle des civilisations, la ligne de clivage, pour établir une typologie, serait celle du repos et du mouvement, de l'être et de l'existence, de l'attrait pour l'inconnu et de l'adhésion au déjà vu. Cette ligne de démarcation que Cazeneuve suggère entre types de bonheur ne nous ramène-t-elle pas à celle qui existe entre jeunesse et maturité, adolescence et vie adulte ? L'antinomie entre la néoténie et le misonéisme, esquissée au début de ces propos, n'embrasse-t-elle pas d'autres antinomies d'ordre psychologique et socio-culturel ? Les hommes et les collectivités sont ainsi tiraillés entre deux tentations : rester fidèles aux conditions ancestrales d'existence, s'enfermer dans ce qui est donné et conditionné par les mille liens de la tradition ou s'élancer dans l'inconnu, s'affirmer dans le risque que recèle l'incréé.

En réalité, les structures collectives d'une civilisation favorisent tour à tour l'incarnation de l'une ou de l'autre tendance. Deux orientations sont à dégager : les civilisations à vocation opportuniste et celles qui visent l'absolu. Quelle est la morale préconisée par chacune ? Comme nous l'avons noté déjà, la conduite morale peut être évaluée en fonction de ses conséquences — morale téléologique — et de ses intentions intrinsèques — morale déontologique. Une civilisation orientée vers l'absolu favoriserait la première, une civilisation à vocation opportuniste engendrerait la seconde. Les anthropologues, en particulier Ruth Benedict, ont baptisé ces deux archétypes d' « apollinien » et de « dionysiaque ». Au cœur de la civilisation apollinienne, nous trouvons placé un idéal de paix et de repos propres à l'homme envisagé comme un être harmonieux, s'épanouissant dans un présent stable, équilibré. La morale déontologique y assure un conformisme de bon aloi, un appui ferme sur les traditions qu'incarnent les institutions sociales. Elle donne aussi une justification à la résistance opposée à tout changement radical, à tout bouleversement de l'ordre établi. Dans une telle civilisation, fortement marquée par les effets du misonéisme, prédomine l'influence des adultes qui donnent le ton aux jeunes générations.

Dans la civilisation dionysiaque, ce sont les passions et les mouvements du désir qui prévalent et l'homme y est poussé vers une existence sans cesse remise en question. L'innovation ici devient une règle qui impose sa loi à tous : c'est par rapport au progrès que l'on est adapté ou inadapté. La néoténie prédomine dans cette civilisation car les adolescents y font prime biologiquement et psychologiquement et sont prédestinés à s'y épanouir. C'est la morale téléologique qui en assure le ressort dynamique indispensable car les morales des générations passées y sont écartées comme vains scrupules et considérées comme des entraves à la réalisation d'importants changements.

Ces deux types représentent des extrapolations, des constructions idéales, extrêmes, et il est entendu que morale du progrès et morale de l'ordre se retrouvent, enchevêtrées, dans chaque civilisation. S'il en est ainsi, c'est parce que les deux morales ainsi que la néoténie et le misonéisme, adaptations spécifiques des hommes et des groupes particuliers, semblent fondés dans la nature de l'homme.

L'homme parfaitement encadré par les règles d'une république des sages, où l'idéal apollinien domine la conscience, semble attiré par le prestige tentateur de l'aventure, autant que le citoyen d'une société libertaire dionysiaque par celui du conformisme. Ils sont tous deux tiraillés entre les antinomies qui jalonnent l'histoire de la réflexion humaine sur sa propre condition et qu'on appelle, selon les disciplines, les écoles ou les époques : objective ou subjective, transcendante ou immanente et, pourquoi pas, néoténique ou misonéique.

C'est sans doute l'essence même de l'homme qui se réfracte à travers ces divers prismes et se disperse entre les catégories, en reflétant sa métaphysique énigmatique (Cazeneuve, 1958). Pour le sociologue qui, avec des instruments imparfaits, sonde la conscience de l'homme où il scrute les reflets de la civilisation, cette entreprise demeure une leçon d'effort prométhéen et de grande modestie.

DEUXIÈME PARTIE

LES CONCEPTS DE LA DÉVIANCE ET DE LA DÉLINQUANCE DES MINEURS

par

Denis GAGNE

INTRODUCTION

« S'il est, en définitive, quelque caractéristique essentielle de la culture actuelle, elle semble résider dans le sentiment d'un déchirement irréductible entre le monde des sens et celui des formes concrètes de l'existence. » (Dumont, 1968, p. 11.)

Il fut un temps, à une époque pas très éioignée, où la délinquance présentait à la population et au personnel chargé de sa surveillance une image cohérente; le délinquant avait un rôle reconnu par la société, ce qui permettait à cette dernière d'élaborer des techniques d'intervention et de contrôle en conséquence; en d'autres termes,le délinquant et son juge se connaissaient. Cette délinquance constituait alors un épiphénomène, elle était en quelque sorte normale et ne menaçait pas l'équilibre ou la stabilité de la société.

Une lecture de la réalité indique que l'inadaptation chez les jeunes prend maintenant une allure différente, non seulement en ce qui concerne ce qu'on nomme à tort la nouvelle délinquance, mais aussi en ce qui concerne la délinquance traditionnelle. Cette déviance devient aujourd'hui un véritable mouvement social dont la caractéristique dominante semble être un engagement à un état d'esprit commun, à une idéologie semblable.

Il devient nécessaire de penser une conception de la déviance qui tiendrait compte de cette situation et de s'interroger sur la pertinence des explications et des concepts qui ont été avancés pour expliquer cette déviance.

DE LA DÉLINQUANCE À LA DÉVIANCE

La sociologie de la délinquance a subi au cours des dernières décades une série de changements qui sont dus en partie à l'évolution du phénomène délinquant, à une maturation théorique, et en partie à un examen de conscience de la part des spécialistes suscité dès 1942 par Wright Mills. Analysant le contenu des manuels d'alors, à la recherche d'une définition de la délinquance, l'auteur en conclut que l'idéologie professionnelle des « pathologistes sociaux » servait de critères non seulement pour la sélection de l'objet d'étude défini en terme de désorganisation sociale, problèmes sociaux, pathologie sociale, mais aussi pour la sélection des mesures d'intervention disponibles tels la socialisation, l'ajustement, l'adaptation. Le délinquant se distinguait du conformiste par la distance qu'il prenait face aux normes d'un type rural d'organisation, lieu d'origine de la majorité des spécialistes de la délinquance. Ainsi, toute nouvelle adaptation à un milieu urbain était vue comme une désorganisation au lieu d'une réorganisation.

L'analyse de contenu des manuels en 1970 donne une autre image de la situation; la pathologie ou la désorganisation sociale a cédé la place à la déviance sociale, ce qui implique premièrement un intérêt renouvelé pour un éventail plus large de comportements déviants, deuxièmement la recherche d'une théorie explicative aussi bien de la conformité que de la déviance, troisièmement la reconnaissance du rôle criminogène des forces de contrôle social et finalement un effort d'objectivité plus grand de la part des spécialistes. La délinquance devient ainsi une des formes multiples de la déviance.

Ce chapitre a pour objectif de démontrer que l'évolution, la transformation et la diversification de la délinquance, son augmentation en milieu aisé ont entraîné un renouvellement des perspectives théoriques de la délinquance, non seulement quant à sa définition, mais aussi quant à l'importance accordée aux différents facteurs étiologiques. Ceci permettra de justifier et d'expliciter le choix des variables et la perspective des recherches.

ÉVOLUTION DE LA DÉLINQUANCE

Il fut un temps où la délinquance présentait une image cohérente, à tort ou à raison, à la population en général et au personnel chargé de sa surveillance, de son contrôle ou de son analyse; le délinquant avait un rôle reconnu et défini par la société, ce qui permettait à cette dernière d'élaborer ses techniques d'intervention et de contrôle en conséquence. En d'autres termes, le délinquant et son juge se connaissaient. Cette situation a évolué au rythme du changement social qui aujourd'hui s'accélère, et qui exige une redéfinition des rôles dans la majorité des activités humaines. Trois indices de l'évolution de la délinquance retiendront notre attention, soit la transformation des formes classiques de la délinquance, la délinquance des milieux aisés, les nouvelles formes de délinquance.

Il ne s'agit pas de faire une étude exhaustive de ces thèmes, mais plutôt de rechercher des indices révélateurs de la transformation de la délinquance.

TRANSFORMATION DES FORMES CLASSIQUES DE LA DÉLINQUANCE

Les sources d'informations suivantes sont disponibles pour déceler ces transformations; les statistiques indiquent les tendances générales d'évolution; les études de gangs et de sous-cultures résultent d'observations directes et permettent, en plus de contrôler les résultats précédents, de décrire le caractère des délinquants.

a) *Tendances générales*

Au deuxième Congrès des Nations-Unies pour la prévention du crime et le traitement des délinquants qui s'est tenu à Londres, Middendorff (1960) présenta un rapport sur les nouvelles tendances de l'évolution de la délinquance juvénile à partir des renseignements recueillis à travers le monde Dans ce rapport, plusieurs constatations ont pu être dégagées :

Les délits contre les biens sont de beaucoup les plus fréquents, mais il ne semble pas qu'ils augmentent en ce qui concerne l'aspect strictement acquisitif; par ailleurs, les délits contre les biens accompagnés de violence, tel le vandalisme, augmentent. La violence contre les personnes augmente, sous forme d'agression, coups et blessures et aussi sous cette forme déguisée qu'est la «protection » qui n'est autre qu'un régime à échelle réduite de terreur; la délinquance s'étend progressivement aux groupes d'âge plus jeunes, certains gangs recrutant leurs adeptes dès l'âge de douze ans; le rapport souligne de même l'augmentation du nombre de délinquants issus de milieux socio-économiques à revenus élevés; finalement les manifestations collectives de délinquance deviennent plus fréquentes, mais pas nécessairement sous la forme du gang traditionnel; il s'agit souvent de regroupements spontanés profitant d'une occasion quelconque pour exprimer leur révolte ou leur agressivité.

A partir d'une analyse poussée des statistiques, Lunden (1964) a confirmé les résultats précédents pour les États-Unis, en ajoutant que la délinquance n'est plus exclusivement limitée aux secteurs défavorisés des villes, mais qu'elle s'étend progressivement aux secteurs mieux nantis et aux banlieues.

A Montréal, une étude statistique de la délinquance effectuée au département de criminologie par Le Blanc (1968) confirme ces tendances : le volume de la délinquance, bien que plus élevé en milieux défavorisés, demeure stable ; l'augmentation globale de la délinquance est redevable aux milieux moyens et aisés.

b) *Évolution des sous-cultures délinquantes*

Cloward et Ohlin (1960) distinguaient trois types de sous-cultures délinquantes à partir d'une revue exhaustive de la littérature : les sous-cultures criminelles, de conflit, de retrait. La sous-culture criminelle est connue principalement depuis les travaux de Shaw (1930), Thrasher (1927), Sutherland (1937) et constitue un type de délinquance organisée autour d'une activité principale, le vol. Orientée vers le profit, cette organisation exigeait des structures stables, des membres disciplinés et des contacts continus avec les criminels adultes. Ces groupes étaient recrutés et avaient leur base d'opération dans les milieux défavorisés tout en étant stables. Leur code d'éthique était copié sur celui du crime organisé d'alors pour lequel la sous-culture délinquante constituait en quelque sorte le lieu d'apprentissage.

Par ailleurs, la sous-culture de conflit ne dispose pas de références aussi impressionnantes que celles de l'école de Chicago, pour la sous-culture criminelle, pour des raisons bien compréhensibles. Salisbury (1958), Yablonsky (1962), Wolfgang (1967), en ont donné des éléments de description. Moins organisée que la précédente, elle a pour objectif l'émotion forte qu'elle trouve à l'occasion de batailles et d'assauts. Le groupe, instable et faiblement structuré, a peu de normes de conduite et peu de critères d'admission ; il n'est pas en relation avec la culture criminelle adulte qui se méfie de ses impulsions dangereuses pour sa sécurité. Contrairement à la sous-culture criminelle, ce groupe n'a pas comme objectif premier le profit qui exige une discipline et une persévérance dont il est incapable. Ce groupe a son origine et son port d'attache dans les milieux défavorisés et instables, non-intégrés.

Quant à la sous-culture de retrait, les informations sont encore plus minces. Cloward et Ohlin (1960) se basent sur Finestone

(1957) pour décrire ces « *Hipsters* », sous-culture non plus délinquante mais déviante ; ses membres n'ont pour objectif ni le profit,
ni les émotions primitives basées sur la violence ; ils recherchent
un autre genre d'émotions obtenues à l'aide de l'alcool, des
drogues, du jazz ; ils se distinguent par leurs vêtements recherchés ; c'est ce qu'ils nomment être « *cool* » par rapport aux
« *squares* ». Si leur mode de vie est déviant par rapport aux normes
de la société, leurs moyens de subsistance par contre sont délinquants ; ils se procurent le minimum vital par l'exploitation de
leurs compagnes qui les entretiennent, par le vol à l'étalage, par
le commerce à petite échelle de la drogue. Ces retraitistes vivent
dans les milieux les plus pauvres des grandes villes où le coût
de la vie est le plus bas.

C'est ainsi qu'en 1960, à partir d'informations fiables, Cloward
et Ohlin décrivaient les différentes sous-cultures délinquantes ;
ils prévoyaient leur évolution subséquente de la façon suivante :
la sous-culture criminelle, mieux intégrée et structurée que les
autres, présente le plus de résistance au changement ; en relation
étroite avec la criminalité organisée, elle en subit l'influence et
le rythme de son évolution. La sous-culture de conflit est conditionnée en partie par la désorganisation des milieux défavorisés
et est appelée à se développer ainsi que le prédisent Cloward et
Ohlin (1960) :

« D'après la théorie développée dans ce livre, nous prédisons que
la délinquance deviendra de plus en plus agressive et violente,
principalement à cause de la désintégration des milieux défavorisés.
Bien qu'il soit évident que la délinquance de conflit ait déjà
commencé à se développer, il semble, comme nous l'avons mentionné que cette croissance ait été surestimée ». (p. 203)

Quant à la sous-culture de retrait, l'absence d'informations
disponibles ne permettait pas de prédire quoi que ce soit. Pour
poursuivre cette recherche des indices d'évolution de la délinquance, il faut faire appel à Yablonsky (1962, 1965, 1968), qui
s'est intéressé particulièrement aux sous-cultures de conflit et de

retrait en recueillant ses informations sur le terrain dans le style des pionniers de l'école de Chicago.

c) *Nouveau délinquant*

Yablonsky a recueilli ses renseignements en participant à la vie des gangs violents de New York en 1958, et par l'étude des pensionnaires de *Synanon House* en Californie. Pour cette étape de la recherche nous ne retiendrons que les points de convergence qu'il a établis entre les sous-cultures de violence et de retrait.

Alors que le délinquant classique tel le voleur professionnel de Sutherland (1937) était du type intro-déterminé, et que son comportement, ses valeurs se rapprochaient du modèle de l'Américain de classe moyenne, le nouveau délinquant serait extro-déterminé, qu'il soit violent ou retraitiste; ses activités sont à la merci du comportement populaire du moment, elles doivent être « *on the scene* ». Sans revenir sur les caractéristiques particulières de ces deux types de déviance, il est intéressant de noter qu'ils se rejoignent sur certains points. Ainsi l'objectif de leurs délits est orienté vers une forme quelconque de gratification émotionnelle, que ce soit par le biais de la violence, des expériences sexuelles, de la drogue, etc. Ces délinquants que Yablonsky nomme des sociopathes délaisseraient de plus en plus les batailles de gangs traditionnelles pour s'orienter vers un mode de vie plus spontané, plus apte à satisfaire leurs impulsions; les « violents » empruntent aux « retraitistes » leur rituel vestimentaire, l'usage de la drogue non plus seulement dans un but commercial. Pour ces deux groupes, le « *kick* » serait une validation existentielle, un moyen de se prouver qu'ils existent face à la société selon Yablonsky (1965). Les retraitistes emprunteraient le mode de vie hédoniste et spontané des violents, alors que ces derniers trouveraient dans l'idéologie des retraitistes la rationalisation de leurs comportements. Comme nous l'avons noté précédemment, ces deux groupes se distinguent nettement quant aux types de comportement délinquant qui les caractérisent.

Wrick (1966) confirme ces faits dans une description plus

psychologique, à l'aide des concepts freudiens du principe du plaisir et du principe de réalité. Le délinquant classique serait assez bien orienté face à la réalité; il accepte sa situation avec les risques et périls qu'elle comporte; il accepte de même les principes et les valeurs de la société, tout en employant des moyens illégaux pour y parvenir. S'il est pris, sa réaction sera conséquente; il fera amende honorable en invoquant des circonstances atténuantes. Le nouveau délinquant présente selon Wrick une autre image :

« Il n'en est pas ainsi avec le nouveau type de délinquant. Il n'a pas de problème d'adaptation, mais peut-être que la société en aurait pour s'ajuster à lui. Mais ceci est le problème des autres gens et non le sien. Son absence totale du sens de la réalité est comme l'affirme Schumpeter, la base de toutes les difficultés. Il vit dans un univers de rêve qu'il bâtit lui-même, qu'il a érigé inconsciemment pour protester contre un monde dans lequel il a été parachuté, et qu'il ne désire pas affronter. Son univers est orienté vers la recherche du plaisir » (p. 25).

Ce principe du plaisir, étant effectif sur une période très courte, n'est pas source de satisfaction durable, mais plutôt d'anxiété qui s'exprimera sous forme d'automation, de régression, d'évasion. La réaction de ce type de délinquant à son délit est aussi caractéristique; il ne reconnaît pas le bien-fondé de l'accusation, est incapable d'expliquer ou de rationaliser son comportement.

Nous pouvons conclure au sujet de la transformation des formes classiques de la délinquance par ces quelques remarques. La délinquance a perdu l'homogénéité que lui assuraient les milieux défavorisés stables; ces derniers fournissaient un terrain propice à la socialisation aux rôles criminels, à l'expérimentation de ces rôles et encadraient les apprentis-criminels dans une organisation; finalement cette organisation était elle-même intégrée dans la société globale par un échange de services interlopes entre le monde criminel et les institutions politiques et économiques.

Il se développe par contre, dans les milieux défavorisés instables de nouveaux types de comportements délinquants orientés vers la violence et l'évasion, formant des sous-cultures qui s'empruntent réciproquement un art de vivre nouveau qu'elles créent au gré des événements.

LA DÉLINQUANCE DES MILIEUX AISÉS

De même que précédemment en milieu ouvrier, notre objectif consiste à déceler les indices d'évolution de la délinquance en milieu aisé; cette tâche s'avère complexe en raison du peu d'études consacrées à ce sujet, de la protection qui entoure encore les adolescents de ce milieu et qui en rend l'analyse indiscrète, de la méconnaissance du milieu par les spécialistes. Malgré ces handicaps, nous savons par l'observation de la réalité quotidienne que ce phénomène devient de jour en jour plus présent, et il est dès maintenant possible d'en tirer, sinon des conclusions, tout au moins des indications.

a) *Considérations générales*

Il peut sembler paradoxal de parler de délinquance et d'inadaptation des adolescents de milieux aisés, car il est encore d'usage de penser que la disparition des taudis, l'accroissement du bien-être, le développement des loisirs devraient, sinon faire disparaître la délinquance, du moins, la tenir en échec. Or, l'observation semble indiquer que c'est dans les pays les plus prospères que nous trouvons le taux de délinquance le plus élevé. Au Japon, par exemple, le taux de croissance économique, un des plus forts au monde, est accompagné d'un des taux de délinquance les plus élevés dont le tiers est le fait des adolescents de classes moyenne et bourgeoise. La Suède, qui a fait disparaître à peu près complètement les zones de pauvreté, qui assure la plupart des citoyens d'un bien-être matériel élevé, qui a développé plus que tout autre pays les loisirs et l'éducation de masse, possède le taux de délinquance le plus élevé au monde. Là encore, les délinquants sont recrutés parmi cette « jeunesse dorée », catégorie comparable aux « *sun groups* » japonais.

Aux États-Unis, ce sont les adolescents de banlieues aisées qui contribuent le plus à la croissance globale de la délinquance ; ils sont responsables pour 55 % de tous les crimes sérieux commis dans les banlieues.

La délinquance des classes moyenne et aisée n'a retenu l'attention des spécialistes que depuis une dizaine d'années. Dès 1941 cependant, Warner soulignait, dans le cadre de son étude de *Yankee City*, que la disproportion apparente entre le volume de la délinquance des classes ouvrières et aisées n'était due qu'à une distorsion statistique de la réalité.

Porterfield en 1944 mesura le taux de délinquance d'un groupe de 337 étudiants de milieux aisés, et comparant ces résultats à ceux de 2 000 délinquants de classe ouvrière, en conclut que pour la majorité des délits le taux de délinquance était aussi élevé pour les étudiants que pour les délinquants.

Ces résultats contredisent les études traditionnelles du volume de la délinquance selon les classes sociales, basées sur la statistique officielle des cours de justice ; une telle étude conduite récemment par Douglass et Ross (1966) révéla que le taux de délinquance des classes bourgeoises est trois fois moindre que celui des classes moyennes, et sept fois moindre que celui des classes ouvrières.

Il faut donc attendre 1957 pour constater un renouveau d'intérêt pour ce problème. Nye et Short (1957, 1958) développèrent alors un instrument destiné à mesurer la délinquance réelle à l'aide d'un questionnaire anonyme *(self-report)* composé d'une liste de 24 délits comprenant, en plus des délits classiques, certaines des nouvelles formes d'inadaptation. Les conclusions de cette étude ne révèlent aucune différence significative entre les milieux socio-économiques différents quant à l'incidence de tels comportements. Les résultats d'une recherche similaire conduite par Dentler et Monroe (1961) semblent confirmer les conclusions précédentes.

b) *Types de délinquance*

Des études récentes menées par Reiss et Rhodes (1961), Clark et Wenninger (1962), Erikson et Empey (1965, 1966), vinrent préciser les résultats obtenus par Nye et Short. Il se dégage de ces études les conclusions suivantes :

Le volume de la délinquance des classes ouvrières, par rapport aux autres groupes plus favorisés de la société, a été jusqu'à présent grandement exagéré; on reconnaît maintenant que la statistique officielle mesure, en plus du comportement, la réponse et l'action de la communauté envers cette délinquance.

La nature de la délinquance varie selon les classes sociales; en milieux aisés elle se caractérise soit par différents délits se rattachant à la consommation somptuaire d'une « *leisure class* », selon le terme de Veblen (1899), soit par certaines formes d'agression.

Les résultats obtenus par cette méthode ne sont cependant pas homogènes, ils varient suivant la nature de la population utilisée (scolaire, pénitentiaire, probationnaire, etc.), le contenu des délits présentés, la forme de cueillette des données, questionnaires ou entrevues. Ainsi, Empey et Erikson (1966) utilisent quatre échantillons d'adolescents de 15 à 17 ans choisis au collège, parmi ceux qui ont été à la Cour une fois, ceux qui sont en probation, et finalement un échantillon d'adolescents en institution. Analysant la délinquance révélée selon la classe sociale de ces sujets, ils concluent ainsi :

« Il existe des différences entre les sujets de niveaux socioéconomiques différents en ce qui a trait au type de comportement délinquant. Les sujets de classe moyenne sont responsables des activités les plus sérieuses et destructrices, alors que les sujets de milieux plus défavorisés sont plus portés vers des activités moins graves; tels batailles, école buissonnière, emploi de drogue légère » (p. 596).

Ces différentes tendances se retrouvent et nous analysons les quelques monographies de délinquants en milieu aisé; Myerhoff (1964), après deux semaines d'observation participante d'un gang délinquant de classe moyenne, originaire d'une banlieue de Los Angeles, en dégage les remarques suivantes : les activités délinquantes (qui entraînent une action policière) concernent d'une part des comportements sans gravité, telles la consommation publique d'alcool, des activités sexuelles précoces, la flânerie, et d'autre part, des activités plus compromettantes incluant le « *drag-racing* », le vol d'articles de valeurs tels radios d'automobile et magnétophones, l'usage de drogues légères, ces derniers délits étaient toutefois moins fréquents que les premiers.

Selon l'auteur, il ne s'agit pas d'un groupe structuré mais plutôt de ce que Yablonsky (1962) nomme un « quasi-groupe »; les activités sont discrètes, les opérations s'effectuent avec jugement et contrôle et n'interfèrent que rarement avec les activités normales telles la vie familiale ou scolaire. Ces adolescents agissent ainsi pour le « *kick* », pour échapper à la monotonie de chaque jour.

Une image différente est donnée par Salisbury (1958) qui rejoint les conclusions de Empey et Erikson (1965). Dans une banlieue de New York, il a observé des quasi-groupes délinquants dont le comportement agressif ressemble à celui des gangs violents décrits par Yablonsky.

Après une critique de ces études, Ferdinand (1966) distingue deux types de comportement délinquant caractéristiques des milieux aisés : « *Mischievous-Indulgent* » et « *Agressive-Exploitative* » qui pourraient être nommés respectivement le type somptuaire et le type d'affirmation agressive.

Si on retrouve en milieu ouvrier une sous-culture retraitiste identifiée par Cloward et Ohlin (1960), de même existe en milieu aisé une sous-culture de bohèmes qui a été analysée entre autres par Rigney et Smith (1960). Ces auteurs ont étudié une communauté établie à San Francisco et en ont tiré les conclusions suivantes. Ces bohèmes ont été attirés à North Beach par le climat de tolérance qui y régnait, par le fait que le coût de la vie n'y était pas élevé et pour y trouver un travail de subsistance soit à titre de musiciens, peintres, poètes, artisans, ou plus prosaïquement comme laveur de vaisselle, garçons de restaurant. Ces individus venaient ordinairement de classe moyenne, étant surreprésentés aux strates supérieures de l'échelle de classe sociale; ils étaient à la recherche de la liberté, particulièrement celle de s'auto-expérimenter en termes de perceptions sensorielles. Ceci les portaient à briser les tabous sociaux par l'expérience sexuelle, celle des drogues et des « *happenings* ». Leurs activités délinquantes consistaient en vols divers, commerce de la drogue, publications jugées obscènes ou tendancieuses.

c) *Points de convergence*

Après avoir identifié trois types de délinquance en milieu aisé, deux questions se posent : en quoi ces phénomènes sont-ils nouveaux, et qu'est-ce qui les distingue vraiment des comportements semblables en milieu ouvrier.

Il est plus facile de répondre à la première interrogation qu'à la seconde. En effet, la délinquance somptuaire et celle d'affirmation agressive ont de tout temps été liées fonctionnellement au rôle des enfants de l'élite au pouvoir, ainsi que le prouve amplement l'histoire; de même la lecture des « Paradis artificiels » de Baudelaire ou des œuvres de Rimbaud montre que les jeunes générations appréhendent, sur une plus grande échelle, des expériences vécues et mûries depuis longtemps par des prédécesseurs. Les principales différences résident dans le volume de ces comportements et dans la période plus longue pendant laquelle ils sont vécus; le gonflement et la prospérité des classes moyennes permet à un plus grand nombre d'adolescents cette liberté protégée qui est à l'origine des formes de délinquance somptuaire et agressive, et rend de même possible à un plus grand nombre cette libération morale représentée par les bohèmes. Un facteur nouveau, la prolongation de l'apprentissage des adolescents permet à ces différentes formes de déviance de former des sous-cultures, éléments de différenciation important qui risque de transformer en mode de vie, ce qui n'était pour les privilégiés d'autrefois que folies de jeunesse.

Ces types de comportements déviants sont souvent assimilés

aux formes de rébellion typiques de l'adolescence; ce sujet sera abordé subséquemment, qu'il suffise de dire pour l'instant que les formes, le volume, l'envergure que prend cette rébellion telle que nous tentons de la cerner peut difficilement être considérée comme une phase normale du développement individuel; il n'est pas exclu cependant qu'elle puisse être une phase normale de développement d'un groupe d'âge dans la société actuelle.

Essayons de voir maintenant quels sont les aspects communs et les divergences entre les types de comportement délinquant de milieu ouvrier et aisé, schématisés ci-dessous :

Milieu ouvrier	Milieu aisé
Sous-culture déliquante	Sous-culture somptuaire
Sous-culture de conflit	Sous-culture d'affirmation agressive
Sous-culture retraitiste	Sous-culture de bohème

La différence la plus marquée consiste en la réaction sociale différentielle face à ces sous-cultures; les sous-cultures délinquantes et de conflit sont objets de répression des forces de contrôle social formelles et informelles qui, par ailleurs, protègent les sous-cultures somptuaires et d'affirmation agressive. Cette protection variera selon le taux de tolérance des milieux aisés, et selon leur type d'intégration.

L'analyse des ressemblances ou des points de convergence est plus révélatrice. La sous-culture délinquante et la sous-culture somptuaire partagent en commun la recherche du profit, le développement de techniques nécessaires pour y arriver, et une perspective réaliste face à leurs activités. Le phénomène de la création quasi artificielle des besoins explique en partie que le vol d'un appareil stéréophonique par un adolescent de milieu aisé peut répondre à un besoin de subsistance de la même façon qu'un vol d'argent ou de vêtements réussi par un adolescent de milieu ouvrier, ce qui explique l'importance que les uns et les autres attachent à l'habileté et aux techniques.

Les sous-cultures de conflit et d'affirmation agressive se rejoignent quant à l'impulsivité et la spontanéité de leur comportement, l'absence de préméditation et d'habileté particulières, l'accent hédoniste que revêtent leurs activités.

Les sous-cultures retraitiste et bohème se reconnaissent par leur déviance selon les normes et la morale de la classe moyenne, par une délinquance qui n'est qu'accessoire ou instrumentale, par leur recherche d'expériences et de validation existentielle.

LA CRIMINO-POLITIQUE

Jusqu'ici, cette étude s'est limitée à l'analyse de l'évolution des formes classiques de la délinquance telles qu'elles se manifestent dans différents milieux socio-économiques. S'en tenir là serait sûrement prudent mais laisserait de côté les comportements déviants les plus significatifs de la période actuelle, les forces les plus vives de changements sociaux, les témoins les plus gênants de la société d'abondance. Les hippies et les radicaux gravitent actuellement dans un « no man's land » entre d'un côté les juges d'une époque qui s'interrogent sur l'orientation de leur société, et de l'autre les lauriers ou la guillotine qui sanctionneront leur victoire ou leur échec. L'énigme qu'ils posent oblige à la fois la criminologie et la politique à reconsidérer les assises de leurs sciences et de leurs interventions. La crimino-politique, bien que n'ayant pas encore droit de cité, peut cependant aider à comprendre l'évolution actuelle de la délinquance à la déviance.

Ces formes de déviance sont en interaction dynamique avec la déviance classique, s'inspirant de ses thèmes et la nourrissant des siens.

a) *Des bohèmes aux hippies*

Le phénomène hippie devient actuellement un type d'adaptation des adolescents de plus en plus choisi. Alors que les beatniks étaient un refuge pour intellectuels plus ou moins engagés et une secte fermée et restreinte où s'est élaboré en partie l'art de vivre des hippies, ces derniers constituent par leur nombre et par l'articulation de leur éthos, un véritable phénomène social.

Le début du mouvement se situe vers 1960, à la suite des expériences de Leary à l'Université de Boston sur les effets d'une drogue chimique, le LSD (« Lysergic Acid Diethylamide »), qui furent à l'origine de la fondation de deux organisations, I.F.I.F. (Institute for the Investigation of Inner Freedom) et L.S.D. (League for Spiritual Discovery). En peu de temps, ce mouvement prit une extension considérable due à un éthos particulier largement diffusé par les moyens de communication de masse, et répondant à l'attente d'un grand nombre d'adolescents aliénés par la société matérialiste.

Yablonsky (1968) après avoir consacré un an à l'observation et l'analyse de ce mouvement de New York à Los Angeles, distingue trois types d'adeptes. Le « grand-prêtre », le plus représentatif du mouvement qui a atteint la libération spirituelle et la paix intérieure ; il a pour rôle de guider les adeptes, s'ils y consentent, dans le difficile chemin de cette libération. On compte de 10 % à 15 % de « grands-prêtres » pour 35 % d'aspirants. Ces derniers partagent avec leurs maîtres l'indifférence face aux lois, à la politique, à la guerre, aux méthodes d'éducation, aux valeurs de la société matérialiste *(plastic society)*, et sont à la recherche spirituelle d'un autre mode d'existence. Ils s'en distinguent par la distance qu'il y a entre leurs aspirations et la réalisation de cet idéal ; plusieurs de ces aspirants participent sporadiquement aux mouvements politiques de la nouvelle gauche et aux manifestations étudiantes. Sans être totalement désengagés vis-à-vis de la société, ils y tendent par la fréquentation des grands-prêtres et l'usage des drogues spirituelles telles la marijuana et le LSD. Les grands-prêtres et les aspirants sont les éléments purs du mouvement. L'autre 50 % des membres de ce mouvement est constitué des hippies plastiques, comprenant les « *teanyboppers* », les « *heavy drug addicts* », les « *emotional disturbed* » et une catégorie complexe incluant les motards, certains criminels intoxiqués, et tous ceux qui d'une manière ou d'une autre gravitent autour de cette culture.

Au début, ce mouvement recrutait 70 % de ses adeptes chez

les adolescents des classes moyenne et supérieure; ils tendent maintenant à venir de tous les milieux socio-économiques.

Ce mouvement n'est ni une sous-culture, ni une contre-culture entendues dans le sens courant; il s'agirait plutôt d'une para-culture et d'une para-société, se voulant désengagées et indifférentes face aux valeurs, moyens et réalisations de la société d'abondance, et engagées dans un mouvement de libération spirituelle et morale.

Au plan structural, ce mouvement présente les caractéristiques du quasi-groupe : les rôles des membres ne sont pas clairement définis, la cohésion est diffuse, il n'y a qu'un minimum de consensus vis-à-vis des normes, une grande mobilité des participants, un *leadership* souvent vague et confus, différents niveaux d'engagement au mouvement.

A l'aide de ces quelques données, essayons de distinguer les aspects déviants et délinquants de ce mouvement.

Les aspects déviants du mouvement hippie sont probablement aussi diversifiés que le sont ses adeptes; ces derniers partagent le rejet de la morale de la société industrielle définie par Weber (1958), élevant au rang de vertu un individualisme orienté vers le travail, l'ascétisme, l'épargne, en vue de l'accumulation des biens; ils rejettent de même « l'éthique sociale » définie par Whyte (1956).

Ce rejet de morales axées sur la quantification est remplacé par les éléments du « *psychedelic creed* »; cette déclaration de principe contient des éléments inacceptables selon les critères de la société américaine, qui servent de base à la condamnation officieuse et officielle du mouvement. Avant d'être une déviance factuelle, ce mouvement représente donc essentiellement un type de déviance idéologique qui oblige la société à réviser sa définition de la délinquance; contrairement à la délinquance classique, les hippies sont condamnés en premier lieu pour leur conception de la vie, à partir d'un prétexte quelconque relié au code criminel.

La délinquance en milieu hippie prend une forme particulière.

Elle peut n'être qu'accessoire à l'instar des activités délinquantes de la sous-culture retraitiste, ou encore l'activité principale d'adolescents qui se servent de ce mouvement comme paravent pour y exercer leur métier.

La délinquance accessoire a pour objectif principal l'approvisionnement en drogue, qui constitue le moteur du mouvement, et toutes les activités illégales qu'entraîne leur mode de vie, reliées beaucoup plus au code moral qu'au code criminel. Ils se feront arrêter par exemple pour flânerie, corruption de mineurs, bruit, etc. D'après les résultats du questionnaire de Yablonsky (1968), la moitié des sujets rapportent avoir été arrêtés et incarcérés.

Les « *teanybopper* », qui constituent la jeune génération des hippies seraient responsables d'une délinquance accessoire caractérisée par le vol à l'étalage, l'usage de la drogue pour l'expérience, le « *kick* », la violation du code moral traditionnel, les affrontements avec la police qu'ils provoquent à l'occasion.

Se mêlent aux hippies certains professionnels de trafic de la drogue qui ne partagent pas leur éthique, recherchant avant tout le profit. Étant obligés d'établir leurs quartiers dans les secteurs défavorisés des villes, les hippies y fréquentent les gangs violents, les groupes minoritaires d'immigrés qui acceptent mal un genre de vie qui est à l'opposé de ce qu'ils ambitionnent; il en résulte souvent des affrontements violents qui donnent une image embrouillée de la « *Scene* » hippie.

Dans la recherche d'indices d'évolution de la délinquance, le phénomène hippie ne peut être ignoré en raison de l'ampleur qu'il a pris, de l'attirance qu'il exerce chez un nombre considérable de jeunes, des formes déviantes qu'il engendre, de la réaction sociale qu'il suscite. A la délinquance classique s'ajoute une déviance par rapport aux valeurs, reliée à une tentative de libération spirituelle et morale et non plus seulement à une libération économique.

b) *De l'affirmation agressive au radicalisme*

Pendant qu'une partie de la jeunesse s'orientait vers une « gauche psychédélique » selon l'expression de Roussopolous (1968) avec pour objectif d'élaborer une société parallèle, d'autres choisissaient une solution différente, destinée à influencer la structure du pouvoir de la société existante. Ce mouvement qui a débuté vers 1960 s'inspirait d'une philosophie libérale revendiquant l'intégration sociale, la liberté de parole, l'amélioration des conditions de vie des défavorisés, etc. Peu à peu, ce mouvement s'est radicalisé pour aboutir en 1965 à une déclaration de principe du S.D.S. *(Port Huson Statement of the Students for Democratic Society)*, où la tendance libérale fait place à une revendication violente, à une rébellion contre les institutions établies telles les universités, « *l'establishment* », le complexe militaro-industriel.

Très rapidement, cette nouvelle gauche associa la violence à ses interventions, s'associa au Pouvoir Noir et développa une presse souterraine parallèlement à la presse du mouvement hippie, acceptant la guérilla urbaine parmi ses moyens d'action.

La réaction en chaîne de la contestation universitaire montre la profondeur de cette rébellion contre l'institution la plus proche des radicaux qu'est l'université, de même que son internationalisme. Si les hippies contestent à leur manière les valeurs matérialistes, les radicaux s'attaquent directement à la structure du pouvoir, ce qui rend leur témoignage beaucoup plus menaçant pour ceux qui sont en place.

Keniston (1965, 1967, 1968) est probablement le chercheur qui a analysé le plus en profondeur le phénomène du radicalisme étudiant. Il évalue à 10 % le nombre d'étudiants déviants, engagés dans une forme quelconque de protestation; il distingue parmi ceux-ci deux types de radicaux : l'activiste et le désengagé. L'un et l'autre viennent de classe moyenne supérieure, réussissent très bien leurs études, fréquentent des institutions universitaires prestigieuses.

L'activiste souscrit à un système de valeurs flexibles, humanitaires, expressives, qui sont le reflet des valeurs idéales de leurs parents; il participe aux démonstrations et organise des activités de groupe orientées vers une action sociale destinée à réformer ce qui lui paraît être une injustice. Ses activités n'ont pas pour but premier l'amélioration de son propre sort; elles sont dirigées au hasard des circonstances vers l'amélioration du sort des autres. C'est une politique optimiste à la recherche de formes nouvelles d'action sociale.

Le désengagé est trop pessimiste, trop opposé à ce « système » pour participer activement aux manifestations; il exprimera sa non-conformité par un comportement bizarre, une idéologie excentrique, par ses efforts pour intensifier son expérience subjective qui doit aboutir à une transformation personnelle. Il est moins engagé que l'activiste aux valeurs académiques et libérales. Les désengagés forment souvent une sous-culture « *underground* » aux collèges et aux universités qu'ils fréquentent.

Pour qu'une action radicale ait lieu, il est nécessaire que soit présent un nombre suffisant d'activistes, de désengagés, qu'il y ait possibilité d'interaction, la présence de leaders aptes à organiser le mouvement, un climat institutionnel laissant place à la liberté d'expression. Ces conditions réunies permettent la formation d'une sous-culture déviante et d'une organisation qui passera à l'action à l'occasion d'un problème quelconque d'injustice, d'exploitation ou d'oppression.

Les formes de déviance des radicaux s'échelonnent de la violence morale et physique au vandalisme. L'inventaire des différents « codes d'éthique » et « codes de conduite » que les institutions d'enseignement se donnent, permettrait d'écrire un véritable code criminel nouveau genre destiné à centrer l'action soit-disant subversive des radicaux.

Cependant, pour les radicaux encore plus que pour les hippies, ces formes de déviance ne sont qu'accessoires et instrumentales; leurs auteurs seraient des individus normaux, confrontés à une situation et une organisation anormales.

CONCLUSION : LA DÉLINQUANCE VUE COMME UN MOUVEMENT SOCIAL

Cet aperçu trop rapide des tendances d'évolution de la délinquance a permis de dégager certaines lignes de force significatives. La délinquance traditionnelle, jadis confinée aux milieux ouvriers, présentait auparavant des modèles stables, des comportements prévisibles, facilement circonscrits par les agences de contrôle social. Ces modèles changent et présentent aujourd'hui une image différente. De même en milieux moyen et aisé se développent des formes de délinquance où on retrouve un certain parallélisme avec les modèles de milieu ouvrier et qui deviennent plus visibles et diversifiés qu'autrefois. Par ailleurs, de nouvelles formes de déviance s'ajoutent aux modèles précédents, déviance idéologique et politique, qui recrute ses membres à tous les niveaux de l'échelle sociale et entre en interaction sporadique avec les délinquants traditionnels.

La délinquance pouvait être conçue auparavant comme un « *épiphénomène* », c'est-à-dire un phénomène qui vient s'ajouter à un autre d'une manière fatale, mais sans exercer sur lui aucune influence ; c'était le cas des délinquants isolés et de la sous-culture délinquante dont les rôles étaient reconnus et définis par la société. La délinquance présente de plus en plus les caractéristiques d'un véritable « *mouvement social* ». A la suite de changements culturels importants se développent ce que Blumer (1951) nomme des « mouvements sociaux généraux » définis ainsi :

« Les mouvements sociaux généraux prennent la forme d'efforts hésitants et non coordonnés ; ils possèdent seulement une direction générale vers laquelle ils tendent d'une façon lente mais persistante ; ils sont peu organisés, manquent de *leadership* efficace et exercent un contrôle minimum sur leurs membres » (p. 200).

Devant les pressions exercées par les changements culturels et le désir de changer ou modifier l'ordre social existant, des mouvements sociaux spécifiques émergent d'une façon plus organisée. Selon Killian (1964), les principales caractéristiques de ces mouvements sociaux seraient les suivantes : « 1. l'existence de valeurs partagées, soutenues par une idéologie ; 2. un sentiment d'appartenance et de participation ; 3. l'existence de normes de conduite ; 4. une certaine structure ou division des tâches entre les membres » (p. 430). Le mouvement social se différencie donc des autres types de collectivités soit par sa volonté de changement, soit par la résistance au changement.

Parmi les tendances d'évolution de la délinquance, certains indices permettent de penser qu'elle s'oriente vers les caractéristiques des mouvements sociaux ; relevons quelques exemples tels la croissance des manifestations collectives chez les jeunes, le rapprochement des sous-cultures de conflit et de retrait par emprunts réciproques de modes de vie et de valeurs, l'apparition de ce que Yablonsky (1968) nomme des « para-sociétés » et Wolfgang (1967) des « *power-muted microculture* ».

Malgré la grande diversité des manifestations délinquantes, il semble donc qu'il y ait une recherche semblable d'identité et l'émergence d'un éthos commun en opposition à l'idéologie officielle.

Cette évolution de la réalité a provoqué chez les analystes la recherche d'une définition et d'une conception nouvelle de la délinquance, tenant compte non plus d'une situation d'équilibre, mais des impératifs du changement social.

CONCEPTIONS DE LA DÉVIANCE ET SES IMPLICATIONS

Les tendances d'évolution de la délinquance, dégagées dans la section précédente, exigent que soient renouvelées les différentes conceptions théoriques de la délinquance. Ce n'est pas par hasard que le concept de déviance a remplacé peu à peu celui de délinquance dans l'analyse et la recherche sociologique ; cette transformation résulte de l'effort des analystes pour définir un champ d'étude à partir de critères scientifiques dégagés de toute contingence. Cet objectif demeure encore un idéal à atteindre car les relations entre la loi criminelle et les normes sociales sont loin d'être établies, chacune évoluant à un rythme différent, obéissant à des forces distinctes : la loi criminelle et son application sont en effet dépendantes du processus de différenciation sociale et de la structure du pouvoir qui y est rattachée, alors que les normes sociales obéissent plus immédiatement aux processus du changement social. L'analyse de l'interaction entre ces différentes variables constitue le champ d'analyse de la socio-criminogénèse dont la contribution la plus importante consiste à dégager et à opérationnaliser les composantes les plus pertinentes du phénomène de la déviance.

Cette section a pour objectif de montrer que la conception juridique de la délinquance a fait place à une conception fonctionnaliste, basée sur les normes sociales, et à une approche plus dynamique donnant à la réaction sociale un rôle privilégié.

APPROCHE SYSTÉMATIQUE DE LA DÉVIANCE

La conception systématique de la déviance a été élaborée principalement par deux auteurs, Sellin et Merton en 1938, dans un effort pour définir l'objet d'étude de la socio-criminogénèse. Sellin définissait la déviance comme l'ensemble des comportements allant à l'encontre des normes de conduite ou des attentes institutionnelles; ceci permettait de dépasser la perspective juridique définie par Tappan (1947) en ces termes :

« L'ensemble des infractions commises, dénoncées, poursuivies et punies; seuls sont considérés comme délinquants ou criminels ceux qui ont été ainsi reconnus par la Cour; le délit est un acte intentionnel de violation de la loi, commis sans excuse et pénalisé » (p. 32).

Cette définition juridique, qui se veut objective et impartiale, prend son sens réel lorsqu'elle est traduite ainsi par Boyer (1966) : « le crime est un acte considéré comme préjudiciable à la société par un groupe d'hommes ayant le pouvoir de donner force de loi à ses considérations » (p. 9).

Merton n'échappe pas à l'ambiguïté sous-jacente à la définition de la déviance, qu'il définit dans les mêmes termes employés par Sellin. Le chapitre suivant montrera d'ailleurs que l'approche fonctionnaliste de Merton a été un effort pour dissiper cet équivoque et que l'ouvrage célèbre de Sutherland (1949) « White Collar Crime », s'inspire directement de l'aspect dynamique du fonctionnalisme de Merton, de même que l'effort de clarification conceptuelle entreprise par Cohen (1955, 1966) qui lui a permis d'étendre le concept de comportement déviant à celui de collectivité déviante.

Sellin et Merton s'inscrivent dans le cadre de l'analyse systématique de la société, comprenant les approches fonctionnalistes et structurales, qui postulent un état d'équilibre de la société; celle-ci est composée d'individus qui établissent des règles de conduite basées sur certains critères servant d'étalon de mesure; la conformité à ces règles de conduite est assurée par les mécanismes du contrôle social, dont le processus de socialisation en constitue l'élément le plus puissant. La déviance devient ainsi l'ensemble des comportements qui menacent l'équilibre du système, ou, dans les termes de Merton, qui sont dysfonctionnels. Ces comportements étant plus fréquents dans certains secteurs du système social, on recherchera une forme quelconque de pathologie ou de désorganisation du système; selon ce schéma d'équilibre, il y a déviance lorsque la structure sociale n'arrive pas à communiquer ses exigences aux acteurs.

Cette conception systémique de la société et de la déviance a été remise en question par les tenants de la sociologie critique, tels Mills (1942), Goodman (1956), Rioux (1969), et de la sociologie dynamique tels Wilkins (1964), Buckley (1967), Cohen (1965).

Selon Buckley, la sociologie systémique utilise des modèles d'analyse trop simples face à la complexité des phénomènes sociaux, des modèles où la stabilité est la règle du système. Tout élément perturbateur doit être éliminé pour retrouver un état stable qui est considéré non plus comme l'état normal, mais plutôt comme un but à atteindre. De même, Horton (1964) a montré comment le concept d'anomie tel qu'élaboré par Durkheim a été « désamorcé » par la sociologie fonctionnaliste et utilisé dans une optique d'intégration sociale.

CONCEPTION DYNAMIQUE DE LA DÉVIANCE

La conception dynamique de la déviance, représentée principalement par Wilkins (1964) est redevable à trois phénomènes interreliés : la transformation des formes de déviance, le développement de la sociologie critique, une approche théorique renouvelée; c'est sur ce dernier aspect que porteront maintenant nos réflexions.

Plusieurs auteurs tels Cohen (1965), Becker (1961), Erikson (1962), Kitsuse (1962), en sont arrivés à une conception beaucoup plus relativiste de la déviance, identifiant le comportement déviant à partir de la qualité de la réaction sociale à ce comportement. C'est en ce sens que Wright (1942) affirmait : « Aux États-Unis, il n'y a pas de problème noir, il n'y a qu'un problème blanc ». Le durcissement actuel du groupe marginal noir, sa déviance ne se définit en effet que par rapport à la réaction des blancs à son égard. Il est déviant parce que les blancs l'étiquettent ainsi.

Il n'y a donc rien d'intrinsèque aux déviants ou à leurs actions qui les distinguent des conformistes, ainsi qu'en témoignent Erikson et Becker.

« D'un point de vue sociologique, la déviance peut être définie comme une conduite qui généralement attire l'attention des agences de contrôle social, des conduites à propos desquelles on doit faire quelque chose. La déviance n'est pas une propriété inhérente à certaines formes de comportement; elle est une propriété conférée par l'audience qui en est témoin. Donc, sociologiquement, la variable importante pour l'étude de la déviance devient l'audience sociale plutôt que l'individu, puisque c'est cette audience qui décidera éventuellement si telle ou telle action deviendra un cas visible de déviance. » (Erikson, 1962) (p. 309).

« De ce point de vue, la déviance n'est pas une qualité de l'acte qu'une personne commet, mais plutôt une conséquence de l'application par d'autres de règles et de sanctions. Le déviant est celui à qui cette étiquette a été appliquée avec succès. *Deviant behavior is behavior that people so label.* » (Becker, 1963) (p. 14).

Cette conception, actuellement à l'état d'ébauche, ne précise pas le genre de réaction qui identifie un comportement déviant; s'agit-il de la réaction de la communauté, des agences officielles de contrôle social, de certains individus au pouvoir? Faudrait-il supposer de même qu'un comportement n'est pas déviant s'il n'y a pas de réaction sociale d'un type quelconque? Quelle est donc la relation entre la déviance et ce stigma social?

Cette conception de la déviance n'ajoute qu'un élément à la définition de la déviance; elle est intéressante en ce qu'elle attire l'attention sur les aspects plus strictement sociaux de la déviance, cette dernière étant vue dans un processus interactionnel plus vaste. Cette conception finalement sert beaucoup plus à définir la sociologie de la déviance que la déviance même.

Shoham (1965) a tenté d'intégrer trois éléments de la déviance pour en arriver à un ensemble théorique cohérent : 1. la déviance identifiée par rapport à l'orientation aux valeurs (normes de comportement); 2. la déviance identifiée à la réaction sociale, au « stigma »; 3. la déviance identifiée au comportement déviant.

La déviance et la conformité peuvent être définies par rapport à l'orientation aux valeurs du sujet. Ce dernier peut accepter les valeurs communes, critères de conformité, ou les rejeter. Dans le premier cas, il participe à la solidarité sociale dans le sens durkheimien du terme, source de la morale ou de l'éthique collective. Dans le cas du rejet, l'individu envisage cette solidarité et ses conséquences comme étant oppressives, au service d'une minorité qui utilise cette solidarité à ses propres fins. Cet individu qui rejette les valeurs communes peut être nommé un « subjectiviste » par rapport au « solidariste ».

Le solidariste a été défini comme étant « *l'organisation man* », le « *status-seeker* », dont les valeurs dominantes seraient le travail, l'efficacité, la réussite, la foi dans le progrès, la compétition, etc., le *credo* de l'éthique protestante auquel a succédé l'éthique sociale décrite dans « l'homme de l'organisation » de White (1956).

Le subjectiviste par contre ne croit qu'en lui-même, se contente de vivre son propre modèle de conduite qui s'oppose au macrocosme social qui n'a pour lui aucune valeur. Il voit dans la morale collective un instrument au service des gens au pouvoir pour asservir la collectivité, une déformation des utopies par les grandes organisations tels l'Église catholique, le Parti communiste.

Il existe évidemment entre ces deux extrêmes toute une gamme d'orientation aux valeurs. En résumé, la conformité et la déviance peuvent être définies par l'orientation normative aux valeurs suivant la conception du système social des solidaristes et suivant celle des subjectivistes ; ces deux conceptions peuvent être placées aux deux extrêmes d'un continuum.

L'orientation aux valeurs d'un individu n'est qu'un indice de la déviance, une perspective de l'individu face à la société. La réaction de la société face à l'individu constitue un autre indice. La société, par l'intermédiaire de ses institutions, exerce une pression à la conformité par le processus de la socialisation. Par exemple, l'école inculquera très tôt à l'enfant les mécanismes de la compétition, qualité nécessaire à son adaptation future dans la société.

Les sujets qui ne se conforment pas aux modèles prescrits, les non-conformistes, se verront étiquetés comme déviants par le groupe. Cette réaction du groupe est vue par plusieurs auteurs comme un des principaux facteurs de la déviance. La sanction, le pouvoir de l'appliquer, les modalités de sa réalisation deviennent donc la clef de la définition de la déviance. Cette marque, ce stigma est appliqué par le groupe, ou par les individus au pouvoir, quand les intérêts ou les valeurs de la collectivité ont été mis en cause.

La conformité est nécessaire à la solidarité du groupe, à sa cohésion et même à son existence ; le subjectiviste, et même les innovateurs et les créateurs sont constamment incités à la conformité. Pour assurer cette conformité, le groupe utilise ses structures de pouvoir et ses systèmes bureaucratiques.

Le fondement de la déviance, vu par le groupe, consiste donc en ce processus de stigmatiser un individu ou un groupe. La déviance n'est pas nécessairement liée au comportement déviant pas plus qu'aux valeurs déviantes; elle est le fait d'un acte du pouvoir dirigé contre un individu qui est par trop différent.

Le comportement déviant peut être orienté vers l'acteur même qui devient ainsi l'objet de sa déviance, il s'agit du comportement déviant dirigé vers soi-même (inwardly directed, autoplastic). Il peut être orienté vers le groupe et ses institutions; il s'agit du comportement déviant dirigé vers les autres (outwardly directed, alloplastic).

LA DÉVIANCE VUE COMME UN PROCESSUS

Cet effort de définition a abouti à l'élaboration d'une conception renouvelée de la déviance. Les définitions de Sellin, Cavan, Merton aboutissent finalement à une impasse en raison du sous-développement de la recherche sociologique en ce qui concerne les normes de comportement, ce qui rend à toutes fins pratiques ces définitions inopérantes, non opérationnelles. De plus, la complexité croissante des sociétés actuelles rend toute définition de la déviance, définition qui se voudrait exhaustive, sans fondement véritable.

C'est pourquoi, sans abandonner l'analyse des formes déviantes de comportement par rapport aux normes, certains auteurs ont mis l'accent sur les processus par lesquels certains individus en arrivent à être identifiés comme déviants par les autres.

Ceci implique que l'on doit remettre en question le fait que certaines formes de comportement sont déviantes en soi, et sont définies comme telles par les membres d'une collectivité; l'exposé très documenté de Mannheim (1965) sur cette question ne laisse aucun doute à ce sujet.

La déviance devient donc un processus séquentiel comprenant

plusieurs variables dont les plus importantes seraient l'orientation aux valeurs des sujets, la réaction sociale suscitée par un comportement en accord avec ces valeurs, le stigma attaché à un individu ou à un groupe à la suite d'une réaction de la communauté. Il n'y a pas de processus uniforme qui, dans une relation de cause à effet, engendrerait la déviance, aucune des variables précitées ne pouvant être en soi étiologique. On peut envisager le processus de la déviance comme un corridor à plusieurs portes d'entrée et de sortie où un individu ou un groupe, ayant une orientation aux valeurs déviante, est stigmatisé par la communauté ou le groupe au pouvoir, ce qui entraîne soit un engagement plus profond à ces valeurs, soit une nouvelle orientation ce qui suscite par la suite une réaction sociale plus violente et un stigma plus fort et ainsi de suite. La présente étude a pour objectif d'analyser une de ces variables, soit l'orientation aux valeurs, en étant conscient et des limites et de l'importance de cette variable.

IMPLICATIONS POUR LA PRÉSENTE RECHERCHE

Ce premier chapitre a tenté de démontrer que la déviance, qui était auparavant un épiphénomène est devenue, avec l'avènement de la société post-industrielle, un véritable mouvement social, et que le problème des valeurs se situe au centre de l'explication. De même qu'évolue la réalité sociale, de même se transforment les théories explicatives de cette réalité et la conception de la déviance. Nous avons essayé de montrer que la conception systémique de la déviance, liée au modèle d'équilibre, risque de masquer cette réalité et d'envisager la relation entre déviance et valeurs d'un point de vue réductionniste. Par ailleurs, la conception dynamique de la déviance permet peut-être, par l'extension qu'elle donne à ce concept, d'ouvrir de nouvelles avenues à la compréhension de la déviance.

Il est maintenant possible de cerner d'un peu plus près la problématique de cette recherche et de justifier le choix des variables à étudier, soit la déviance, les valeurs, le milieu socio-économique, l'âge.

Nous espérons avoir montré à l'aide d'une analyse descriptive qu'il n'est plus pertinent de limiter nos intérêts à la seule délinquance, définie au terme juridique, qu'il devient urgent d'analyser la déviance, entre autres parce que l'écart devient de plus en plus grand entre les mœurs d'une part et la loi d'autre part qui définit les conduites délinquantes. La législation, de même que l'appareil de contrôle sont dépassés et ne veulent plus servir de critère pour distinguer l'honnête homme du criminel. Dans ces conditions, il faut opérationnaliser ce qu'on entend par déviance à partir de la réalité et non plus seulement à l'aide de la logique.

Il ressort aussi de cette analyse que la déviance est le produit d'un processus séquentiel dans lequel les valeurs des individus et des groupes deviennent importantes pour comprendre cette déviance. Après avoir été longtemps dans les sociétés d'ordre le produit fini d'une évolution culturelle, les valeurs prennent une autre signification dans la société actuelle : les valeurs après avoir été un produit de la culture deviendraient le moteur de cette dernière, particulièrement pour les jeunes générations.

Finalement, la déviance après avoir été un phénomène caractéristique presque exclusivement des classes défavorisées déborde les frontières de classes et devient liée à la génération jeune.

Le chapitre suivant étudiera plus en détail les relations entre valeurs, déviance et classes sociales d'une part, et valeurs, déviance et classes d'âge d'autre part.

VALEURS ET DÉVIANCE :
APPROCHES FONCTIONNALISTE ET DYNAMIQUE

L'approche fonctionnaliste a privilégié la variable classe sociale dans son analyse des relations entre valeurs et déviance. Par ailleurs, l'approche dynamique a mis en évidence une autre variable, le « phénomène jeunesse », qui se situerait au centre de l'explication de la déviance contemporaine. Ce chapitre a pour objectif d'évaluer la pertinence de ces explications et l'influence respective de ces variables.

La première partie sera consacrée à une analyse des différentes hypothèses concernant l'influence de la classe sociale sur les valeurs des déviants et à une critique de la perspective fonctionnaliste. Dans la seconde partie, on remettra en cause la conception économique de l'anomie qui sous-tend les recherches privilégiant la variable classe sociale pour tenter de cerner une conception plus culturelle de l'anomie. Cette réflexion permettra d'évaluer différentes hypothèses concernant l'influence du « phénomène jeunesse » sur les valeurs des déviants.

CLASSE SOCIALE, VALEURS ET DÉVIANCE

La sociologie américaine a toujours été réticente à envisager le rôle de l'orientation aux valeurs dans l'étiologie de la déviance, dans une perspective de changement social. La plupart des études consacrées à ce thème s'inscrivent dans une perspective fonctionnaliste selon laquelle le système de valeurs qui caractérise les déviants serait dysfonctionnel par rapport aux critères de conformité définis par la classe moyenne; d'autres études évitent cette problématique en postulant l'existence d'un système de valeurs possédé indistinctement par les sujets de classes sociales différentes, et attribuent la déviance à certaines dysfonctions de la structure sociale ou du processus de socialisation.

Ces positions qui avaient pour objectif d'expliquer la déviance des milieux défavorisés continuent à avoir cours pour l'explication de la déviance des milieux aisés [1].

DÉVIANCE ET VALEURS DE CLASSES SOCIALES

Cette section a pour objectif l'exposé et l'analyse de trois points de vue : l'existence d'un système commun de valeurs, une différentiation des valeurs suivant les classes, l'orientation aux valeurs des déviants de classe aisée.

a) *Existence d'un système commun de valeurs*

Le postulat de l'existence d'un système commun de valeurs et d'objectifs est central dans la théorie de l'anomie proposée par Merton (1949). Le taux élevé de délinquance qui caractérise certains secteurs de la société « peut être considéré comme un symptôme de dissociation entre les aspirations correspondant aux fins inscrites dans la culture et les voies socialement admises permettant de réaliser ces aspirations » (p. 396).

Dans l'analyse du type d'adaptation « innovation », Merton (1949) précise le postulat précité en ces termes :

« C'est seulement lorsqu'un système de valeurs culturelles prône virtuellement au-dessus de toutes les autres certaines fins communes de réussite pour la population dans son ensemble, tandis que pour

---

[1] Dans cet exposé, les concepts déviant et délinquant seront employés suivant les différentes orientations des auteurs étudiés.

une partie appréciable de cette même population, la structure sociale restreint vigoureusement ou ferme complètement l'accès aux moyens légitimes pour atteindre ces fins, que les comportements déviants s'ensuivent sur une large échelle...; le même ensemble de symboles de succès est supposé être valable pour tous. Les fins sont supposées transcender les frontières de classes... De cette façon, une vertu américaine majeure, l'ambition, engendre un vice américain majeur : le comportement déviant » (p. 406).

Cette problématique peut être envisagée de deux points de vue : elle peut être une critique de l'idéologie égalitaire américaine qui nie l'existence de groupes ayant des valeurs différentes et dans cette optique l'idéologie égalitaire devient elle-même criminogène ou dysfonctionnelle; cette perspective trop menaçante laisse place à une interprétation qui prend pour acquis l'idéologie égalitaire et sa diffusion dans tous les milieux et porte son attention sur les dysfonctions de la structure sociale qui empêchent l'accès à ces objectifs communs.

Cette deuxième perspective prévaudra dans la sociologie américaine particulièrement dans les travaux de Cohen (1955), Cloward et Ohlin (1960), Yinger (1960), Matza et Sykes (1957).

Selon Cohen (1955), les valeurs de la classe moyenne sont intériorisées par les délinquants de classe ouvrière, mais ne demeurent que comme source d'anxiété, due à la mobilité sociale restreinte qui caractérise la majorité des adolescents de classe ouvrière. En réaction, les délinquants adopteront une solution de groupe, selon laquelle la sous-culture délinquante constituera un rejet explicite des critères de classe moyenne et l'adoption de valeurs opposées qui seraient non-utilitaires, malicieuses, négatives, hédoniques.

Cohen (1955) s'inscrit donc dans la même optique que Merton (1949) en postulant un système de valeurs uniformément intériorisé par les sujets de différentes classes sociales.

Yinger (1960) partage le point de vue de Cohen en affirmant que les valeurs officielles sont intériorisées, mais refoulées face au blocage de l'ambition. Les valeurs délinquantes qui remplacent ces valeurs officielles ne sont pas seulement différentes, mais sont la contrepartie *(counter-values)* de ces valeurs.

Cloward et Ohlin (1960) affirment de même que les adolescents ont intériorisé les buts et valeurs conventionnels ; devant les limitations imposées par la structure sociale, ils n'ont pas accès aux avenues légitimes de mobilité sociale. Une sous-culture délinquante se développera là où il y a présence d'avenues illégitimes.

Selon Matza et Sykes (1957) les délinquants sont en général d'accord avec les valeurs dominantes de la société, mais en principe seulement. Ils neutralisent ces valeurs par différentes attitudes et réactions qui rendent ces valeurs inopérantes.

b) *Différenciation des valeurs suivant les classes sociales*

Par ailleurs d'autres théoriciens, principalement Whyte (1943) et Miller (1958), présentent un point de vue différent. Whyte distingue deux orientations aux valeurs de la classe ouvrière : les « *corner boys* » parmi lesquels se recrutent la majorité des délinquants partagent les valeurs de leur milieu : ils sont indifférents à la mobilité verticale, enclins à la dépense et placent les relations interpersonnelles au premier rang de leurs préoccupations. Les « *college boys* » s'identifient au contraire aux valeurs de la classe moyenne : accent sur la mobilité verticale, sur l'éducation et l'économie, sur le profit personnel avant les relations d'amitié.

Miller démontre en 1958 que la classe ouvrière possède un système de valeurs relativement distinct et autonome. Les délinquants agissent comme si les composantes dominantes de leurs motivations étaient des tentatives de leur part d'adhérer aux standards et aux valeurs dominantes de leur milieu.

Dans une tentative pour réconcilier les deux tendances précédentes soit l'existence d'un système commun de valeurs partagé par tous et l'existence d'orientation aux valeurs différentes suivant les classes sociales, Rodman (1963) propose l'hypothèse de l'élasticité des valeurs *(value stretch)*.

Selon cette hypothèse, les sujets de classe ouvrière, sans abandonner les valeurs communes de la société, développent un ensemble de valeurs alternatives; ils peuvent ainsi, tout en valorisant le mariage, considérer que l'union libre est aussi valable; ce qui est une déviation par rapport aux critères de classe moyenne est évalué favorablement par eux. Les sujets de classe ouvrière posséderaient donc un plus grand éventail de valeurs que les sujets des autres classes sociales.

Matza (1961, 1964) reproche aux auteurs précédemment cités d'être influencés trop fortement par la criminologie positive, basée sur les trois postulats suivants : accent mis sur l'individu plutôt que sur la loi criminelle comme point de départ des théories étiologiques, la recherche d'un statut scientifique impliquant un déterminisme indifférencié, et finalement l'affirmation de différences intrinsèques entre le délinquant et le conformiste. Les positions de Cohen, Cloward et Ohlin et de Miller reflètent cette tendance quant à la relation entre valeurs délinquantes et conventionnelles, en ce que le contenu de l'orientation aux valeurs des sous-cultures délinquantes est en opposition à la culture conventionnelle, à la suite d'un processus de formation réactionnelle Cohen (1955), d'une aliénation par rapport aux préceptes conventionnels Cloward et Ohlin (1960), de la contrainte normative de la classe ouvrière, Miller (1958).

Selon Matza (1964), la sous-culture délinquante est liée intrinsèquement à la culture conventionnelle dont elle emprunte les principaux éléments de son éthos; c'est ce qui assure d'ailleurs sa continuité ainsi que le montre le texte suivant : « la persistance et la continuité des sous-cultures sont facilitées peut-être même dépendantes du support que lui donne la culture conventionnelle » (p. 62). Les sous-cultures délinquantes seraient le résultat de l'institutionalisation des valeurs souterraines de la culture conventionnelle qui sont tolérées et même approuvées par une large proportion de la population.

Ces auteurs soutiennent donc une position différente de celle de Merton (1949) en ce que l'idéologie américaine ne serait pas distribuée uniformément parmi les classes sociales; l'engagement au système de valeurs de classe ouvrière ou encore à un éventail de valeurs souterraines s'éloignant des critères de conformité serait un élément fondamental de la déviance. Le système culturel deviendrait ainsi une variable aussi puissante que le système social privilégié par les disciples de Merton.

c) *Orientation aux valeurs des délinquants de milieu aisé*

La croissance de la délinquance dans les classes moyennes est expliquée par l'école fonctionnaliste à partir des mêmes postulats qui sont à l'origine de l'analyse de la délinquance en milieu ouvrier ; Kvaraceus et Miller (1957) et Bohlke (1961) représentent cette tendance selon laquelle la classe sociale demeure la variable explicative dominante.

Kvaraceus et Miller expliquent la croissance de la délinquance en milieu aisé par l'influence qu'exercent sur les adolescents de ce milieu les valeurs et modes de comportement de classe ouvrière, selon un processus de diffusion verticale *(upward diffusion)*. Cette hypothèse est basée sur une étude de Miller concernant l'impact du jazz, expression de la culture ouvrière, sur la culture des jeunes de classe moyenne.

« Le *Rock and Roll* représente un aspect de la culture des classes ouvrières du Sud, résultat des rapports respectifs des Noirs et des Blancs ; cette mode a été adoptée par les jeunes de classe moyenne qui ont été influencés en même temps par le langage, l'habillement, les valeurs de cette classe ouvrière. Il y a donc transmission des musiciens noirs aux musiciens blancs de classe ouvrière, et de là aux jeunes de classe moyenne par les moyens de communication de masse. Plusieurs adolescents de classe moyenne semblent s'être orientés vers les valeurs typiques de la culture ouvrière telles la rudesse, l'excitation, la recherche du plaisir immédiat » (p. 237-238).

Cette mode, qui entraîne des comportements différents de ce qui est attendu des adolescents de classe moyenne, aurait pour fonction de servir de véhicule pour la rébellion normale des adolescents et d'écran entre jeunes et adultes par le langage ésotérique véhiculé par cette mode.

Bohlke (1961) propose l'hypothèse de l'inconsistance entre les aspects économiques et sociaux de la stratification. Remarquant que depuis les 25 dernières années, la classe moyenne s'est gonflée considérablement à partir des effectifs de la classe ouvrière, l'auteur conclut ainsi : « il semble probable que plusieurs de ces familles, bien qu'appartenant à la classe moyenne d'après leur revenu ne partagent pas les valeurs, croyances, attitudes et modèles de comportement de cette classe » (p. 353). Le processus de mobilité sociale dans une société d'abondance n'obéit plus aux mêmes règles que dans une société industrielle en développement; dans cette dernière il était nécessaire d'adopter les valeurs de classe moyenne pour y accéder, alors que maintenant ce processus devient moins sélectif et moins lié aux traits personnels.

L'inconsistance de la stratification résulte donc de ce que la mobilité verticale est due aujourd'hui beaucoup plus à des facteurs économiques qu'à des facteurs sociaux. L'auteur en déduit qu'une grande majorité d'adolescents de classe moyenne est actuellement composée de sujets qui n'ont pas encore adopté les standards et types de comportement de classe moyenne n'ayant pas renoncé aux valeurs de classe ouvrière. Cette situation, liée au fait que la mobilité résidentielle oblige à se côtoyer nouvelles et anciennes classes moyennes, place les jeunes des nouvelles classes moyennes dans une position marginale propice à l'émergence de sous-cultures délinquantes; cette dernière est donc le produit de deux forces : l'exclusion de la part des classes moyennes traditionnelles et le reflet de la culture de la classe ouvrière toujours présente.

Les thèses de Miller (1967) et Bohlke (1961) s'opposent donc en ce que pour le premier les valeurs de classe ouvrière sont diffusées et acceptées par les adolescents de classe moyenne, alors que pour le second, ces valeurs sont le reflet d'un changement structurel du processus de mobilité sociale. Ces deux auteurs s'entendent par ailleurs pour affirmer que la délinquance est liée aux valeurs de classe ouvrière.

d) *Résultats des recherches empiriques*

Les résultats des recherches empiriques concernant ce champ d'étude sont aussi divergents que les théories exposées ci-dessus. Ainsi, Clark et Wenninger (1963) vérifient à la fois l'hypothèse de Merton, selon laquelle les valeurs seraient également possédées par des sujets des différentes classes sociales, et l'hypothèse de Miller selon laquelle la classe ouvrière possède un système de valeurs autonome. Goode (1960) appuie l'hypothèse de Rodman (1963) selon laquelle les adolescents de classe ouvrière possèdent un éventail de valeurs plus large que les jeunes des autres classes sociales, cet éventail comprenant les valeurs communes de la société américaine. Un autre aspect des deux recherches précédentes concerne la perception qu'ont les jeunes des différentes classes sociales des possibilités que leur offre leur milieu d'atteindre ces valeurs ou ces objectifs; dans les deux cas, les auteurs trouvent une relation significative entre la perception des possibilités limitées et l'étendue du comportement délinquant.

Les recherches de Landis, Dinitz et Reckless (1963), de Gordon et Short (1963) nous semblent les plus valables par le choix des instruments de mesure et la rigueur méthodologique. Gordon et Short ont tenté de vérifier les hypothèses précédemment citées de Cohen (1955), Miller (1958) et Cloward et Ohlin (1960) concernant la relation entre les valeurs, la classe sociale et la délinquance. Contrairement aux attentes, ils ont trouvé que toutes les populations à l'étude, de classes ouvrière ou moyenne, faisant partie ou non de *gangs* délinquants, non seulement évaluaient semblablement les valeurs de classe moyenne, mais les évaluaient plus fortement que tout autre standard représentatif de classe ouvrière ou de sous-culture délinquante. Ces données permettent en plus de vérifier partiellement la thèse de Miller, en ce que les sujets de classe ouvrière évaluent plus fortement les standards de classe ouvrière que ne le font les sujets de classe moyenne, et la thèse de Cloward et Ohlin selon laquelle la perception des possibilités illégitimes est plus forte chez les sujets représentatifs de sous-culture délinquante que chez les sujets de classe ouvrière et moyenne.

Landis et Reckless (1963) ont élaboré deux échelles mesurant respectivement l'orientation aux valeurs et la perception qu'ont les jeunes des limitations qui leur sont imposées; ils ont soumis ces échelles à des étudiants de classes ouvrière et aisée, en même temps qu'une échelle de prédiction de la délinquance. Les résultats indiquent une relation faible entre le rejet des valeurs de classe moyenne, la perception des limitations et la prédisposition à la délinquance. Cependant les treize énoncés de l'échelle de valeur mesurent beaucoup plus l'engagement aux standards de classe ouvrière et ce n'est que par inférence que les auteurs assimilent cet engagement à un rejet des standards de classe moyenne. Si cette lecture de l'échelle s'avère juste, les résultats vont dans la même direction que ceux de Gordon et Short. Landis conclut d'ailleurs que le peu d'association entre ces variables n'apporte qu'un faible appui aux thèses de Cohen et Cloward et Ohlin et doit être attribuée au fait qu'il y a peu de différence en réalité entre les valeurs de sujets de différentes classes sociales due au nivellement de plus en plus marqué attribuable aux moyens de communication de masse.

CRITIQUE DE LA PERSPECTIVE FONCTIONNALISTE

Il est frappant de constater l'absence de nuances qui marque la majorité de ces études. Ce qui n'était pour Merton (1938) au départ qu'une simple hypothèse est devenue chez ses disciples un *leitmotiv* et l'interrogation du maître sur les aspects criminogènes de l'idéologie américaine semble n'avoir pas retenu l'attention. Au contraire ce serait l'orientation aux valeurs de la classe ouvrière qui deviendrait criminogène; l'accélération de la mobilité produirait une diffusion de ces valeurs en classe moyenne, ce qui du même coup expliquerait la croissance de la délinquance en milieu aisé. La majorité des recherches empiriques dans ce domaine empruntent aux théoriciens les éléments qu'ils veulent mesurer, par exemple les valeurs décrites par Miller (1958) pour la classe ouvrière et par Cohen (1955) pour la classe moyenne. Ces recherches sont rarement effectuées dans de grandes villes et ordinairement à l'aide de populations scolaires et institutionnelles ce qui restreint l'éventail des valeurs à étudier et néglige une partie appréciable de la population. Malgré ces limitations, il est apparu que la relation entre valeurs, classes sociales et délinquance est de plus en plus difficile à soutenir comme le montrent les résultats des recherches empiriques.

Il y a cependant deux critiques plus fondamentales sur lesquelles nous aimerions nous attarder concernant les travaux de l'école fonctionnaliste : la conception anthropologique de la culture et des valeurs et la conception statique de la classe sociale.

a) *Conception anthropologique de la culture et des valeurs*

Deux éléments doivent être distingués dans cette critique, soit la conception théorique de la culture et la pertinence des hypothèses, concernant le rôle des valeurs de classes moyenne et ouvrière dans l'étiologie de la conformité et de la déviance.

Les principaux représentants du fonctionnalisme, Merton (1938), Parsons (1951) insistent sur la distinction entre la structure sociale, ensemble organisé de relations sociales, et la structure culturelle, ensemble organisé de valeurs normatives. La culture a une double fonction : elle fournit à l'individu un ensemble standardisé de valeurs, et elle définit, ordonne et contrôle les moyens acceptables d'atteindre ces objectifs ou ces valeurs. Ces fonctions sont assurées principalement par le processus de socialisation qui par l'intermédiaire des différentes institutions sociales, permet à l'individu d'intérioriser ces critères de conformité. Il y aurait donc correspondance entre les valeurs communes, propriété de la structure culturelle, et les valeurs personnelles, propriété de l'individu.

D'après Lemert (1967), cette conception de la culture et des valeurs s'inspire largement des études anthropologiques et ne peut se vérifier que dans un système social simple tel qu'il en existe dans les sociétés traditionnelles. Même dans ces cas extrêmes, il n'est pas démontré que ce déterminisme culturel soit aussi puissant qu'on l'affirme. Transposée pour l'analyse des sociétés industrielles et post-industrielles, cette conception de la culture devient difficile à maintenir; la multiplication des associations, la transformation des communautés suivant de nouveaux intérêts, la circulation rapide de l'information affaiblissent graduellement la concordance entre les valeurs communes et les valeurs personnelles; d'ailleurs l'extension continuelle du droit et de ses règles écrites donne la mesure de la diminution ou de l'affaiblissement des valeurs intériorisées. Cette conception anthropologique de la culture a eu comme conséquence de confondre la conformité avec le comportement modèle; dès lors la conformité était assumée sans qu'il soit besoin de l'expliquer. Ceci introduit le deuxième élément de cette critique, soit les critères de la conformité.

La revue de la littérature qui précède cette critique montre que malgré les divergences d'opinions concernant les valeurs alternatives ou déviantes, tous s'accordent sur le postulat voulant que les valeurs et objectifs de la classe moyenne constituent le critère de la conformité. Ce postulat ne serait peut-être qu'une hypothèse si on se réfère au contenu des valeurs de classe moyenne et à leur évolution. Il est paradoxal de constater que l'orientation aux valeurs de la classe moyenne soit décrite par les auteurs les plus cités, Williams (1960), Cohen (1955), dans les termes qu'employait Weber (1928) au début du siècle pour expliquer l'influence de l'éthique protestante sur le développement du capitalisme. Les travaux de Whyte (1956), de Riesman (1964), de Galbraith (1958, 1968) et en ce qui concerne plus précisément la conformité et la déviance, l'étude de Mizruchi (1964) indiquent que les critères opérationnels de la conformité ont subi une évolution considérable. Soulignons à titre d'exemple que le travail et la réalisation d'une tâche qui étaient auparavant un objectif et une valeur en soi sont devenus des moyens pour atteindre aujourd'hui d'autres valeurs, soit la sécurité selon Mizruchi (1965) ou encore l'adaptation et l'identification aux objectifs de la technostructure selon Galbraith (1968).

Les valeurs dominantes d'aujourd'hui pourraient donc être ce qui était hier des valeurs variantes ou même déviantes, caractéristiques soit d'une classe ouvrière ou encore d'une classe de loisirs.

De même que les critères de conformité peuvent difficilement être assimilés aux valeurs de classe moyenne, il serait imprudent pour les mêmes raisons de voir dans les valeurs de classe ouvrière et les valeurs « souterraines » des indices de comportement déviant.

Si on peut douter de la conception anthropologique de la culture et du choix des critères de conformité, on peut de même interroger la notion de classe sociale et l'influence qu'elle exerce sur la formation des valeurs.

b) *Conception statique de la classe sociale*

Puisque la délinquance officielle est composée en majorité de sujets de classe ouvrière, il semble logique de rechercher l'explication de leur déviance dans les éléments constitutifs de cette culture de classe. Ce postulat qui est à l'origine de la plupart des études sur la relation entre valeurs et délinquance, peut être mis en doute par une analyse de la notion de classe sociale et de l'influence qu'elle exerce sur la formation des valeurs de ses membres.

Depuis que le concept de classe sociale est devenu célèbre en sciences sociales, plusieurs définitions ont été proposées et des indicateurs développés pour cerner empiriquement cette notion. Selon Touraine (1969), ces définitions s'inscrivent entre deux pôles représentant des étapes différentes du développement des sociétés industrielles. Selon le modèle traditionnel, la classe sociale représente un genre de vie particulier, une entité culturelle qui doit son existence à l'uniformité socio-économique des conditions de vie d'une part, et d'autre part à la dialectique des forces en présence définie par le rapport à la propriété. Dans ces conditions se développent soit une conscience de classe marquée par un sentiment d'exclusion et d'exploitation, soit une conscience prolétarienne marquée par une politique de défense des intérêts de classe et par une idéologie particulière.

Par ailleurs, la classe sociale peut désigner simplement des strates sociales qui ne représentent plus nécessairement des entités culturelles distinctes. Alors que les anciennes classes sociales se définissaient par le rapport à la propriété, les nouvelles classes sociales où les groupes d'intérêts se définissent, selon Touraine (1969) et Galbraith (1968) par la dépendance des mécanismes de changement dirigé : ce serait l'identité personnelle et collective qui s'opposerait à la manipulation. A la différentiation économique succède une différentiation politique et culturelle fondée principalement sur le contrôle de l'information qui permet le pouvoir, et fondée sur la recherche de valeurs, d'objectifs, d'identité collective qui donne existence aux groupes d'intérêts.

La classe sociale traditionnelle représente donc une réalité de moins en moins tangible, un fait social qui perd sa signification comme entité culturelle; les valeurs qu'elle véhicule ne sont plus garantes de sa survie et perdent graduellement leur importance chez les générations jeunes. Si l'analyse empirique de Hyman (1957) a montré que chez les adultes existe encore une différentiation entre classes sociales au niveau des valeurs, plusieurs analyses dont celle de Maupeou (1968), indiquent que les jeunes générations participent de moins en moins à la culture de leur classe, étant attirées par des groupes d'intérêts qui recoupent les anciennes frontières de classe.

CONCLUSION

Cette section était consacrée à l'analyse de la relation entre les valeurs des différentes classes sociales et la déviance dans la perspective fonctionnaliste. Il ressort des études théoriques et empiriques que l'engagement aux valeurs de classe sociale devient de moins en moins un indicateur fiable de la déviance pour les raisons suivantes : la classe sociale n'est plus pour les jeunes un groupe de référence significatif, une entité culturelle définie; de plus les valeurs communes ont perdu dans la société post-industrielle la puissance de contrainte que leur conférait auparavant la structure organique des sociétés. Finalement il a été reproché aux fonctionnalistes de confondre la conformité avec le comportement modal, défini par les valeurs de la classe moyenne. Cette conception de la conformité, et partant, de la déviance correspond de moins en moins aux réalités d'une société en changement.

PHÉNOMÈNE JEUNESSE, VALEURS ET DÉVIANCE

La conception dynamique de la déviance telle qu'exposée à la fin du chapitre premier pose le problème de la relation entre valeurs et déviance dans une perspective nouvelle; cette approche s'est imposée peu à peu au cours des dix dernières années à la suite des transformations des formes et manifestations de la déviance, à la suite aussi de l'échec partiel de l'école fonctionnaliste tant à expliquer cette déviance qu'à la contrer, et sous l'impulsion de la sociologie dynamique représentée par Buckley (1967) et Wilkins (1965).

Dans cette section, nous tenterons de voir comment, à partir d'une conception renouvelée de l'anomie, différentes hypothèses ont été avancées concernant la relation entre valeurs et déviance, hypothèses mettant l'accent sur l'influence prépondérante de la sous-culture adolescente, comme rite de passage, sur l'influence du phénomène jeunesse et de micro-cultures qui seraient à la source chez les déviants de cette « nouvelle sensibilité » qui remet en question les critères de la conformité.

L'ANOMIE : RETOUR À LA CONCEPTION DE DURKHEIM

La conception de l'anomie élaborée par Merton (1949) et opérationnalisée par ses successeurs, soit la disparité entre les aspirations et les moyens d'y accéder, rendait compte ou expliquait assez logiquement la déviance des adolescents défavorisés. Cette hypothèse fut élaborée à une époque où il était impossible, voire impensable, de remettre en question, dans une économie de rareté, des objectifs qui promettaient l'abondance à la majorité.

Cette conception économique de l'anomie a fait place à une conception beaucoup plus culturelle, apte à expliquer la déviance d'une société qui a accédé au troisième âge industriel. Après une étude exhaustive des statistiques de la délinquance et des méthodes de traitement, Lunden (1964) conclut ainsi :

« Peu de chercheurs ont envisagé le problème de la délinquance comme partie intégrale de la désintégration de la culture, désintégration de ses valeurs morales, légales, qui constituent le contrôle interne du comportement des individus et des groupes. Quand les individus cessent d'être contrôlés par des valeurs intériorisées, qu'elles soient religieuses, éthiques, esthétiques ou autres, ils deviennent victimes de la force et de la fraude qui conditionnent leur mode de relation avec l'Autre et leur destinée » (p. 247).

Lander et Lander (1964) aboutissent aux mêmes conclusions après une analyse minutieuse des recherches sur l'anomie suivant l'optique de Merton et de ses disciples et posent la question suivante : la pauvreté qui serait cause de la délinquance est-elle économique ou morale ? Ils répondent en suggérant un retour à la conception durkhémienne de l'anomie selon laquelle l'inadaptation sous ses différentes formes serait la conséquence de la détérioration du système de croyances, l'incapacité de la conscience collective de régulariser les relations sociales. L'inadaptation, la révolte seraient la conséquence sociale de la pauvreté morale.

Cette pauvreté morale ne peut être perçue qu'à la condition qu'existent des valeurs alternatives, de remplacement, suffisamment attirantes pour susciter l'engagement; de plus, cette pauvreté morale sera source de déviance s'il existe dans la société des sujets suffisamment libérés pour percevoir cette désintégration de la culture traditionnelle et être attirés par ces valeurs de remplacement. Cette section a pour objectif de cerner cette conception culturelle de l'anomie et de montrer que les rôles assignés à la jeunesse par la société actuelle, la perception que les jeunes ont de ces rôles permet cette liberté et des possibilités de choix qui expliquent en définitive leur révolte; cette révolte ne serait peut-être que la prolongation et l'extension de la révolte historique.

La recherche de Camus (1951) au sujet du sens de la révolte montre la progression de la révolte métaphysique à la révolte romantique, et le sens profond et très contemporain de la révolte surréaliste du début du siècle qui refusait l'organisation aliénante au profit d'une liberté axée principalement sur la réalisation et l'actualisation de soi.

Comment se traduisent dans la culture contemporaine cette vision prophétique des surréalistes, l'analyse de Camus, les intuitions des poètes contemporains? Dumont (1968) répond à quelques-unes de ces questions, en essayant de cerner les composantes de la culture post-industrielle.

De même que l'accélération historique a bouleversé les rapports et les forces de production par la création de nouveaux emplois, de nouvelles formes de socialité, de nouveaux groupes et catégories sociales, de même cette accélération a provoqué une véritable mutation de la culture dont le sens doit être recherché dans la dialectique entre les mythes anciens et les rôles imposés par le système économique.

La culture peut être entendue comme l'ensemble des modèles qui définissent les rôles que jouent les hommes dans la société, qui donnent une signification ou un sens à ces rôles. Par le processus de transformation des structures sociales, la culture est aujourd'hui dépassée par les situations empiriques. Réservoir de modèles adapté à des rôles d'une autre époque, la culture a perdu non seulement son contenu, le sens qu'elle donnait aux actions, mais aussi son pouvoir de contrainte, d'intégration des actions en un ensemble cohérent.

Pour la première fois de son histoire l'homme doit fabriquer sa culture, créer de nouveaux modèles de comportement, une nouvelle vision du monde.

Les rôles nouveaux créés par la société technologique sont tous reliés intimement au travail et à la consommation. Autour de ces activités et par le fait même de leur importance se créera une culture ayant pour tâche de coordonner l'action, de l' « obliger », et à la limite de lui donner une signification. Voyons de plus près ce processus.

Contrairement à la société traditionnelle, les rôles d'une société technologique s'articulent en référence aux situations empiriques. Au début de la révolution industrielle, le rôle de l'ouvrier à l'usine était exclusivement défini par les exigences du travail à la chaîne. Ce n'est que par après, et sous l'influence du syndicalisme que ce rôle a été redéfini, premièrement comme consommateur par l'augmentation de son pouvoir d'achat, et plus récemment comme participant en l'intégrant aux intérêts et objectifs de l'entreprise. Le rôle du travailleur est donc passé par trois stades : travailleur, travailleur-consommateur, travailleur-consommateur-producteur.

Il s'agit donc là de nouveaux modèles qui se sont dégagés peu à peu de la société industrielle. Mais pour que ces différents rôles soient investis d'une signification quelconque, pour qu'ils ne soient pas seulement « joués » mais « vécus », il est nécessaire d'investir ces rôles d'une certaine signification. On retrouve donc ici le phénomène de création culturelle. Il en résulte une culture de masse composée de symboles, d'un idéal de fonctionnalité, de certaines façons d'être et de penser, orientés vers les objectifs de la société post-industrielle.

Les exigences de la production ont permis l'émergence de rôles nouveaux liés de très près aux situations immédiates ; il en est résulté une culture de masse composée de modèles adaptés surtout aux rôles de producteur et de consommateur ; cette technoculture a engendré une conception du monde technologique, laissant de côté une conception du monde plus significative pour les hommes qui habitent cette culture. L'homme est donc renvoyé à lui-même et à d'autres groupes de référence pour créer de nouveaux modèles, ou pour employer la terminologie de Dumont, « l'organisation renvoie l'individu à sa subjectivité ». La manipulation des consciences ne serait peut-être finalement que la manipulation de l'opinion au niveau relativement superficiel des consciences. Cette technoculture est menaçante entre autres pour deux raisons : la première serait due au fait que, analysant la réalité sociale avec une notion traditionnelle de la culture, on a tendance à confondre la culture globale à la technoculture et à rechercher dans cette dernière une signification qu'elle est incapable de donner. Deuxièmement, il faut se rendre compte que la société post-industrielle n'a pas de « double » d'elle-même, de culture régulatrice. Elle a pour tâche de construire sa culture dans le vide laissé par l'effondrement des modèles anciens ; elle y arrivera par l'innovation et la création à partir de la situation existentielle des individus et des groupes.

La culture post-industrielle se caractérise donc par ces deux pôles : a) existence de nouveaux modèles organisés autour des rôles de producteur et de consommateur, au niveau de l'opinion, et constituant la majeure partie de la culture de masse ; b) la tâche de création culturelle est renvoyée à la subjectivité des individus, lieu d'élaboration de rapports sociaux significatifs.

La jonction de ces potentialités culturelles font que, selon Dumont (1968) « l'individu est plus que jamais conscient de la singularité de son destin et cela le jette irrémédiablement dans la quête anxieuse de l'évasion ou de la vocation » (p. 173).

De cette situation résulte non plus une mauvaise répartition des ressources, ce qui a été à l'origine d'une société de classes, mais une mauvaise répartition des objectifs à atteindre.

La crise de la culture est liée intimement à cette concentration des pouvoirs. On peut penser cette crise de culture sous deux aspects, soit l'effondrement des modèles anciens et la création de nouveaux modèles. La technostructure a réussi à innover en créant de nouveaux modèles du producteur et du consommateur, modèles qui supposent souvent la destruction d'anciens rapports sociaux. Le système économique contribue donc à accentuer l'effritement des valeurs collectives, à créer ce vide, cette absence de signification ou de communication qui caractérise l'époque actuelle.

Par ailleurs la création de nouveaux modèles qui pourraient accomplir cette tâche est entravée par les exigences du système industriel qui y voit une menace à son objectif principal.

En quelque sorte, le système industriel, lui-même créateur de la technoculture, ensemble de modèles cohérents et adaptés à son objectif, empêche la création ou une fabrication culturelle plus significative. Il suffit de penser à l'opposition soulevée par la création de nouvelles formes de participation à l'université, dans les structures gouvernementales pour s'en convaincre.

En résumé, la conception culturelle de l'anomie, dans la société post-industrielle, tient d'une part à la volonté du système à conditionner les individus à ses objectifs au nom d'un idéal de fonctionnalité et d'autre part à l'opposition du système à la création de nouveaux modèles significatifs qui, s'ils sont essentiels pour l'homme, nuisent à la croissance.

Dans cette perspective, les déviants seraient donc ceux qui refusent ce conditionnement, ceux qui tentent de créer de nouveaux modèles plus significatifs. La position de la jeunesse dans la société actuelle en fait le groupe le plus réceptif à ce genre de déviance et en même temps le groupe le plus vulnérable au conditionnement par le système. La sous-culture adolescente peut être considérée comme un produit de la société de consommation et conditionnée par cette société, ou un foyer de résistance à cette anomie culturelle. Voyons maintenant de plus près ce processus.

DÉVIANCE ET PHÉNOMÈNE JEUNESSE

La majorité des observateurs reconnaît l'influence qu'exerce le phénomène jeunesse sur les valeurs des déviants. Cette influence peut être envisagée sous trois aspects : la sous-culture adolescente peut n'être qu'un « rite de passage » vers la condition adulte, elle peut être une force d'opposition au système social prenant la forme d'une classe sociale, elle peut être finalement un réservoir de potentialités obéissant à différents courants d'influences.

a) *Sous-culture adolescente et rites de passage*

Cette hypothèse s'inscrit dans la ligne traditionnelle des études socio-psychologiques positivistes qui ne voient dans la sous-culture adolescente et les groupes marginaux qui s'y forment qu'une étape temporaire ayant pour fonction l'apprentissage de la vie collective, la capacité d'établir des relations stables avec l'autre, d'expérimenter différents rôles définis par les règles de la vie sociale. Les travaux d'Eisenstadt (1956) pour ne citer que le plus connu, s'inscrivent dans cette perspective. Les groupes de jeunes prennent le relais de la famille pour accomplir en définitive la même tâche d'intégration à la vie sociale, sans remettre en cause les principes de base de l'organisation sociale. Dans cette optique, les groupes déviants ne sont que des épiphénomènes qui auront tendance à plus ou moins longue échéance à adopter de gré ou de force les modèles de la vie adulte.

Bloch et Niederhoffer (1958) reprennent ces mêmes thèmes en établissant un parallèle entre les rites de passage dans les sociétés primitives et ceux qu'ils observent dans la société actuelle. Ils découvrent des constantes qui indiquent que les différences entre ces divers modes d'intégration sont plus quantitatifs que qualitatifs.

England (1960) reconnaît l'ampleur du problème posé par cette génération de jeunes qui s'individualise de plus en plus depuis la seconde guerre mondiale, sous l'influence des moyens de communication de masse et de la prolongation de la scolarité. Son étude reste toutefois centrée sur les aspects commerciaux de la « teenage culture » qui d'après lui, serait un produit de la société de consommation.

Ces analyses attribuent donc à l'adolescence une fonction d'intégration sociale qui succède normalement à l'apprentissage familial; les conflits qui caractérisent cette période de la vie sont attribués au conflit de génération qui résulte des fonctions différentes attribuées à la socialisation par la famille et à la socialisation par les pairs. La déviance résulterait de la difficulté que rencontrent certains sujets à franchir ces étapes, à se dégager des modes relationnels de type familial pour établir dans un cadre plus vaste de nouveaux types de rapports avec le monde.

L'analyse des valeurs proposée par England (1960) s'inscrit dans l'optique de Matza (1964), utilisant comme cadre de référence les générations de préférence aux classes sociales. Selon cet auteur, l'éthos des marginaux reflète l'ambiguïté de leur statut, leurs rôles étant limités et mal définis ; ils choisissent parmi l'éventail des modèles du monde adulte les valeurs qui correspondent à leur immaturité, ainsi qu'en témoigne le passage suivant :

« Je suis d'avis que les motivations délinquantes des jeunes ont leur origine dans un processus d'échange et d'adaptation de la part des jeunes, immatures et inexpérimentés, qui sélectionnent parmi les valeurs des adultes, celles qui leur permettent une évasion hédoniste, il en résulte que les valeurs de la culture jeune ne représentent qu'une caricature fragmentaire de la culture des adultes. » (p. 539).

b) *Phénomène jeunesse et classe sociale*

Une autre hypothèse soutient que la jeunesse, telle qu'elle apparaît aujourd'hui, posséderait les caractéristiques attribuées à la classe sociale suivant la conception marxiste. On retrouve les bases de cette hypothèse dans les réflexions de Goodman (1956), Lapassade (1963), Rioux (1965), Rowntree (1968).

Goodman est peut-être celui qui a saisi avec le plus d'impétuosité la différence entre la crise de l'adolescence ou le conflit de génération et le refus du monde adulte qui, loin de n'être qu'un rite de passage, symboliserait une rupture avec ce monde, un refus de l'intégration. L'apport principal de Goodman a consisté à montrer que les modèles proposés par les adultes étaient incohérents, axés sur un idéal de croissance économique au détriment d'objectifs et de valeurs plus engageants.

L'essai de Lapassade (1963) est plus nuancé que la pensée de Goodman ; il tente de comprendre le processus de maturation de la jeunesse à l'aide de sources diverses : psychologiques, sociologiques, philosophiques. Il découvre surtout l'état de disponibilité qui caractérise la jeunesse, son refus du monde adulte qui la porte alternativement à l'engagement ou au désengagement. Il s'attache à comprendre l'ambiguïté que pose pour les jeunes le passage de « l'esthétique à l'éthique », ambiguïté qui en fait un groupe marginal et qui explique son nihilisme. Ce qui fait l'originalité et la force de Lapassade, c'est qu'il a su voir que l'entrée dans la vie ne se limitait pas à la période de l'adolescence, précisément parce qu'il n'existe plus d'adulte-étalon, que l'homme à toutes les étapes de son développement demeure inachevé, et que justement l'adaptation réside dans cet état d'inachèvement; la jeunesse possède les potentialités pour vivre cet inachèvement, et sa révolte vient du fait qu'on veut l'achever en lui présentant un modèle adulte aberrant. La pensée de Lapassade est donc beaucoup plus une réflexion sur la condition humaine ou de la situation de l'homme dans le monde qu'une étude des processus de maturation de la jeunesse.

Bell (1965), Rioux (1965) et Rowntree (1968) assignent à la jeunesse un rôle beaucoup plus précis que ne le fait Lapassade (1963).

Chaque type de société favorise l'émergence de ce qu'on appelait les classes dangereuses, soit des groupements d'individus non intégrés au système social, ayant les mêmes problèmes d'adaptation, groupements opprimés par les détenteurs du pouvoir. De même que les classes ouvrières constituaient la classe dangereuse pour la société capitaliste, de même les jeunes deviendraient la classe dangereuse pour la société post-industrielle.

On peut parler de classe sociale seulement lorsqu'une collectivité a les mêmes conditions d'existence, les mêmes problèmes d'adaptation, qu'elle prend conscience de sa position de pouvoir dans le système. Il en était ainsi au début de la révolution industrielle lorsque la classe ouvrière ressentait profondément l'oppression dont elle était victime. Classe dangereuse, le milieu ouvrier l'a été jusqu'au jour où son syndicalisme qui était au début d'opposition s'est transformé en syndicalisme d'intégration et de négociation, dont le seul objectif consistait à obtenir une augmentation de son niveau de vie.

Aujourd'hui la classe ouvrière est intégrée au système industriel et prend à son propre compte son objectif, seule garantie d'une amélioration de sa condition de vie. N'est dangereuse aujourd'hui que cette partie de la classe ouvrière qu'on nomme le sous-prolétariat, refuge d'individus qui participent peu au mouvement ouvrier et qui ont en fait peu de pouvoir.

Rioux (1965) et Rowntree (1958) ont avancé l'hypothèse que la jeunesse pourrait jouer dans la société post-industrielle le rôle historique que la classe ouvrière a tenu au début de la société industrielle, rôle d'opposition et de contestation du pouvoir et de ses objectifs.

La jeunesse constitue en effet un groupement soumis aux mêmes impératifs, elle dispose d'une période de formation de plus en plus longue (de 12 à 25 ans) où elle n'a qu'un rôle à jouer, celui d'apprenti, elle est rassemblée par l'intermédiaire de l'école en un même lieu. Ces conditions favorisent une prise de conscience collective de ses problèmes d'adaptation et aussi de son pouvoir. Pouvons-nous dire que la jeunesse est devenue, à l'instar des ouvriers de jadis, la classe exploitée? Les manifestations de révolte des jeunes sembleraient confirmer cette hypothèse puisqu'elles se produisent en majorité dans les sociétés post-industrielles. Mais quels seraient ces problèmes d'adaptation et en quoi la jeunesse serait-elle exploitée?

L'éducation est devenue pour la société actuelle un secteur d'investissement absolument nécessaire à sa propre survie puisqu'elle a besoin de personnel qualifié dans ses domaines d'application. L'éducation sera donc fortement orientée vers les aspects techniques et organisationnels nécessitant un apprentissage difficile. Les jeunes refusent de se plier à cette discipline au seul bénéfice d'un taux élevé de croissance. Ils se sentent exploités tout simplement parce qu'on veut les mettre au service de la machine de production au nom d'un idéal de progrès technique qui pour eux n'a plus de signification.

Tout se passe comme si les détenteurs du pouvoir avaient oublié ou avaient été incapables d'accompagner leur exigence au travail de motivations susceptibles de faire participer les jeunes à leur entreprise. Nous reconnaissons ici la double tension analysée précédemment : l'objectif de la société actuelle empêche le choix libre des options collectives; la technoculture, agissant au niveau de l'opinion, est insuffisante comme puissance de motivation et empêche la création de modèles nouveaux.

Les jeunes, devant ce vide culturel, inventent donc de nouveaux modèles pour échapper à cette domination qu'ils ressentent; ils deviennent les artisans malhabiles d'une culture qu'ils façonnent à leur image.

Rowntree (1968) analyse le phénomène de classe chez la jeunesse contemporaine dans la perspective classique de la sociologie marxiste, soit à partir du rôle des jeunes dans la production, principalement dans les secteurs éducationnel et militaire. Il y a exploitation, comme nous le mentionnions précédemment, en ce que la force de travail que représentent les jeunes est utilisée à leur détriment, pour des objectifs qui leur sont étrangers. Quand ils prennent conscience collectivement de cette exploitation, « *the youth class-in-itself* » pour employer les termes de l'auteur, deviennent « *a conscious class-for-itself* », douée d'un potentiel révolutionnaire.

Rioux (1965, 1968), soutient à peu près la même thèse, mais en plaçant l'accent sur les aspects culturels de ce phénomène de classe, qui d'après lui seraient plus déterminants que le rôle dans la production. Cette révolution culturelle serait due beaucoup plus aux facteurs liés au complexe technologique qu'aux facteurs d'une économie de production. De plus, Rioux attache beaucoup d'importance au fait que cette nouvelle classe révolutionnaire soit composée de jeunes qui seuls possèdent flexibilité, malléabilité et disponibilité nécessaires pour encore s'opposer à la culture adulte. L'université aurait remplacé la manufacture comme foyer des tensions socio-culturelles.

c) *Jeunesse et micro-cultures*

Nous avons vu précédemment que les valeurs des déviants peuvent être le produit d'une diffusion verticale sélective, du monde adulte au monde des jeunes à l'occasion de rites de passages, ou encore qu'elles peuvent être le produit d'une conscience de classe qui se développerait chez les jeunes. Une autre hypothèse, encore à l'état d'ébauche et mal formulée, voudrait que les valeurs des jeunes déviants soient le reflet d'une idéologie qui est actuellement en voie de formation au sein de micro-cultures. Les travaux de Simmons et Winograd (1966), Wolfgang (1967), Yablonsky (1968), Keniston (1965, 1968) soutiennent ce point de vue.

Ces auteurs sont en général d'accord avec le vacuum culturel de la société contemporaine, qui est à la source de cette recherche anxieuse d'une signification, de ce malaise qu'on retrouve dans une proportion non négligeable de la jeunesse. Ils diffèrent d'opinion en ce qui concerne le rôle de la sous-culture adolescente. Wolfgang reconnaît que la sous-culture adolescente est le produit de la société de consommation et qu'elle y emprunte ses valeurs et ses objectifs. Il reconnaît de même qu'elle devient de plus en plus réceptive à des valeurs nouvelles mais qu'elle n'en est pas l'investigatrice. La sous-culture adolescente constitue la base matérielle qui peut rendre possible une différenciation culturelle. Les créateurs de valeurs nouvelles doivent être recherchés parmi les membres de ce qu'il nomme les « *power-muted-microcultures* », qui seraient les seuls à posséder une idéologie systématique.

Simmons et Winograd (1966) reconnaissent aussi que le clivage majeur de la société contemporaine se situe entre les générations, mais que la composition des camps opposés ne peut être perçue qu'à l'aide d'une variable aussi simple que l'âge. Les créateurs de la culture nouvelle seraient les expérimentateurs qu'ils décrivent ainsi :

« Artistes, intellectuels, mystiques, vagabonds et des millions d'individus anonymes deviennent les artisans, souvent sans pleinement le réaliser, de cet apprentissage collectif d'une culture nouvelle. » (p. 57).

L'idéologie qu'ils tentent d'articuler et de vivre a pris racine au cours d'une longue évolution qui en a défini le contenu (en particulier à l'occasion de la révolte surréaliste). La société d'abondance et la disponibilité des jeunes générations permet pour la première fois, en principe, de vivre et d'actualiser ces valeurs.

d) *Rites de passage, classe d'âge et micro-culture*

Ces différentes hypothèses ne sont pas d'égale valeur quant au rôle qu'elles attribuent à la sous-culture adolescente, aux valeurs des groupes marginaux; chacune cerne des réalités différentes suivant le point d'observation choisi.

Il semble que les hypothèses de Simmons (1966), Wolfgang (1967), Lapassade (1963) reflètent de bonnes lectures de la réalité sociale. En effet, la révolution culturelle qui est en cours exige de ses auteurs non seulement un état de disponibilité et de « déconditionnement », mais aussi un apprentissage collectif et une maturation qui ne sont pas toujours à la portée des jeunes. L'inachèvement est une qualité qui s'apprend et s'expérimente avant d'être assumée, et il faut être en quelque sorte branché aux sources de cette pensée pour y participer.

La jeunesse, du moins certaines sous-cultures de jeunes, ressent le malaise dû à l'anomie culturelle, est à l'écoute des messages diffusés par les auteurs de la révolution culturelle qui s'élabore d'une façon collective et anonyme, mais elle n'y participe que sporadiquement, par sa puissance de négation et de destruction, son nihilisme. Le désengagement et l'engagement des jeunes sont les preuves de leur impuissance, que ce soit sous la forme de l'évasion ou de l'action politique; l'aventure pénible du S.D.S. (*Students for Democratic Society*) en témoigne.

Les hypothèses de Rioux (1965) et de Rowntree (1968) témoignent d'une réalité certaine en ce qui concerne la conscience de classe qui se développe chez les jeunes, orientée vers le refus des valeurs bourgeoises, la conscience qu'ils ont de leur aliénation et de leur exploitation. Toutefois, le clivage n'est pas aussi simple entre jeunes et adultes ; il faudrait peut-être rechercher d'autres critères que l'âge pour découvrir les véritables artisans de la révolution culturelle.

Nous pouvons conclure en disant que cette période de la vie qu'est l'adolescence n'est plus seulement une préparation ou un apprentissage du monde adulte ; elle devient un « état de vie » dont la caractéristique principale consiste à être réceptif à une idéologie en harmonie avec les potentialités qui caractérisent la jeunesse. Par ailleurs, le système industriel, refusant de reconnaître sa position dans la société et prenant les moyens pour la conditionner à ses propres objectifs engendre chez certains jeunes conscients de cette exploitation cette puissance de négation et de contestation.

Deux points de vue ont été analysés dans cet exposé concernant la relation entre valeurs et déviance. Le premier, inspiré de la sociologie traditionnelle, concerne l'influence prépondérante de la sous-culture de classe sociale alors que le second accorde cette influence à la sous-culture d'âge. Après avoir soupesé les hypothèses qui se rattachent à ces deux conceptions, il semble que l'influence de la classe sociale sur les valeurs des adolescents s'atténue graduellement ; la sous-culture jeune deviendrait une entité beaucoup plus significative comme point de référence pour comprendre la déviance et la conformité des adolescents.

Une autre dimension de ce problème a été relevée, soit la conception de la culture et des valeurs et le processus de transmission de ces valeurs des adultes aux jeunes générations par l'intermédiaire des institutions traditionnelles. Il semblerait que les adolescents, et particulièrement les déviants, échappent à ce processus de transmission et deviennent sensibles et réceptifs à des messages provenant d'autres sources.

La distinction établie entre valeurs et message n'est pas fortuite, elle rend compte d'une réalité qu'on commence à peine à entrevoir, et qui serait le produit d'une mutation culturelle.

DÉVIANCE, CLASSE SOCIALE ET PHÉNOMÈNE JEUNESSE

La deuxième partie de cet ouvrage avait pour objectif de cerner une conception de la déviance qui soit plus apte à expliquer la révolte contemporaine des jeunes. On a vu que la délinquance traditionnelle était auparavant un épiphénomène, qu'elle était concentrée principalement dans les milieux défavorisés, circonscrite assez facilement par les agents de contrôle social ; la délinquance était en quelque sorte normale et ne menaçait pas l'équilibre et la stabilité sociale.

Une lecture de la réalité a montré que la déviance prend maintenant une allure différente, non seulement en ce qui concerne la nouvelle délinquance, mais aussi en ce qui a trait à la délinquance traditionnelle. Cette déviance devient donc un mouvement social dont la caractéristique principale semble être le développement d'une idéologie commune, une façon différente de voir le monde.

Il devient donc nécessaire de réviser la notion de délinquance, de penser une conception de la déviance qui tiendrait compte de cette situation de faits, de s'interroger sur la relation entre déviance et orientation aux valeurs.

Deux approches sont possibles quant au rôle attribué aux valeurs dans l'étiologie de la déviance.

La première, soutenue généralement par l'école fonctionnaliste, privilégie l'influence de la classe sociale sur l'orientation aux valeurs dans l'étiologie de la déviance ; cette approche est basée sur la conception de l'anomie telle qu'élaborée par Merton (1949), mettant l'accent sur l'absence de moyens qu'ont les délinquants pour accéder aux objectifs proposés par l'idéologie américaine et soutenus par la classe moyenne. Cette conception prend pour acquis la légitimité de ces objectifs et de ces valeurs et en fait le critère de la conformité et de la déviance. Cette approche, basée sur une conception traditionnelle de la culture, des valeurs et de la classe sociale, valide dans une société stable, est inadéquate pour comprendre la déviance telle qu'elle se présente maintenant.

La seconde approche est axée beaucoup plus sur la conception de l'anomie telle que l'envisageait Durkheim (1960) au début du siècle, et plus récemment Dumont (1968). Elle remet le problème des valeurs, ou de l'absence de valeur au centre des préoccupations. Dans ce processus où la culture est à refaire, la jeunesse semble jouer un rôle de plus en plus important, soit comme créateur de modes de vie nouveaux, soit comme groupe réceptif à une idéologie véhiculée et diffusée par les définisseurs de situation, artisans d'une culture naissante.

C'est cette deuxième approche qui doit prévaloir, selon nous, et être édifiée, en ce qui a trait à ses implications concrètes, en profondeur.

TROISIÈME PARTIE

LES TRADITIONS, LES INSTITUTIONS ET LES HOMMES

par

Alice PARIZEAU

INTRODUCTION

Traditionnellement, la délinquance juvénile était considérée comme un phénomène relié à la sous-culture des milieux désavantagés, tandis que le concept même de la déviance était réservé aux milieux privilégiés. La principale, sinon l'unique, différence entre les deux termes résidait dans le principe non écrit selon lequel la délinquance était connue de la société, tandis que la déviance était traitée à l'intérieur de la cellule familiale.

En effet, tant à l'époque de la monarchie du droit divin qu'à celle qui a été marquée par la prise du pouvoir par la bourgeoisie, ou encore par l'accroissement de l'importance politique et sociale des classes moyennes, la délinquance des enfants des familles à l'aise a été systématiquement camouflée. On enfermait le « mouton noir » dans un internat privé, spécialisé dans l'éducation des « têtes fortes »; on lui faisait subir ensuite un entraînement dans l'armée et quand tout cela s'avérait insuffisant, on l'expédiait finalement dans les colonies. La cellule familiale, dans une réaction d'auto-défense de sa réputation et de son prestige social, assumait jusqu'au bout les inconvénients des comportements déviants des mineurs, dont fréquemment elle était d'ailleurs sans le reconnaître, la principale responsable. Ce qui en résultait, c'est que, contrairement à l'enfance désavantagée, les mineurs issus des classes privilégiées et la société ne se retrouvaient jamais face à face.

Avec l'accroissement de l'impôt sur le revenu, avec la généralisation de l'obligation scolaire et de la gratuité de l'ensemble du système de l'éducation, avec l'avènement de l'anti-militarisme et la disparition des empires coloniaux, les familles avantagées ont perdu en quelque sorte la faculté de contenir dans un cadre fermé les conduites désordonnées et criminelles de leurs enfants.

Désormais, comme l'indique Denis GAGNE dans la première partie de cet ouvrage, ce phénomène influence et remet en question toute la conception du milieu familial viable et propice à l'éducation d'un enfant, par opposition à celui qui ne l'est pas. Conception qui devient de plus en plus difficile à cerner sur le plan scientifique, puisque l'équation « famille privilégiée-famille viable » s'est avérée aussi fausse que celle « famille désavantagée-famille criminogène ». Même au niveau des pourcentages réels basés sur l'analyse des statistiques de la délinquance connue, il n'est plus possible de tracer des lignes de démarcation suivant les classes sociales, mais uniquement suivant les genres de délits.

L'abus des stupéfiants, la promiscuité sexuelle, le vol à l'étalage considéré comme un sport, voici les champs de prédilection des jeunes bourgeois et assimilés ; puis au niveau des vols de voiture et des vols avec effraction, ils cèdent le pas aux autres, aux enfants besogneux, maltraités, affamés ou, tout simplement, exaspérés par la publicité tapageuse des sociétés de consommation et par l'absence d'un idéal social pour lequel ils seraient capables d'envisager des sacrifices.

La fluidité des classes sociales est telle cependant que les frontières sociales bougent et se déplacent sans cesse et que, parallèlement, les comportements délinquants des mineurs se démocratisent. Déjà, en Amérique du Nord, certains délits, dont l'usage des stupéfiants, ne sont plus l'apanage des classes privilégiées, tandis que les groupes ou bandes de jeunes, qui commettent des vols avec effraction, comprennent des fils de professionnels assumant fréquemment d'ailleurs le rôle de leaders.

La sous-culture des enfants et adolescents rejette a priori les personnalités équilibrées, mais la séparation des classes sociales n'est pas basée là sur les origines familiales. Les distinctions s'établissent plutôt à l'intérieur du groupe, en fonction des variables liées à des valeurs telles que certaines formes de courage, par exemple, ou encore certaines manifestations de passivité et du besoin d'évasion à travers des paradis artificiels.

Cependant, dans tous les cas, les comportements des mineurs définis comme délinquants par les codes criminels ont des causes profondes dont on peut chercher l'origine dans les lacunes ou les insuffisances de traitement et de formation reçus dans la petite enfance. La question fondamentale qui se pose dès lors demeure celle de la responsabilité.

En droit, la responsabilité des enfants est atténuée par l'excuse de la minorité légale; en fait, on peut considérer que la responsabilité de la cellule familiale et du cadre scolaire prime celle du mineur et qu'il serait plus équitable d'élargir le cadre du concept de la déviance, soit d'irresponsabilité totale du mineur. Autant il est évident, en effet, qu'une telle approche ne peut prévaloir en droit à l'égard des jeunes ayant dépassé la limite de la puberté, autant les travaux des psychologues et des psychiatres semblent démontrer que l'évolution de la croissance chez les mineurs mal encadrés sur le plan familial et scolaire ne s'accompagne pas totalement, dans certains cas, de comportements anti-sociaux.

Dès lors, les réformes légales peuvent fort bien être considérées comme une sorte d'humanisation de ce face à face direct du mineur et de la société qui est propre à l'évolution des sociétés post-industrielles.

En d'autres termes, il s'agit de consacrer un état de fait. En raison de l'éclatement de la protection familiale traditionnelle, la société se doit de protéger les enfants et les adolescents et cette protection s'étend, contrairement à ce qui existe actuellement, à ceux qui sont maltraités ou négligés, comme à ceux dont les comportements délinquants ont été relevés et jugés. Déjà, au niveau de traitement, les élèves des écoles de protection se recrutent parmi les mineurs que la société prend en charge parce qu'ils ne peuvent rester dans leur famille et ceux jugés délinquants par les Cours; le principe de protection élargi à l'ensemble des jeunes de moins de quinze ans ne ferait donc, dans une certaine mesure, que consacrer un état des choses qui existent.

En effet, reconnaître qu'un enfant de moins de quinze ans ne peut être que déviant mais jamais délinquant, c'est accepter pleinement la responsabilité de la société dans ce nouveau face à face avec les générations montantes qui s'établit en raison d'impuissance de la cellule familiale de traiter la déviance des jeunes en vase clos.

Dans les pages qui suivent, nous allons essayer d'analyser les structures de cinq systèmes et de dégager, grâce à l'approche comparative, les tendances observables. Cette étude ne vise pas toutefois à formuler des critiques et à faire des choix. L'évolution de chaque système est trop marquée par les traditions pour qu'on puisse transposer des idées et des expériences sans tenir compte de la nécessité d'une évolution plus ou moins lente et difficile, mais toujours strictement limitée au cadre d'une société donnée.

Nous n'avons pas la prétention non plus de donner une image exhaustive des moyens de traitement de la déviance dans le monde, mais uniquement de décrire certaines caractéristiques nationales qui nous paraissent fondamentales dans l'optique d'une philosophie plus universelle et forcément théorique.

En ce qui a trait au choix des exemples, soit celui de la Belgique, de la France, de la Grande-Bretagne, de la Suède et du Canada, il nous a été dicté par le souci de traiter surtout des politiques de prévention, car c'est à travers elles que s'affrontent les philosophies ayant trait au partage des responsabilités entre la cellule familiale et l'ensemble de la société en tant que telle.

Par ailleurs, contrairement à la plupart des études concernant la délinquance juvénile, nous allons essayer de nous demander non pas pourquoi la maladie sociale de la déviance des jeunes existe ni quelle est son importance, mais plutôt dans quelle mesure la réaction sociale est responsable des drames que vivent chaque jour des milliers d'enfants dont la plus grande « faute » consiste à être issus de familles qui n'ont pas pu, voulu ou su remplir leur tâche.

LES CONCEPTS DE LA DÉVIANCE
DANS CERTAINES SOCIÉTÉS CONTEMPORAINES

C'est en 1899 que la société américaine, émue du drame des jeunes incarcérés dans les prisons communes de Chicago, a décidé de créer dans cette ville le premier tribunal pour enfants. Le concept même de la délinquance n'a pas changé pour autant. Il s'agissait de distinguer une catégorie à part, soit celle des mineurs, et la traiter avec une sévérité moindre tout en veillant à ce qu'ils purgent des peines privatives de liberté dans des lieux autres que ceux destinés aux adultes.

I. LES IMPLICATIONS CONCRÈTES DU CONCEPT CLASSIQUE DE LA DÉLINQUANCE JUVÉNILE

Ce fut là le point de départ d'une tradition qui est à l'origine de la conception classique de la délinquance juvénile.

Le modèle de l'application de cette conception comprend des législations qui tiennent compte de l'excuse atténuante de la minorité, prévoient l'existence de tribunaux distincts pour mineurs et réglementent les moyens éducatifs définis dans les programmes des écoles de réforme ou apparentées.

Toutefois, l'évolution des cinquante dernières années se caractérise par le fait que le secteur, beaucoup plus social que judiciaire de la protection de l'enfance en danger, s'est développé et qu'il a été démontré que la détérioration de la personnalité n'est pas forcément liée au passage à l'acte, mais demeure la conséquence d'une éducation préjudiciable ou des lacunes de la formation première reçue au foyer familial. Au-delà de la responsabilité du mineur se situe, par conséquent, la responsabilité réelle de la société et le problème qui se pose n'est plus seulement celui de la réhabilitation des délinquants, mais aussi, sinon surtout, celui de la prévention de la déviance.

Dès lors, au-delà du modèle classique apparaît le modèle basé sur le concept de la déviance, de la personnalité du mineur, préalable à la commission de l'acte délictueux.

Par opposition aux criminels adultes, le mineur n'est plus considéré comme délinquant, mais comme déviant. Il ne commet pas l'acte criminel en fonction d'un besoin, d'une crise de violence ou d'une absence passagère de contrôle de ses impulsions, mais à la suite de l'évolution générale de sa personnalité devenue déviante en raison d'un mauvais encadrement culturel, éducationnel et social. La fragilité de la personnalité de l'enfant justifie non seulement l'excuse atténuante de la minorité, mais le concept d'irresponsabilité totale qui ne s'applique aux adultes que dans l'éventualité d'une maladie mentale grave.

Ces deux modèles extrêmes comportent un certain nombre de caractéristiques qu'il est indispensable de préciser à travers l'analyse des schémas de traitement.

Le premier schéma, conforme à la conception classique de la délinquance juvénile, n'est appliqué qu'à l'égard des mineurs qui ont passé à l'acte et ne se préoccupe pas des structures de prévention et d'assistance sociale. Le deuxième, par contre, met l'accent sur tous les modes de contrôle et d'aide aux familles qui impliquent l'organisation des services de loisirs destinés à l'ensemble de la population, ainsi que des services spécialisés, scolaires et para-scolaires, capables de prendre en charge les enfants perturbés, déséquilibrés ou, tout simplement, inadaptés et incapables de faire preuve du conformisme qu'on exige d'eux dans tout cadre social.

Le premier schéma est généralement édifié sur des structures strictes et relativement formelles; le deuxième, par contre, favorise l'apparition de solutions nouvelles où les comités de protection remplacent les tribunaux pour enfants et où le principe même de responsabilité n'est maintenu que pour des mineurs ayant dépassé l'âge de la puberté, pour des cas isolés de récidivistes et pour les auteurs de délits graves.

Dans le contexte du premier schéma, l'autorité parentale demeure entière; dans celui du deuxième, cette autorité est remise en cause et remplacée en partie par la notion de la responsabilité qui s'étend progressivement au-delà de la cellule familiale à l'ensemble de la société.

Sur le plan empirique cependant, il convient de rappeler que des schémas aussi extrêmes ne peuvent exister, en raison notamment des traditions juridiques et sociales dont les exigences freinent l'évolution. En fait, il y a donc plusieurs variantes qui séparent le modèle classique de celui qui s'élabore lentement dans plusieurs contextes nationaux à la fois, sans qu'on le définisse pour autant de façon claire et précise.

Ce qui est fondamental à notre avis, c'est que le principe de protection de l'enfance et de la jeunesse, qui s'élargit, devient un puissant agent d'organisation de la prévention en tant que telle, non seulement au niveau des milieux désavantagés, mais de l'ensemble de la population.

En deuxième lieu, le contact qui s'établit à la faveur de cette forme de prévention entre les mineurs et la société, à travers tous les services concernés, favorise une meilleure compréhension de la déviance et sert d'impulsion dans l'évolution visant à élaborer un schéma différent de traitement à l'égard de l'ensemble de la jeunesse dite non conformiste.

C'est donc à ce premier niveau que se précise déjà la tendance générale dont on retrouve ensuite toutes les conséquences dans les secteurs, judiciaire et social, qui prennent en charge les délinquants, soit tous ceux pour lesquels le passage à l'acte a été prouvé et jugé.

En fonction de ce qui précède, il est possible donc d'élaborer le schéma suivant :

TABLEAU n° I

Schéma théorique de traitement des mineurs

	A	**B**	**C**
	Prévention au niveau de l'ensemble de la population, structurée et planifiée.	Législations et traitement judiciaire.	Traitement institutionnel.
I. Modèle classique.	Inexistante.	Lois à caractère pénal et formalisme judiciaire.	Placements formels dans les écoles de réforme ou apparentées.
II. Modèle basé sur le concept de la déviance, de la personnalité.	Très développée.	Lois à caractère social et procédures administratives ou parajudiciaires.	Diversification des modes de placement et de surveillance en milieu libre.

Entre le modèle classique et le modèle le plus évolué se situent diverses variantes qu'on peut classer dans deux catégories, soit Ib, Ic et II(1), ou le modèle le plus évolué, mais non perfectionné.

Leurs caractéristiques sont telles qu'indiquées au tableau suivant.

TABLEAU n° 2

Schéma empirique du traitement des mineurs

	A	**B**	**C**
I. Modèle classique.	Inexistante.	Lois à caractère pénal et formalisme judiciaire.	Placements formels dans des écoles de réforme ou apparentées.

Ib. Modèle amélioré.	Fréquentation scolaire obligatoire (primaire et secondaire) et contrôles médicaux et socioscolaires.	Application de la loi de protection et des législations pénales laissée à la discrétion des juges.	Expériences pilotes.
Ic. Modèle amélioré.	Prévention reliée à la fréquentation scolaire obligatoire (primaire et secondaire). Organisation des loisirs extra-scolaires planifiée et systématique.	Application de la loi de protection et des législations pénales, confiée aux services sociaux, parajudiciaires, qui ne disposent pas, toutefois, de tous les pouvoirs coercitifs des magistrats.	Introduction graduelle des modes de placement diversifiés, destinés à tous les groupes d'âge jusqu'à 18 ans.
II(1)	Idem.	Tribunaux administratifs sociaux disposant de tous les pouvoirs coercitifs des magistrats.	Modes de placement et de surveillance en milieu libre très diversifiés, destinés à tous les groupes d'âge jusqu'à 21 ans.

En ce qui a trait à la justification de ce schéma empirique, elle est basée sur des exemples concrets étudiés dans une dimension comparative, dont on trouvera la description dans les pages qui suivent. En effet, on ne peut dégager les tendances générales qu'à l'aide d'une démarche descriptive des divers systèmes, tout en établissant cependant des liens entre eux, aussi précis que faire se peut.

2. LES MODES D'ÉVALUATION DES DIVERS SCHÉMAS EMPIRIQUES DE TRAITEMENT

La principale lacune des recherches faites jusqu'à présent dans le secteur de la délinquance juvénile repose sur trois données de base.

En premier lieu, on s'efforce d'analyser et de définir le phénomène de la délinquance sur une base légale, ou socio-psychologique, mais en tenant compte toujours du passage à l'acte.

En deuxième lieu, on définit les délits et les motivations, tout en étudiant les sujets qui ont déjà franchi le passage à l'acte, ce qui ne permet pas d'évaluer les étapes de la détérioration de leur personnalité suivant les divers modes d'encadrement familial et les groupes d'âge.

En troisième lieu, on étudie le phénomène de la délinquance dans les cadres nationaux, par opposition au contexte plus large, soit international, qui seul autorise des conclusions globales concernant notamment les effets de l'évolution et d'amélioration des systèmes de traitement.

Or, si on admet a priori que la délinquance juvénile est un phénomène social tout à fait distinct de la criminalité adulte, relié aux troubles de la croissance, accentué par l'insuffisance des structures d'encadrement familial, scolaire et social, toute la conception change, la limite entre l'enfance malheureuse et l'enfance délinquante, ou déviante, devient parfaitement artificielle et on ne peut plus se baser sur le passage à l'acte pour analyser le phénomène de la déviance.

Par ailleurs, les lacunes des définitions actuellement en vigueur se reflètent au niveau des statistiques de la délinquance et sont largement responsables de leurs distorsions.

Ce qui distingue l'enfance malheureuse de l'enfance délinquante, c'est le passage à l'acte recensé par les autorités judiciaires. L'impossibilité d'interpréter correctement les statistiques complique singulièrement l'analyse du phénomène puisque les différences d'attitude sociale à l'égard de la délinquance influent sur les modes de dépistage de l'enfance malheureuse, comme sur celui du dépistage et de la compilation statistique des actes déviants proprement dits.

Dans les contextes plus enclins à reconnaître le concept de la déviance, par opposition à celui de la délinquance, le pourcentage des mineurs protégés sera plus élevé, tandis que dans les sociétés les plus attachées aux concepts traditionnels, ce sont les actes délictueux qui seront recensés et qui atteindront un pourcentage relativement élevé.

La réaction du système au niveau de traitement, ou plus exactement du degré de son formalisme, sera inverse; mais, sur le plan statistique, la distorsion va demeurer assez paradoxale. Les taux de la délinquance seront systématiquement plus élevés dans les contextes nationaux où le système de traitement obtient les résultats les plus satisfaisants, en ce qui a trait au dépistage et à la réintégration des mineurs à l'intérieur du cadre social établi, ce qui ne signifie nullement qu'à l'origine, le phénomène de déviance concerne un plus fort pourcentage de sujets âgés de moins de 18 ans, comparativement à la population totale des mêmes goupes d'âge.

C'est là un des aspects de la distorsion de l'image statistique, tandis que l'autre se situe à l'opposé, en ce qui a trait notamment aux méthodes utilisées dans le cadre du traitement.

C'est ainsi que dans les contextes nationaux où la prévention sociale est plus développée, on va recenser un nombre plus élevé de cas de l'enfance malheureuse, mais un nombre plus faible de cas de passage à l'acte et plus de placements en dehors du milieu familial, en liberté surveillée; tandis que dans les contextes nationaux où la prévention sociale est plus limitée, le pourcentage de placements en dehors du milieu familial sera relativement plus faible, comparativement à ceux concernant des condamnations formelles à un séjour prolongé dans une école de protection.

D'une manière générale, la distorsion statistique varie suivant les quatre modèles de traitement et les pourcentages recensés ne reflètent pas la délinquance réelle ou le degré de dangerosité des mineurs, mais plutôt les tendances et les orientations des systèmes de traitement.

TABLEAU n° 3

Schéma de distorsion statistique correspondant
aux divers modèles de traitement

	Pourcentage des mineurs protégés.	Pourcentage des mineurs délinquants.	Degré de gravité des actes recensés.
I.	Très faible.	Très faible.	Très variable.
Ib.	Faible.	Faible.	Variable.
Ic.	Relativement élevé.	Variable suivant les groupes d'âge.	Élevé.
II(1)	Élevé.	Comparativement élevé pour les mineurs âgés de plus de 15 ans (soit au-delà de la limite de puberté).	Très élevé.

Les exemples empiriques qui ont servi de base pour l'élaboration de ce schéma présentent fatalement des caractéristiques qui ne sont pas conformes de façon idéale aux modèles théoriques et qui peuvent être classées, par conséquent, dans l'ordre suivant :

TABLEAU n° 4

Modèles théoriques et exemples empiriques

Stade intermédiaire entre I et Ib	Canada.
Stade intermédiaire entre Ib et Ic	France, Belgique.
Stade intermédiaire entre Ic et II(1)	Grande-Bretagne.
Modèle II(1)	Suède.
Modèle II	Perspectives d'avenir.

Si on prend comme donnée de base cette division théorique, les disparités statistiques se justifient pleinement. C'est ainsi que le taux d'enfants protégés et de mineurs délinquants est le plus faible au Canada; mais, ce phénomène ne pourra plus être justifié, comme cela se fait jusqu'à présent, par des considérations d'ordre économique par exemple, soit en soulignant les disparités des revenus annuels bruts par habitant qui existent entre l'Amérique du Nord [1] et l'Europe.

A l'échelle européenne, des différences notables de ces deux taux sont également décelables à partir de comparaisons entre la Grande-Bretagne et la Suède, bien que les modes de distinction établis entre les actes délictueux et déviants, suivant leur genre, soient sensiblement similaires.

En d'autres termes, le fait que le pourcentage recensé de mineurs protégés et délinquants est, toute proportion gardée, plus élevé en Suède qu'au Canada, ne reflète pas le niveau réel de la délinquance, mais illustre les différences d'attitude de la société à l'égard de l'enfance malheureuse, déviante et délinquante.

Les prises de position qui consistent à prétendre, à partir de l'exemple suédois, qu'une société dite permissive favorise l'accroissement de la délinquance, sont, par conséquent, totalement erronées, ce qui nous amène à la deuxième dimension de l'action sociale à l'égard de la déviance, qui est celle des mesures des résultats obtenus.

3. LES MODES DE MESURER LES RÉSULTATS OBTENUS

a) *L'enfance malheureuse ou en danger*

Le phénomène de l'enfance malheureuse ne saurait être mesurable en termes de désespoir humain des êtres jeunes, maltraités et sous-développés, parce qu'un tel concept n'est pas

---

[1] Il convient de souligner que nous excluons à dessein l'exemple des États-Unis, puisque dans le contexte américain, l'incidence des problèmes et des conflits raciaux fausse l'ensemble des données et exclut les possibilités de comparaisons.

évaluable. Pour le mesurer, on doit s'appuyer sur un schéma comparatif concret, commun à tous les contextes nationaux, qui est celui de l'éducation.

Le phénomène de l'enfance malheureuse, ou en danger de détérioration de la personnalité, peut être évalué en tant que *perte de potentiel de formation.* La perte du potentiel de formation semble, en effet, déterminante puisque l'unique caractéristique commune, absolument formelle et indéniable, qui existe au niveau de tous les délinquants, sans distinction du genre de délit ou de contexte national, demeure celle de retards scolaires.

L'évaluation des résultats obtenus, dans le cadre de divers systèmes de traitement préventif, sera donc faite sur la base de comparaison entre les pourcentages d'élèves qui suivent le schéma de formation générale établie pour l'ensemble de la population scolaire, et ceux qui accusent des retards graves ou qui quittent le système scolaire dans l'année qui précède ou qui suit immédiatement l'âge terminal de la scolarité obligatoire.

Dans ce contexte, la gravité des retards constituera un indice de réussite ou d'échec du système scolaire, mais aussi de tout le système de la protection sociale préventive.

b) *L'enfance délinquante ou déviante*

Au lieu de mesurer le taux de la délinquance juvénile en termes de nombre de cas recensés, ce qui donne une image déformée du pourcentage réel des déviants par rapport à la population totale de mêmes groupes d'âge, on va mesurer le phénomène de *perte de potentiel d'adaptation* aux structures sociales existantes.

L'évaluation des résultats obtenus par les divers systèmes sera donc faite sur la base de comparaisons calculées au niveau des jeunes adultes. On prendra pour acquis que les systèmes les plus valables sont ceux qui obtiennent le plus faible pourcentage de criminels pour les classes d'âge de 18 à 21 ans, soit ceux qui parviennent à corriger la perte de potentiel d'adaptation avant la majorité légale.

Par conséquent, l'évaluation des systèmes, que nous allons

analyser en détail dans les prochaines pages, sera conforme au schéma suivant.

TABLEAU n⁰ 5

Le schéma d'évaluation des résultats
obtenus dans le cadre de divers systèmes

	Pourcentage des mineurs protégés.	Pourcentage des mineurs délinquants	Pourcentage des jeunes adultes [1] délinquants (18 à 21 ans).
I.	Très faible.	Très faible.	Très élevé.
Ib.	Faible.	Faible.	Élevé.
Ic.	Relativement élevé.	Variable suivant les groupes d'âge.	Relativement moins élevé.
II(1).	Élevé.	Comparativement élevé pour les mineurs de plus de 15 ans.	Relativement faible.

4. LE CHOIX DES EXEMPLES EMPIRIQUES ET L'ANALYSE DES VARIABLES

Le concept classique de la délinquance juvénile prévaut théoriquement dans tous les pays occidentaux. Il n'en reste pas moins que son évolution vers le concept de la déviance de la personnalité, et de polyvalence entre la notion des enfants protégés et des enfants chez qui l'on a recensé le passage à l'acte, est plus ou moins accélérée selon les pays.

Étant donné qu'on ne peut évaluer les implications concrètes de ces deux concepts et mesurer les résultats obtenus par les divers schémas de traitement qu'à partir des exemples empiriques, ces derniers ont été choisis en fonction du degré de cette évolution.

[1] Comparativement à l'ensemble de la population criminelle.

Dans cette optique, les cinq contextes nationaux étudiés peuvent être divisés en trois catégories. Si l'on prend pour acquis qu'on mesure la réaction de l'appareil social, par opposition à l'appareil judiciaire, en fonction de l'importance de la prévention et de la protection sociale comparativement à l'action des Cours proprement dite, on obtient le tableau suivant :

TABLEAU n° 6

Schéma comparatif de réaction socio-judiciaire

Contexte social	Contexte socio-judiciaire	Contexte judiciaire
Grande-Bretagne	France	Canada
Suède	Belgique	

a) *L'influence des traditions culturelles et socio-économiques*

D'une manière générale, dans tous les pays concernés se pose la question clef : où se situe la limite entre l'enfance malheureuse et l'enfance délinquante et dans quelle mesure les différences d'ordre légal, établies entre ces deux catégories, sont fonctions du degré de la crainte de victimisation perçue par la collectivité ?

Théoriquement, la crainte de victimisation varie également suivant l'âge des présumés, et cela explique pourquoi, dans plusieurs contextes légaux, les juges d'enfants acceptent d'entendre certains délinquants de moins de 15 ans, en vertu des législations relatives à la protection, bien qu'en principe, ils relèvent des lois concernant la délinquance proprement dite. D'une façon globale, toutefois, la crainte de victimisation est reliée à l'influence des traditions socio-politiques qui sont à l'origine des législations ne tenant pas compte, en fait, de la dangerosité réelle des sujets très jeunes.

La crainte de victimisation ne découlait pas en effet, par le passé, du désir d'assurer la protection des individus, mais de celui de faire fonctionner des systèmes où le travail des enfants et leur exploitation impliquaient une obéissance et une soumission totale à l'autorité. La délinquance juvénile étant considérée comme l'apanage des milieux désavantagés, les législations visaient à stigmatiser et à contenir toute forme de déviance des mineurs, de façon à ne pas priver l'industrie naissante de l'apport de cette main-d'œuvre à bon marché [1].

L'apparition du syndicalisme, les contrôles et les réglementations, visant à éliminer le travail des enfants, ont transformé cette approche concernant la victimisation et, dans plusieurs pays, des réformes partielles de législations ont été faites au cours des dix années qui ont précédé la deuxième guerre mondiale. Depuis cette époque, cependant, l'évolution de la pensée sociale a été sensiblement différente en Grande-Bretagne et en Suède, comparativement aux autres contextes nationaux européens.

Pour ces deux pays, il s'agit tout d'abord du rejet total du principe que le phénomène de la misère, du sous-emploi et du sous-développement de certaines classes sociales, demeure regrettable certes, mais non moins inévitable. A partir des théories économiques de Lord Meynard Keynes, il a été démontré que tout état industrialisé dispose de leviers et de mécanismes capables d'éliminer le chômage et que la misère n'est pas un fléau imposé à l'humanité par une force divine, mais le résultat de l'incurie, ou de l'incompétence des pouvoirs publics et des hommes au pouvoir. Certes, cette théorie a été également acceptée dans d'autres contextes nationaux, mais c'est en Grande-Bretagne, et surtout en Suède, qu'elle a été mise en pratique de façon la plus systématique et planifiée.

Les mécanismes utilisés comprenaient l'accroissement très rapide des taux d'impôt progressif variables suivant le niveau de revenus, et l'affectation des sommes perçues à l'organisation d'une assistance sociale et médicale étendue à l'ensemble de la population.

---

[1] A ce propos, il est intéressant de se référer à certaines études historiques comme aux enquêtes formelles dont le Rapport de la Commission Royale d'Enquête sur le travail des mineurs au Canada, publié par le Gouvernement Canadien en 1905.

Le rejet de l'approche classique à l'égard de la pauvreté, liée aux considérations acceptées par les philosophies religieuses, s'est soldé, entre autres, par le fait qu'en Suède, tous les représentants des églises, sans distinction de cultes, ont été complètement écartés de l'action sociale entreprise par l'État. C'est ainsi que les législations suédoises défendent aux religieux d'organiser des services préventifs destinés aux jeunes et précisent que ces services relèvent des administrations municipales et départementales, et doivent être contrôlés et coordonnés à l'échelle du gouvernement central. Plus diffus, le système britannique centralise les contrôles et les normes de formation du personnel, mais laisse une large marge à l'initiative privée. Il n'en reste pas moins que l'optique globale demeure la même.

Or, étant donné que, traditionnellement, le phénomène de l'enfance malheureuse et de l'enfance délinquante était relié à celui de la misère, des taudis et du sous-emploi, le refus du déterminisme social et héréditaire se traduit, dans ce secteur, par une évolution très rapide des institutions. Parce qu'on admet implicitement, sinon explicitement, que le phénomène de la délinquance n'est que le résultat de la faillite de la société à assumer la responsabilité de la formation des générations montantes, on établit une distinction fondamentale entre la criminalité adulte et la déviance de la personnalité des mineurs, tout en faisant disparaître progressivement les différences qui existent entre l'enfance malheureuse et la délinquance. Sur le plan des structures, cette approche se traduit par les caractéristiques suivantes.

TABLEAU n° 7

Caractéristiques communes des structures
des systèmes suédois et britannique

Prévention	Traitement des délinquants	Placements
Planifiée à l'échelle de l'ensemble de la population.	Jugés par des travailleurs sociaux, ou par des bénévoles ayant le titre de magistrats.	Très variés.

Contrôles préventifs.			Classement par groupes d'âge.
Surveillance préventive.	Sentences très variées, non conformes aux concepts légaux traditionnels.		Traitement particulier des jeunes adultes (18 à 21 ans).

Les différences qu'on relève en comparant les institutions britanniques et suédoises découlent surtout des différences culturelles. C'est ainsi que les britanniques, préférant une évolution plus lente, n'ont pas voulu jusqu'à présent rompre complètement avec la tradition judiciaire et maintiennent certains vestiges du cadre institutionnel, tels que les Cours pour mineurs, tout en les vidant de leur formalisme, tandis que les Suédois préfèrent une rupture totale qui se traduit par l'établissement des Comités de Protection de l'enfance et de la jeunesse. Dans les deux contextes, cependant, seuls les délits les plus graves cessent d'être considérés comme des actes déviants pour être assimilés aux actes criminels et référés à une Cour pour adultes.

Les Suédois maintiennent là encore des différences, selon les groupes d'âge, établies en fonction d'une approche psycho-sociale suivant laquelle la responsabilité du mineur ne peut exister qu'au-delà de l'âge de la puberté, soit après 15 ans. Cette approche psycho-sociale prévaut également au niveau de l'évaluation de la responsabilité du milieu familial.

C'est ainsi que dans le système suédois, certains parents sont considérés, a priori, comme irresponsables et incapables d'assumer seuls la charge de l'éducation d'un mineur, tandis que, dans le système britannique, on ne prévoit pas de catégories aussi strictes et on préfère envisager surtout une aide et une assistance financière et sociale. Parallèlement, en Grande-Bretagne, la protection ne concerne que les mineurs, tandis qu'en Suède, les dernières expériences pilotes consistent à organiser des modes de placement pour l'ensemble de la famille.

En somme, dans les deux contextes, on reconnaît la responsabilité formelle des adultes, mais en Grande-Bretagne, elle est traitée dans le cadre judiciaire, tandis qu'en Suède, on s'efforce d'appliquer là aussi des mesures sociales.

Le deuxième cadre du schéma empirique comprend les pays industrialisés, dont les traditions socio-politiques n'ont pas évolué de la même façon que ce fût le cas pour la Grande-Bretagne et la Suède. Certes, la philosophie du rejet de la pauvreté considérée comme un fléau inévitable a pénétré dans l'ensemble des pays occidentaux, mais la France, comme la Belgique ont refusé d'en tirer toutes les conséquences empiriques. Pour des raisons historiques différentes, on a préféré maintenir là certains cadres et les structures des contrôles et d'aide sociale varient suivant les classes des revenus. Comme il était impossible, toutefois, d'établir des variantes similaires au niveau de la prévention, au risque de créer des barrières administratives socialement inacceptables, le système préventif a surtout été relié aux structures scolaires.

En ce qui a trait au secteur de traitement, le cadre formel judiciaire a été maintenu en France en fonction du principe de protection des droits individuels, tandis que la Belgique a amorcé déjà une certaine évolution vers l'établissement des Commissions, par exemple, dont l'autonomie à long terme peut s'accentuer, comparativement au rôle des juges.

D'une manière plus générale, les différences entre l'enfance malheureuse et l'enfance délinquante commencent là aussi à s'estomper, mais, au niveau de la décision judiciaire, la distinction entre la définition légale de protection et la délinquance demeure très précise. Le principe de l'excuse de minorité ne varie pas, en outre, selon les seuils d'âge établis au-delà de la limite de base et l'enfant de 13 ans, par exemple, n'est pas considéré comme « plus responsable » que celui de 15 ans, bien que le phénomène de l'évolution relié à la puberté rend cette différence d'âge particulièrement importante.

En ce qui concerne le traitement institutionnel, les variables d'approche se traduisent par un cadre administratif beaucoup plus informel que ce n'est le cas en Suède, et la supériorité numérique des institutions privées par rapport à celles directement organisées et planifiées par l'État.

Dans le troisième cadre enfin, se situe le Canada. En effet, il s'agit là d'un pays dont les traditions socio-politiques sont tributaires de trois facteurs distincts : les traditions religieuses, le cadre institutionnel confédératif et l'évolution économique.

La Confédération Canadienne est issue de deux cultures : canadienne-française catholique et canadienne-anglaise protestante. Dès la création des premiers établissements permanents, les colons devaient faire face à un climat hostile, à l'immensité d'un pays ayant la taille d'un continent et aux difficultés d'élaborer un modus vivendi. Dès lors, tous les problèmes sociaux ont été confiés au clergé, seul capable d'assumer des responsabilités de cet ordre. La philosophie qui s'est développée dans un tel contexte assimile fatalement la déviance à la conception du péché, soit de l'offense faite à Dieu et à la société. Soucieux de se protéger à la fois des influences de la révolution française et de celle de la guerre d'indépendance américaine, les clercs comme les laïcs ont opté pour le formalisme et pour des structures judiciaires distinctes de celles appelées à juger et à punir les adultes, mais non moins marquées par une optique très punitive.

Par ailleurs, jusqu'à la fin de la deuxième guerre mondiale, le contexte culturel rural prévalait tout autant dans la Province de Québec que dans les Provinces de l'Ouest. Or, aucune société rurale ne saurait accepter la remise en cause de l'autorité paternelle qui, par définition, demeure la condition sine qua non de sa survie.

L'aide des enfants et des jeunes demeurait à un tel point essentielle que les cultivateurs se sont longtemps opposés à l'établissement de la fréquentation scolaire obligatoire au niveau du secondaire, comme à toute autre forme d'intervention de l'État.

Cette variante particulière d'individualisme se soldait par l'absence des structures de protection sociale de l'enfance et de la jeunesse qui se limitaient à des interventions disparates de divers organismes charitables.

Depuis la dernière guerre mondiale, l'ensemble du contexte économique a évolué, mais les séquelles de la période antérieure existent et justifient l'actuel état de choses. Le schéma général comporte toutefois plusieurs variables puisque la prévention et la protection sociale relèvent de l'autorité des provinces. Étant donné que le contexte des dix provinces canadiennes diffère autant en ce qui a trait au degré d'industrialisation qu'au niveau de vie moyen de la population et au pourcentage des milieux désavantagés, la réaction sociale ne peut être ni structurée, ni planifiée à l'échelle de l'ensemble du pays.

Dès lors, la législation concernant la délinquance juvénile, qui est du ressort du Parlement Fédéral, joue en quelque sorte le rôle de soupape de sûreté. Cela signifie que la notion de protection de l'enfance malheureuse se confond souvent avec celle de l'enfance délinquante, mais que, contrairement à ce qui se produit en Grande-Bretagne et en Suède, l'inverse n'est pas vrai.

En ce qui a trait à la législation relative à la délinquance juvénile, elle a été élaborée au début du siècle sous l'influence d'une philosophie puritaine qui ne pouvait tenir compte du concept de la déviance de la personnalité, inconnu à cette époque. C'est ainsi que la législation canadienne admet l'excuse atténuante de la minorité, mais la responsabilité criminelle et pénale commence dès l'âge de 7 ans [1] et s'étend à toutes les formes d'actes défendus par les législations municipales, provinciales ou fédérales, y compris ceux qui ne sont pas régis par le code criminel quand il s'agit d'adultes.

Les récentes tentatives d'amender la Loi des Jeunes Délinquants prévoient de multiples réformes, mais ne procèdent pas pour autant à une réforme globale de toute approche à l'égard de la

---

[1] La nouvelle législation qui propose le relèvement des seuils d'âge est actuellement en élaboration.

déviance de la personnalité des mineurs. En effet, au-delà de la philosophie sociale et des influences des traditions interviennent également, à ce niveau, des considérations purement économiques. C'est ainsi que toute réforme de la Loi des Jeunes Délinquants, visant à assimiler à la catégorie des « mineurs en danger » ceux qui jusqu'à présent pouvaient être jugés en vertu du Code Criminel, impose aux provinces la charge de créer des structures sociales et des institutions de placement additionnelles et cela à leurs frais, puisque le coût des services de cet ordre n'est pas défrayé par le Gouvernement Central.

Comme on le constate, en somme, à partir de cette analyse sommaire des cinq contextes nationaux, aucune structure n'a pu être édifiée jusqu'à présent en fonction d'une approche complètement objective et axée uniquement sur l'intérêt de l'enfance malheureuse ou déviante. Dès lors, l'analyse comparative des trois grands secteurs de la défense sociale, soit de la prévention, du traitement et de placement, doit tenir compte des divers facteurs qui les influencent, bien que théoriquement on ne les inclut pas en préparant, dans les contextes nationaux, des projets de réformes et des analyses de changements à venir.

LA PROTECTION DE L'ENFANCE
ET LA PRÉVENTION DE LA CONDUITE DÉVIANTE

Il y a peu de termes qui sont et ont été depuis toujours interprétés avec un pareil luxe de variantes que celui de la prévention. Chaque tentative de définition comporte, en outre, un certain degré d'arbitraire et il est indispensable d'en tenir compte. Pour notre part, nous allons traiter de la prévention sous ses deux aspects : celui des contrôles et celui de l'aide proprement dite.

En ce qui a trait aux contrôles, si l'on prend pour acquis que la société se doit d'assumer une grande part de responsabilité dans l'éducation de ses futurs citoyens, il devient indispensable d'admettre, nous semble-t-il, son droit de contrôler[1] l'action de la famille. Certes, des contrôles de cet ordre ne doivent pas s'exercer au-delà de certaines limites et mettre en cause le principe des droits des individus, mais le dépistage n'est possible qu'à ce prix. Par le passé, on prétendait que le dépistage n'est indispensable que dans les cas de familles désavantagées, ou déficientes ; mais, l'apparition de nouvelles formes de délinquance, telle la « délinquance dorée », rend inopérante une telle approche.

En effet, contrairement à la philosophie du passé selon laquelle la surveillance ne devait concerner que les milieux pauvres, lieu

[1] Il ne s'agit pas là de contrôles autres que médicaux et socio-éducatifs et, bien entendu complètement détachés du contexte légal.

d'élection des sous-cultures déviantes, dans les sociétés industrialisées, ces sous-cultures existent aussi dans les classes privilégiées.

En d'autres termes, la déviance de la personnalité du mineur se développe tout aussi bien dans le cadre d'une famille de professionnels désunie, perturbée, trop autoritaire ou trop tolérante, que dans celui d'une famille incapable de subvenir aux besoins d'un ou de plusieurs enfants.

La démocratisation de la justice comme la disparition de certains services[1] vers lesquels on orientait systématiquement les « moutons noirs » des familles respectables, a nivelé, en outre, les différences qui existaient entre le mineur déviant pauvre qui finissait invariablement par comparaître devant monsieur le juge sous l'accusation de délinquance, et le mineur riche qui, lui, parvenait avec l'aide de sa famille à faire certaines expériences, puis à réintégrer les rangs de la société, sans avoir à rendre compte des désordres de son comportement à la justice officielle.

Au-delà des contrôles, se situe, par ailleurs, l'aide préventive formelle ou informelle. Contrairement à l'assistance que l'État peut offrir aux adultes par le truchement des diverses allocations sociales, celle qu'il doit assumer auprès des mineurs demeure infiniment plus complexe. En effet, il ne s'agit pas seulement de satisfaire leurs besoins matériels, mais aussi et surtout de créer un cadre propice à leur formation.

La controverse entre les tenants des théories selon lesquelles le cadre familial demeure préférable à tout autre, sans distinction aucune relativement à la viabilité de ce cadre, et ceux qui estiment possible d'édifier des structures institutionnelles susceptibles de se substituer avec succès à la famille, n'est guère résolue jusqu'à présent. Là encore, cependant, on peut mettre en doute l'objec-

---

[1] Ces services comprenaient tout aussi bien des internats spécialisés que des moyens d'orienter les mineurs vers des carrières dont le cadre les isolait du reste de la société, telle l'armée coloniale entre autres.

tivité scientifique des arguments utilisés par les tenants de ces deux approches.

Tout d'abord, les drames de l'enfance malheureuse ne sont connus de l'opinion publique que dans des cas très rares et généralement extrêmes, tandis que les déficiences des institutions sont étudiées et discutées d'autant plus fréquemment qu'elles sont plus facilement décelables. Par ailleurs, aucune société n'a accepté jusqu'à présent d'assumer ses responsabilités pleines et entières à l'égard de l'enfance et d'investir en conséquence des sommes suffisantes dans l'équipement institutionnel adéquat. Dès lors, dans la plupart des pays, le placement préventif demeure plus ou moins sévèrement contrôlé et surveillé et, en fin de compte, très limité en ce qui a trait au nombre de mineurs admis.

Au-delà du schéma institutionnel, on élabore également des formules particulières, tels les foyers de substitution, dont il est d'autant plus difficile d'analyser les résultats qu'il s'agit fréquemment de systèmes morcelés, mal adaptés à la réalité et généralement dépourvus de moyens indispensables.

Dans les pages qui suivent, nous allons traiter, par conséquent, de trois secteurs de la prévention, soit celui d'encadrement et d'aide préventive, celui de dépistage et de surveillance en milieu familial, et de celui de la prise en charge préventive.

I. LES MODES D'ENCADREMENT ET D'AIDE PRÉVENTIVE

La façon suivant laquelle chaque pays établit son système de dépistage et d'aide préventive n'est pas forcément conforme aux principes d'efficacité pure et simple, mais plus fréquemment reliée à une certaine conception suivant laquelle la société accepte d'assumer ses responsabilités à l'égard de ses futurs citoyens. C'est ainsi que dans le contexte français et belge, il s'agit d'un système rattaché au principe de la scolarisation obligatoire, gratuite et accessible à tous, dans celui de la Grande-Bretagne, aux structures d'encadrement communautaire, et en Suède, aux structures d'aide sociale accessible à tous dans l'optique du salaire minimum garanti. Dans le cadre canadien, par contre, l'absence ou le morcellement des contrôles et leur diversification suivant l'échelle des revenus témoignent d'un souci d'individualisme et reflètent le partage des juridictions, inévitable dans un état fédéraliste.

a) *Le système socio-éducatif français*

Toutes les méthodes de contrôle et de surveillance sont rattachées en France, au cadre préscolaire, scolaire et universitaire. Ce sont les structures éducationnelles qui assurent la protection médicale des mineurs, par le truchement des examens de dépistage annuels, gratuits et obligatoires qui existent à tous les niveaux d'enseignement. Les soins sont, en outre, gratuits, y compris les médicaments, ainsi que les services des sanatoriums où sont envoyés les élèves et les étudiants d'universités ayant besoin de traitements prolongés. Les sanatoriums et les maisons de repos de ce type ont généralement à leur service une équipe d'enseignants qui sont chargés d'aider les patients à poursuivre leurs études selon un rythme aussi normal que possible.

Par ailleurs, toutes les maisons d'enseignement disposent de services sociaux scolaires assurés par les assistantes sociales scolaires qui relevaient autrefois du Ministère de l'Éducation, mais qui sont rattachées actuellement au Ministère des Affaires Sociales. Chaque grande école est obligée de disposer d'une ou de deux assistantes sociales à plein temps et les écoles qui reçoivent un nombre d'élèves plus limité disposent d'une assistante sociale scolaire pour trois institutions.

Les assistantes sociales agissent sur la demande du directeur, des enseignants, du médecin ou des parents. Elles collaborent avec les familles et peuvent, dans le cas des enfants difficiles, recommander le placement en dehors du foyer.

Par ailleurs, le dépistage de l'enfance en danger, ou de l'enfance malheureuse, est facilité par le fait que la scolarisation effective commence très tôt en France et que les maternelles publiques, rattachées aux écoles primaires, reçoivent les enfants de toutes les classes sociales et de toutes les couches de la population.

Les maternelles, ou les préscolaires publiques, existent en outre depuis fort longtemps et il s'agit d'un système organisé et structuré. Les programmes sont réglementés par le Ministère de l'Éducation, et l'enseignement est confié aux institutrices qui ont les mêmes diplômes et qualifications que celles du cycle primaire et qui peuvent passer d'un niveau à l'autre.

Rien d'étonnant dès lors que les préscolaires françaises soient considérées communément comme un excellent moyen de formation pour les enfants de 3 à 6 ans. Plus encore, c'est là un agent de démocratisation de l'ensemble de la société, puisque les enfants de familles désavantagées, ou négligentes, sont moins pénalisés, en raison du manque de préparation dans le cadre de leur foyer, quand ils arrivent à l'école primaire. Les préscolaires permettent, en somme, d'éliminer un certain pourcentage de cas d'inadaptation ou d'échecs scolaires proprement dits.

En ce qui a trait aux loisirs, toutes les préscolaires, écoles primaires et secondaires, disposent d'un système plus ou moins intégré, de colonies de vacances de « classes de jeudi » et d'autres services destinés à assurer la garde des enfants. En dehors des services de loisirs rattachés aux structures d'éducation publique existe également une multitude de camps de vacances, d'hôtels familiaux et autres, subventionnés par les grandes entreprises, les Unions Départementales des Associations Familiales, les ministères ou les grands services publics dont, entre autres, la Société Nationale des Chemins de Fer de France (S.N.C.F.), et les compagnies d'État telle la Régie Renault, par exemple. Par conséquent, en marge des organisations de la jeunesse proprement dites, reliées au scoutisme et aux mouvements similaires, on dispose en France de toute une gamme d'organismes d'encadrement des jeunes dont l'ensemble est planifié et financé par les services publics et privés.

En ce qui a trait aux étudiants du secondaire et de l'université, ils assurent l'auto-gestion des associations qui organisent les échanges entre les divers pays, les voyages de groupes et d'autres activités de loisirs ou de travail saisonnier.

On est donc en présence d'un cadre de base et d'initiatives qui relèvent des usagers eux-mêmes, et la combinaison de ces deux secteurs forme un tout homogène, mais suffisamment diversifié pour permettre des choix très variés.

b) *Le système communautaire britannique*

Par opposition, le système britannique est beaucoup moins formel. Certes, là aussi, les institutions scolaires assurent deux formes de contrôle, médical et social; mais les structures sont plus souples. Les autorités scolaires relèvent du Ministère de l'Éducation, mais collaborent étroitement avec le Ministère de la Santé et du Bien-Être. Comme en France, c'est le cadre scolaire qui assure l'examen médical et dentaire, gratuit et périodique. Les mêmes services médicaux, qui se composent généralement d'un médecin et d'un dentiste à temps partiel, et d'une infirmière à temps plein, dirigent les enfants ayant besoin de soins dans les cliniques et les hôpitaux où ils sont traités gratuitement, ainsi que dans les services spécialisés où ils reçoivent gratuitement les lunettes, les prothèses, etc... La principale différence avec le système français réside dans le fait que le nombre d'écoles publiques, comparativement à celles qui sont privées, est relativement moins important, mais les contrôles demeurent les mêmes.

Au niveau des services du bien-être proprement dits, cette différence s'accentue cependant puisque chaque école publique a un ou plusieurs comités bénévoles qui se chargent généralement d'assurer la surveillance et de fournir les livres scolaires, les cahiers et jusqu'aux vêtements, à tous les enfants de familles qui ne sont pas en mesure de se les procurer, tandis qu'en France, ce genre d'aide est plutôt administratif et formel.

La même constatation s'applique en ce qui a trait à l'assistance sociale scolaire. En Grande-Bretagne, les autorités locales d'éducation, soit la municipalité ou l'équivalent de la commune, nomment un surintendant de bien-être qui dirige les travailleurs sociaux chargés de l'application des règlements concernant la fréquentation scolaire obligatoire, mais doit se préoccuper également de tous les problèmes concernant la situation familiale des élèves. Ces travailleurs sociaux se partagent les différents quartiers où habitent les élèves de l'école, y connaissent tout le monde et y sont connus autant des parents que des voisins. C'est là le fondement même des services de cet ordre qui, en Grande-Bretagne, par opposition à la France, reposent pour une large part sur des relations communautaires établies par des petites unités de travailleurs sociaux, issus de la région, et non pas sur un personnel faisant partie des cadres administratifs, ayant une direction et une orientation centralisées au niveau de la capitale.

Les officiers du bien-être, attachés aux écoles, relèvent néanmoins du Ministère de l'Éducation. Ils reçoivent une formation et un entraînement de trois à quatre ans, qui varie selon que le candidat possède un diplôme universitaire en sciences sociales, ou qu'il n'ait pas fait d'études universitaires. En raison du manque d'officiers du bien-être, on emploie toutefois des bénévoles qualifiés qui reçoivent un entraînement pratique, généralement donné par le surintendant du bien-être. Les bénévoles font leur travail le soir, après leurs heures de bureau, ou en fin de semaine. La majorité se recrute parmi les enseignants, parents d'élèves ou gardes-malades qui agissent toujours sous le contrôle et en collaboration étroite avec les surintendants.

C'est donc un personnel qui, contrairement aux assistantes sociales françaises, n'a pas de formation uniforme et ne fait pas partie des cadres des fonctionnaires, mais dont les motivations peuvent être, dans certains cas, plus articulées. Il est encadré, par ailleurs, par des surintendants du bien-être, détenteurs d'un diplôme reconnu par le Central Training Council du Home Office, ou par le Ministère de l'Éducation.

Les surintendants collaborent d'une façon étroite avec les services policiers et les représentants de la justice, soit les officiers de probation et les magistrats. En pratique, cela signifie qu'un policier qui arrête un jeune ayant commis un délit, communique généralement avec le surintendant du bien-être de son école. C'est au surintendant également que la police signale, le cas échéant, l'existence d'un foyer suspect, ou préjudiciable, pour le mineur qui y est élevé, ou tout autre fait constaté en ce qui concerne sa propre conduite.

Comparativement, les structures françaises ne favorisent pas les mêmes relations entre la police et les assistantes sociales et elles se font généralement sur une base beaucoup plus formelle, parce qu'on suit de façon plus précise la voie administrative.

En ce qui a trait aux loisirs, les règlements imposent aux écoles publiques et privées la création de clubs et d'organisations pour les jeunes qui fonctionnent soit dans le cadre du scoutisme, soit grâce aux subventions d'un comité scolaire bénévole, soit grâce aux subventions scolaires particulières. Les activités de ces services comprennent des périodes occupationnelles, après les heures scolaires, en fin de semaine et à l'époque des vacances.

Dans chaque municipalité, les autorités sont tenues également d'organiser des clubs et des camps de vacances destinés aux jeunes et à certaines familles désavantagées. C'est ainsi que les autorités municipales assurent, surtout dans les grands centres urbains, des vacances pour des mères de famille nombreuse, tout en prévoyant séparément des camps de vacances pour leurs enfants.

Souvent, il s'agit là d'arrangements très simples qui n'impliquent que des dépenses relativement limitées. Dans certaines localités, par exemple, on a acheté des caravanes qui se rendent au bord de la mer où les enfants et adolescents peuvent passer leurs vacances sous la surveillance d'enseignants et de bénévoles qui se recrutent généralement parmi les étudiants. Le problème crucial qui se pose à ce niveau n'est donc pas celui du financement, mais du manque de personnel qualifié et on essaie de le résoudre en augmentant le pourcentage de moniteurs bénévoles.

Il convient de souligner, cependant, que les bénévoles sont toujours placés sous la surveillance d'un chef de groupe, ou d'un dirigeant d'équipe qui, lui, a un diplôme d'État et dont la compétence est officiellement reconnue. Par ailleurs, les services organisés par les autorités municipales et par les écoles sont contrôlés par les Ministères de l'Éducation et du Bien-Être. Il semble, par contre, que les services de diverses associations privées sont d'une qualité très variable et c'est là la raison pour laquelle on leur impose actuellement une surveillance et des contrôles plus sévères. En effet, ces services sont toujours financés en partie par les autorités municipales qui, dès lors, ont toute la latitude de procéder aux vérifications qu'elles jugent nécessaires.

c) *Le système social intégré de la Suède*

Il semble bien qu'en Suède où, comme en Grande-Bretagne, on a élaboré un système largement basé sur le bénévolat, les structures d'encadrement sont beaucoup plus formelles et planifiées. C'est ainsi que la protection sociale scolaire, autre que médicale, relève des « Comités de Fréquentation Scolaire » et des assistants sociaux.

Les écoles disposent, en outre, de services spéciaux de surveillance ou de réception d'enfants après les heures de classe. Ces services sont situés dans des bâtiments construits à proximité de l'école et ils reçoivent tous les élèves dont les parents travaillent et ne rentrent au foyer qu'après la fermeture des bureaux et des usines. C'est là que les élèves font leurs devoirs, pratiquent des sports et organisent, avec l'aide des surveillants, des activités diverses.

Le bâtiment dont ils disposent comprend généralement deux ou trois grandes salles; il est entouré d'un terrain de jeux et est fréquemment attenant à une patinoire et à une pente destinée à pratiquer le ski. Des services post-classes sont totalement gratuits et tous les élèves y sont admis; mais la préférence est donnée à ceux dont la situation familiale laisse à désirer.

En somme, contrairement à ce qui existe en France où l'école fournit un certain nombre de moniteurs qui assurent la surveillance des élèves après les heures scolaires et qui les aident à faire leur travail sur place, le système suédois demeure plus social qu'éducatif, tout en étant beaucoup plus « luxueux » et coûteux.

Il convient de souligner, en outre, que par opposition au schéma britannique, les structures suédoises ne relèvent que très exceptionnellement d'une association privée et qu'il s'agit alors de particuliers qui ne reçoivent pas de subventions et qui sont obligés de demander en contre-partie de leurs services des prix très élevés, que seule la classe privilégiée peut défrayer.

Par ailleurs, le système suédois des préscolaires n'est pas relié, comme en France, au cadre scolaire proprement dit, mais il s'agit de garderies situées à l'intérieur de maisons d'appartements. C'est ainsi que selon la législation récente, aucune maison de rapport ne peut être construite sans qu'on n'ait prévu au rez-de-chaussée des locaux destinés à l'installation d'une pouponnière et d'un centre de réception pour les enfants d'âge préscolaire.

Les centres fonctionnent tous les jours de 7 h. du matin à 7 h. du soir sans interruption, ainsi que le samedi. Ils sont organisés de façon à pouvoir recevoir également les enfants des locataires pendant les vacances et disposent d'un personnel auxiliaire qui, en cas de besoin, assure la surveillance au foyer. Les frais de ces services sont gratuits ou variables, selon le niveau de revenus des familles et les prix du loyer.

En pratique, tous ces services sont financés par l'État et par les municipalités. Le personnel reçoit un entraînement spécialisé conforme aux normes exigées par les règlements du Ministère de l'Éducation ou du Ministère des Affaires Sociales, mais il ne s'agit pas de diplômes équivalents à ceux des institutrices françaises employées par les préscolaires.

Comparativement à la France, les structures suédoises sont surtout sociales et de qualité variable suivant les quartiers. Il s'agit bien plus d'un contrôle et d'une aide à la famille que de tentative systématique de démocratisation de la formation première de l'enfance.

En ce qui a trait à l'organisation des loisirs, chaque commune est obligée d'assurer le fonctionnement des centres de loisirs dont le coût de construction est défrayé conjointement par elle et par le gouvernement central. Les centres de loisirs disposent généralement d'un immeuble de quatre à cinq étages qui est équipé de façon à permettre l'exercice de certaines activités sportives, ainsi que la pratique des loisirs, tels que la lecture, le bricolage, les présentations de théâtres amateurs ou la projection de films. Les municipalités, de concert avec le Ministère de l'Éducation, défrayent également les coûts d'un certain nombre de cours d'information visant à initier les usagers âgés de 14 à 20 ans à l'étude des sciences techniques ou sociales, et de l'artisanat.

En dehors des centres de loisirs existent également partout, dans les milieux urbains et ruraux, des groupements de jeunes qu'on désigne sous le terme de « leisure-time group ». Ces groupements sont divisés en équipes dont le nombre ne peut dépasser 25 membres, âgés de 12 à 24 ans. Chaque équipe doit faire un minimum de 20 heures de travail effectif au cours de dix réunions trimestrielles. Les travaux personnels sont planifiés d'avance dans le cadre des programmes établis par les responsables de chaque équipe. En 1954, les « leisure-time groups » avaient 148.504 membres ; actuellement, ils comptent plus d'un million et demi et sont subventionnés par les municipalités et par le gouvernement central.

A ces structures de base, particulières à la Suède, s'ajoutent les organisations traditionnelles, soit le scoutisme, les loisirs organisés au niveau des paroisses, les clubs d'alpinisme, les camps d'hiver et les camps d'été, faisant partie des activités scolaires, ainsi que les activités des associations d'étudiants qui organisent des voyages, à l'intérieur et à l'extérieur du pays, sur le principe d'échanges.

Il convient en outre de mentionner que, comme en Grande-Bretagne, les organisations syndicales et les partis politiques ont leurs propres clubs de loisirs pour jeunes qui groupent les enfants et les adolescents de leurs membres.

D'une manière générale, tous ces organismes et services ont des programmes occupationnels sensiblement comparables et sont dirigés, ou animés, par des instituteurs formés selon les normes du Ministère de l'Éducation dont ils relèvent. Leurs salaires, ainsi que ceux du personnel auxiliaire, sont payés pour une part qui dépasse 75 % par le gouvernement, tandis que le reste des frais d'opération est assumé par les autorités municipales et par les usagers.

Comme en Grande-Bretagne, en somme, les contrôles et la surveillance du gouvernement central sur les services des loisirs pour jeunes s'exercent par le truchement des règlements imposés en ce qui concerne le recrutement et la formation du personnel.

d) *Le système fédératif et la philosophie individualiste*

Par opposition aux Européens, le Canada, État fédéral, a des structures morcelées relevant de l'initiative privée, ou communautaire, et subventionnées de façon très variable suivant les provinces. Il s'agit, en somme, d'un schéma interdisant a priori toute planification qui, d'ailleurs, n'a pu être envisagée jusqu'à présent parce qu'elle est considérée traditionnellement comme une sorte d'ingérence dans le cadre familial proprement dit. Certes, les contrôles s'exercent par le truchement de la fréquentation scolaire obligatoire, mais la prévention proprement dite ne s'adresse qu'aux milieux désavantagés n'ayant d'autres revenus que les allocations d'assistance sociale.

C'est ainsi que certains contrôles médicaux préventifs ne sont que des modes de dépistage, puisqu'ils n'assurent pas en même temps, comme c'est le cas en France ou en Belgique, le traitement gratuit et obligatoire. Les contrôles médicaux exercés dans les écoles sont gratuits et obligatoires, mais le traitement ne l'est pas dans toutes les provinces, sauf pour les économiquement faibles.

La même absence de services planifiés, structurés et gratuits existent en ce qui a trait à l'aide à la famille, offerte sous forme de surveillance de mineurs, pendant les périodes post-scolaires, ou encore de formation préscolaire ou d'encadrement au niveau des loisirs et des vacances. Par conséquent, la possibilité de dépistage et d'encadrement dans les limites de tous les services de cette catégorie ne peut exister et il ne s'agit pas d'intervention directe des autorités publiques, mais plutôt d'une aide très limitée que ces autorités acceptent d'apporter aux classes désavantagées.

Laissés à l'initiative privée, ou communautaire, tous les services d'encadrement et de loisirs sont donc assurés encore, comme par le passé, par des organismes charitables, religieux ou laïcs, et par des groupements de jeunesse, tels le scoutisme, le Y.M.C.A., les Mouvements de la Jeunesse Rurale, ou autres, qui œuvrent dans les milieux urbains, mais aussi par des organisations particulières à buts spécifiques : sportives, éducationnelles ou artistiques.

En somme, tout en ayant un niveau de vie équivalant à celui de la Suède et plus élevé que la France, la Belgique et la Grande-Bretagne, le Canada se situe dans un contexte différent où la surveillance et l'encadrement, ainsi que l'aide préventive, ne s'adressent pas à l'ensemble de la population, mais surtout, sinon uniquement, aux milieux désavantagés.

e) *L'analyse comparative des divers systèmes de contrôles*

L'analyse comparative des modes d'encadrement et des mesures d'aide préventive permet de dégager l'attitude et la philosophie de chaque société concernée à l'égard du dépistage de l'enfance malheureuse ou en danger. Plus encore, on peut même prétendre que rien ne reflète, plus fidèlement, certaines options sociales fondamentales que la façon de concevoir les normes d'intervention de la société au niveau de la formation des mineurs.

C'est ainsi que le choix de rattacher les services d'aide préventive au système scolaire se justifie en France par la confiance que la société continue d'avoir dans la thérapie de travail intellectuel, tandis que les systèmes basés sur les organisations communautaires sont orientés davantage vers une culture des loisirs.

Dans les deux contextes, on admet, cependant, que la famille ne peut plus, dans le cadre des civilisations industrielles avancées, assumer toutes les responsabilités et, même quand son niveau de revenus est conforme à la moyenne, ou supérieur, elle doit être aidée. En proposant explicitement ou implicitement, aux mineurs une certaine forme d'encadrement, la société fait face aux obligations qu'elle accepte de remplir tout en tenant compte, dans une mesure variable, du principe de l'autorité paternelle. Toutefois, il s'agit non seulement de dépister les cas d'inadaptation de l'enfance malheureuse, ou en danger, mais aussi de découvrir les milieux familiaux préjudiciables, ou non viables, et procéder par voie de compensation.

En d'autres termes, pour prévenir la nécessité d'une intervention formelle ou de placement du mineur en dehors du milieu familial, on s'efforce de lui assurer tout d'abord une formation et un encadrement additionnel ou supplétif.

A l'opposé, l'absence des cadres, telle qu'elle existe au Canada, semble être l'indice d'une certaine forme d'individualisme libéral. Face aux problèmes familiaux, la société n'intervient que par le truchement d'une aide destinée aux économiquement faibles, quitte à agir quand des besoins formels apparaissent. Il s'agit là d'une conséquence logique de l'option de la civilisation nord-américaine pour laquelle le respect de l'autorité familiale ou parentale demeure un dogme que l'on oppose aux schémas socialistes ou collectivistes. Pour comprendre l'importance de ce dogme, il convient de mentionner, par exemple, que le code criminel canadien ne prévoit pas de déchéance des droits parentaux, comme c'est le cas en France, en Belgique et en Suède, ce qui demeure quand même un indice formel du respect de la société à l'égard de l'autonomie familiale.

Il n'en reste pas moins que la permissivité à l'égard des adultes se solde fatalement par une plus grande sévérité de la loi à l'égard des mineurs et que, contrairement à ce qui existe dans les quatre pays européens, la responsabilité criminelle et pénale des enfants commence à s'appliquer dès l'âge de sept ans. Par conséquent, l'absence de méthodes de dépistage planifiées et structurées est compensée, en quelque sorte, par le principe de l'effet dissuasif des moyens coercitifs, mais en pratique, il n'est guère certain qu'une telle compensation s'exerce ni qu'elle est valable [1].

Dès lors, l'image même de la philosophie sociale libérale semble déformée et devient assez paradoxalement, dans une optique comparative, celle d'une société relativement plus répressive.

Il convient de préciser, toutefois, que sur le plan empirique, cette attitude ne se solde pas par un pourcentage plus élevé des causes d'enfance malheureuse, ou en danger. Au contraire, et c'est là qu'apparaît le paradoxe qui fausse les analyses statistiques formelles, la faiblesse des modes de dépistage diminue le nombre de demandes de protection de l'enfance malheureuse, ou en danger, sans enrayer pour autant le phénomène de délinquance en tant que tel.

2. LE DÉPISTAGE ET LA SURVEILLANCE PRÉVENTIVE EN MILIEU FAMILIAL

Par opposition aux contrôles, aux modes d'encadrement et à l'aide apportée à l'ensemble de la population, le dépistage et la surveillance préventive en milieu familial ne s'exercent qu'au niveau de certaines catégories spécifiques. Cette forme de prévention comprend trois aspects : la surveillance sociale, l'aide dispensée aux familles considérées comme particulièrement exposées, l'aide à l'enfance malheureuse et la surveillance des jeunes qui ont des comportements indiquant des troubles de personnalité et qu'il s'agit de resocialiser.

Le problème auquel la société doit faire face dans ce secteur consiste à prévenir l'apparition de la délinquance par des moyens

---

[1] Les études sur les faibles effets dissuasifs de la peine sont suffisamment nombreuses et concluantes, nous semble-t-il, à cet égard.

socio-administratifs, tout en respectant le principe de la protection et du respect des droits des individus ou des familles.

A. *La surveillance sociale et l'aide dispensée aux familles considérées comme particulièrement exposées*

La surveillance sociale et l'aide dispensée aux familles considérées comme particulièrement exposées peuvent être organisées en fonction de règlements administratifs qui distinguent certaines catégories de familles devant être aidées de cette façon, ou encore, ce qui est plus fréquent, accordées sur demande de services sociaux ou à la suite de plaintes présentées par des travailleurs sociaux, la police ou des particuliers.

a) La surveillance et l'aide statutaires

En effet, les règlements administratifs de cet ordre n'existent que dans le cadre des sociétés qui admettent a priori leur obligation de protéger les mineurs et d'intervenir directement dans le but d'assister la famille dans son œuvre d'éducation.

Dans ce contexte, s'inscrit, par exemple, la législation suédoise concernant les mères seules. Dans tous les cas de naissance d'enfants dont les mères ne sont pas mariées, ou ont divorcé, ou sont veuves, les Comités pour la Protection des Mineurs et des Adolescents nomment un tuteur et établissent les taux de prestations sociales que la mère doit recevoir. Ces taux varient suivant les revenus de la concernée, mais la surveillance exercée par les « tuteurs » est toujours requise, sans distinction relative à la profession exercée.

Une mère seule peut toutefois suggérer comme « tuteur » un des membres de sa famille et, si les services de Comités acceptent sa candidature, il agira, du point de vue administratif, de la même manière qu'un « tuteur » nommé d'office.

En 1966, les Comités pour la Protection des Mineurs ont nommé des tuteurs et ont versé des prestations sociales aux mères célibataires, veuves ou divorcées, pour 40 565 enfants légitimes et pour 105 734 enfants illégitimes; ce qui donne une idée du pourcentage de naissance hors mariage et ce qui explique, selon certains théoriciens suédois, le phénomène de l'augmentation du pourcentage des cas de l'enfance malheureuse ou perturbée.

Les mères seules ont, en outre, le droit de confier leur enfant à l'adoption; il semble bien toutefois, que l'aide sociale et financière est suffisante puisque le nombre de demandes d'adoption est sensiblement plus élevé que le nombre d'enfants à adopter. Il convient, en outre, de préciser à ce propos que contrairement à ce qui existe dans la plupart des pays, la loi suédoise sur la protection sociale de l'enfance accorde aux parents nourriciers le droit d'adopter les enfants placés chez eux, quand les parents naturels ne peuvent pas, ou ne veulent pas, continuer à les élever.

Le texte de la loi stipule en fait que : « en présence de raisons particulières, le Comité pour la Protection des Mineurs peut décider que l'enfant de moins de seize ans, vivant dans un autre foyer privé que celui des père et mère, ou d'un tuteur spécialement institué, mais ne pouvant être qualifié d'enfant de parents nourriciers, soit considéré comme tel jusqu'à nouvel ordre ».

Actuellement, on remet en cause non pas le principe d'aide aux mères seules, mais celui de surveillance, considérée comme stigmatisant l'inégalité des sexes et le manque de confiance que la société manifeste ainsi à l'égard des femmes. Il n'en reste pas moins qu'il s'agit là d'un système de surveillance préventive destinée à protéger le mineur au détriment de l'autorité parentale, jugée a priori comme déficiente.

b) L'aide statutaire et la surveillance limitée

En France, en Belgique, en Grande-Bretagne et au Canada, l'aide est statutaire, mais la surveillance ne s'exerce qu'à travers l'action des services qui la dispensent, ou encore dans des cas particuliers où elle a été explicitement demandée en vertu des législations concernant l'enfance malheureuse ou en danger. En d'autres termes, la société accepte de compenser les déficiences économiques des milieux familiaux, mais se refuse d'intervenir a priori.

Les principales différences concernent les mécanismes de contrôles préventifs qui, dans ce contexte, sont reliés aux structures administratives, distributrices d'allocations du bien-être social. En effet, dans les cinq pays concernés, les familles n'ayant pas de revenu, ou ayant un revenu inférieur au salaire minimal, comme c'est le cas en Suède, sont éligibles à l'assistance sociale. La distribution de cette assistance s'accompagne généralement de visites des travailleurs sociaux, enquêteurs au foyer, qui facilitent le dépistage préventif.

En Grande-Bretagne, ce dépistage s'exerce en outre par l'entremise de cliniques de quartiers qui se préoccupent spécifiquement de tous les problèmes médicaux et sociaux, mais qui n'agissent pas comme des services distributeurs d'aide. En France, par contre, le système des caisses d'allocations familiales assure une certaine polyvalence.

Les caisses sont réparties à raison d'un bureau dans chaque circonscription territoriale. Elles disposent de services d'assistances sociales qui ont pour mission de maintenir des rapports avec les familles allocataires : les renseigner, les conseiller et se préoccuper du bien-être des enfants qui doivent être suivis, ou placés, à titre temporaire, en dehors de leur milieu familial.

En vertu de la loi de 1946, amendée et élargie en 1966, les assistantes sociales sont chargées notamment d'un contrôle particulier auprès de l'enfance malheureuse, puisque cette loi a instauré la « tutelle aux allocations familiales » qui permet d'intervenir sur ordonnance du juge d'enfants lorsque les prestations familiales détenues par les parents ne sont pas employées dans l'intérêt de l'enfant, et nommer un « tuteur aux allocations familiales ».

Les caisses possèdent, par ailleurs, des centres, des abris temporaires, des maisons d'enfants et des colonies de vacances où les enfants ayant besoin de protection peuvent être reçus à titre temporaire et attendre ainsi la décision judiciaire concernant le placement éventuel.

Le système de tutelle aux allocations familiales existe également en Belgique. Dans ces deux pays en outre, comme en Suède, des structures sociales intégrées permettent aux travailleurs sociaux d'exercer plusieurs formes de surveillance, sans faire appel aux autorités judiciaires proprement dites, ce qui n'est pas le cas au Canada.

B. *L'aide sociale à l'enfance malheureuse*

Sous le terme d'aide à l'enfance malheureuse, nous comprenons tous les services assurés par les organismes sociaux, à l'exception de ceux relatifs au placement en dehors du milieu familial qui impliquent partout, à l'exception de la Suède, l'intervention judiciaire.

a) La surveillance sociale non coercitive

En France, ce secteur relève du Ministère des Affaires Sociales qui prend en charge tous les cas qui peuvent être réglés à l'amiable, c'est-à-dire sur la base d'une entente avec les parents ou tuteurs du mineur.

Sur le plan administratif, le Ministère des Affaires Sociales délègue ses pouvoirs aux directeurs régionaux de la Population et de l'Action Sociale qui ont la charge, en vertu du décret n° 59.100 du 7 janvier 1959, d'organiser, sous l'autorité du préfet, un service de prévention. Plus précisément, le directeur régional a pour mission « d'exercer une action sociale préventive auprès des familles dont les conditions d'existence risquent de mettre en danger la santé, la sécurité ou la moralité de leurs enfants ».

Il peut le faire soit directement, c'est-à-dire faire intervenir ses propres services, soit par l'intermédiaire d'organismes publics, ou privés existant dans le département. C'est de lui que relève, en effet, le service départemental de l'aide sociale à l'enfance qui prend en charge les orphelins et les enfants abandonnés qu'on désigne alors sous le terme de pupilles de l'État, ainsi que « tout enfant que la famille ne peut élever, ou dont la famille ne remplit pas normalement ses devoirs et qui a alors la qualité de l'enfant secouru ».

Toutefois, l'admission à l'aide à l'enfance peut être faite par décision préfectorale, tandis que le placement des enfants en danger moral, sans l'accord préalable de leurs parents ou tuteur, doit être ordonné par une décision judiciaire.

Cela signifie que le directeur régional de la Population et de l'Action Sociale dispose de trois possibilités d'intervention, dont la première sera faite à la suite d'un accord survenu entre ses services et la famille, la deuxième pourra être entreprise, même si les parents ne reconnaissent pas le bien-fondé du placement, grâce à l'intervention du préfet, tandis que la troisième implique l'intervention du juge.

En ce qui a trait à l'autorité du directeur régional et à son champ d'action, la loi précise qu'il doit « susciter de la part des parents, toutes les mesures utiles pour l'intérêt de l'enfant... » et, entre autres, « une demande de placement approprié, ou d'action éducative », mais ne peut « se substituer, contre la volonté de la famille, à l'autorité de cette famille, pour prendre une décision valable pour l'enfant, ni donner à cette famille, contre la nature rétive de l'enfant, une autorité, qu'en fait, elle a perdue ».

C'est là, en somme, une aide préventive, dépourvue de moyens coercitifs, qui eux relèvent des Cours.

Le directeur de la population est un fonctionnaire qui doit avoir une formation universitaire. Généralement, il s'agit d'un licencié en droit ou d'un médecin, qui a fait un stage spécial à l'École Nationale de Santé Publique de Rennes et qui a passé le concours du Ministère des Affaires Sociales. Le fait que la société refuse de conférer à des fonctionnaires ayant une pareille formation l'autorité nécessaire pour régler tous les problèmes concernant l'enfance malheureuse, indique clairement, nous semble-t-il, son attachement à la conception légale et formelle de la justice.

En ce qui a trait aux services de surveillance et de dépistage qui relèvent de l'autorité du directeur de la population, le décret du 7 janvier 1959 a institué dans chaque département un Conseil de Protection de l'Enfance « destiné à assurer une collaboration entre les différents services concourant à la protection de l'enfance en danger et à provoquer toutes études en cette matière ».

Ces conseils, qui existent actuellement dans 78 départements, se composent de 7 membres et comprennent un juge d'enfants, le directeur de la Population et de l'Action Sociale, un magistrat du parquet, le directeur régional de la Santé, l'inspecteur de l'Académie qui représente le Ministère de la Justice, le chef de service départemental de la Jeunesse et des Sports et un représentant de l'Union des Associations Familiales.

L'institution des Conseils de Protection s'inscrit dans un contexte plus général de tentatives d'unification, de coordination et de planification de divers services sociaux privés et publics. Ce qui est important également, c'est qu'on vise à resserrer ainsi les liens entre les structures administratives sociales et judiciaires.

Les Conseils de Protection ont un pouvoir double, soit celui d'aide et de surveillance. Le directeur peut, par exemple, attribuer aux familles une aide financière exceptionnelle, ou encore leur assurer le concours des conseillers techniques, spécialistes d'éducation ou de rééducation familiale, mais il n'a pas de pleins pouvoirs coercitifs comparables à ceux des juges d'enfants dont il doit solliciter l'intervention dans la plupart des cas où la famille refuse de collaborer. Au-delà de l'autorité familiale, on ne tolère, en somme, que l'autorité judiciaire et ce n'est guère là une philosophie propre au système français uniquement.

La même approche a présidé, en Belgique, à la création, le 8 avril 1965, des Comités Cantonaux de Protection des Mineurs. Ces Comités sont chargés d'exercer une action préventive à caractère administratif. Ils existent dans le chef-lieu de chaque arrondissement judiciaire et leur nombre est délimité suivant la population et les besoins régionaux ou linguistiques. A l'instar du modèle français, « ils sont chargés d'intervenir lorsque la santé, la sécurité ou la moralité d'un mineur est mise en danger, soit en raison du milieu où il est élevé, soit par les activités auxquelles il se livre, ou lorsque les conditions de son éducation sont compromises par le comportement des personnes qui en ont la garde. Ils peuvent, dans ces cas, faire exercer, dans l'intérêt du mineur, une action sociale préventive, à condition que leur aide ait été sollicitée ou acceptée par les personnes investies à l'égard du mineur de la puissance paternelle ou qui en assument la garde en droit ou en fait [1] ».

Comme en France, le Comité propose son aide aux familles, mais n'a pas le droit de l'imposer puisqu'il ne possède aucun pouvoir coercitif; mais contrairement à l'exemple français, il ne relève pas d'une administration sociale, mais du Ministre de la Justice; ce qui se justifie par le fait qu'il intervient dans l'application de diverses mesures prévues dans le cadre de la protection judiciaire. En effet, l'article 29 de la loi relative à la protection de la jeunesse lui confère le droit d'assumer la tutelle aux allocations familiales, ou sociales; l'article 31 de la même loi le charge de l'organisation de la tutelle en cas de déchéance de la puissance paternelle; et l'article 34 l'autorise à assurer la surveillance de mineurs, telle qu'ordonnée par le juge, à la suite de l'audition de leurs causes.

En ce qui a trait à la composition des Comités, l'article 3 de la loi précise que : « le Comité de protection de la jeunesse se compose de douze à vingt-quatre membres nommés, pour un terme renouvelable de trois ans, par le Ministre de la Justice, parmi les représentants de services, d'institutions ou d'organisations s'occupant activement de la jeunesse, de la protection de la jeunesse et de la famille. Un tiers de ces membres sont nommés sur proposition du Ministre ayant l'éducation nationale

---

[1] Article 2 de la loi belge relative à la Protection de la Jeunesse, adoptée le 8 avril 1965.

dans ses attributions. Au maximum, trois personnes connues, pour leur compétence ou leurs mérites en matière de protection de la jeunesse, peuvent être cooptées par le Comité même à une majorité de deux tiers et pour une durée de trois ans. Le Ministre de la Justice nomme parmi les membres du Comité un président et deux vice-présidents. Le Roi règle le fonctionnement du Comité et fixe les indemnités allouées à ses membres. Il peut créer au sein du Comité des sections dont il fixe la composition.

En somme, en France comme en Belgique, les structures formelles sont élaborées en fonction des distinctions préétablies entre le mineur en danger et le délinquant, soit celui où le passage à l'acte a été relevé et jugé par la Cour, bien que fort souvent dans les deux cas l'action du milieu familial demeure le principal agent de perturbation de la personnalité des mineurs concernés.

La même approche prévaut dans le cadre des systèmes britannique et canadien et, seuls les Suédois semblent avoir rompu avec la tradition établissant des lignes de démarcation entre l'enfance malheureuse et l'enfance délinquante, en tant que deux concepts totalement différents. En effet, dans le contexte suédois, tous les enfants de moins de 15 ans, soit tous ceux qui n'ont pas atteint l'âge de la puberté, sont considérés a priori comme ne pouvant avoir besoin que d'aide et de protection, et la prise en charge ne peut dès lors être décidée qu'en vertu de la législation relative à la protection de l'enfance et de la jeunesse.

b) La surveillance sociale coercitive

C'est ainsi qu'en Suède, la protection sociale de l'enfance relève d'un seul et unique organisme désigné sous le nom de Comité pour la Protection des Mineurs et des Adolescents. Ces Comités, organisés en vertu de la loi de la protection sociale de l'enfance, existent dans chaque commune et leur importance numérique varie suivant le nombre d'habitants. Le fonctionnement des Comités est assuré par la Commune, mais soumis aux contrôles de l'État, c'est-à-dire des organes administratifs régionaux, des préfectures et des ministères intéressés. Quant à la composition, à l'organisation et à l'ordre des travaux du Comité, tous ses membres, dont le nombre ne peut être inférieur à cinq, sont élus par le Conseil Municipal de la Commune pour une période de quatre ans. La seule qualité qui est spécifiquement requise consiste à exiger de chacun des membres d'être apte à rencontrer les normes imposées pour avoir droit de prendre part aux élections [1].

La loi recommande, en outre, la présence au sein du Comité d'une personne ayant une formation juridique qui est tenue de siéger avec le Comité lorsque les problèmes qui se posent l'exigent.

Le rôle des Comités pour la Protection des Mineurs, au niveau de la prévention et de la surveillance, est d'autant plus important qu'ils disposent de tous les moyens coercitifs. Ils doivent assurer le dépistage et le traitement de tous les cas de l'enfance malheureuse, ou déviante, et cela jusqu'à la limite de 15 ans, et user de leurs pouvoirs, s'il y a lieu, pour éloigner le mineur du milieu familial considéré comme préjudiciable.

Implicitement, on admet, en somme, que la différence entre l'enfance malheureuse et l'enfance déviante ne se situe pas au niveau de passage à l'acte, mais des seuils d'âge et de détérioration de la personnalité. De cette conceptualisation globale des problèmes des mineurs inadaptés découle, en tant que conséquence logique, le droit à l'intervention sociale excluant, par définition, toute intervention judiciaire. C'est au-delà de 15 ans uniquement qu'apparaît le concept traditionnel de délinquance. Les Comités conservent le pouvoir de traiter certains cas, de référer les causes graves aux Cours de Justice pour adultes et de recevoir de ces mêmes Cours les mineurs que les magistrats estiment préférables de leur confier, par voie de décision judiciaire.

---

[1] Normes relatives à l'âge de majorité légale, la santé mentale, etc...

c) La surveillance préventive des désordres de comportement de mineurs.

Au-delà de l'aide sociale à l'enfance se situe, sinon de jure, tout du moins de facto, la surveillance et l'aide apportées aux mineurs ayant des comportements désordonnés ou appartenant aux groupes, ou aux sous-cultures non conformistes ou déviantes. Cette forme de prévention n'est, toutefois, ni planifiée, ni structurée, pour la bonne raison qu'en pratique, il s'agit d'un secteur de la délinquance non déclarée et non recensée comme telle, mais qui, théoriquement, devrait être référée aux tribunaux pour mineurs.

Au Canada, comme en France et en Belgique, il s'agit de services sociaux communautaires, ou bénévoles, qui ont élaboré des diverses modalités d'intervention. Il est intéressant, cependant, de mentionner à ce propos que plusieurs mouvements de cet ordre ont été lancés à l'origine par des juges, ce qui semble assez significatif en soi. On peut voir là, en effet, le signe des temps et l'aveu implicite de l'appareil judiciaire de l'échec des méthodes de traitement traditionnel.

La surveillance préventive de cette catégorie s'adresse surtout à ceux qui ont déjà commis des actes définis par les codes comme délinquants, mais qui n'ont pas été arrêtés par la police et référés à une Cour de Justice, et à certaines catégories de ceux qui ont été placés en liberté surveillée, mais le schéma de l'action demeure sensiblement similaire.

Au Canada, des travailleurs sociaux attachés aux organismes tels que le Y.M.C.A., par exemple, ou encore des bénévoles relevant de diverses agences sociales, désignés sous le terme de « Grands Frères » ou de « Grandes Sœurs », s'efforcent d'entrer en contact et de gagner la confiance des adolescents qui font partie de divers groupes ou bandes. Ces bandes qu'on appelle en France et en Belgique des « blousons noirs », et au Canada des « motards », commettent des délits contre la propriété, contre les personnes et s'adonnent, en Amérique du Nord surtout, au commerce local et à l'usage des stupéfiants.

L'effort de prévention consiste à les réunir régulièrement et à leur proposer les diverses formes de loisirs, ainsi qu'à les motiver à poursuivre leurs études ou à chercher un travail. En France, en Belgique comme au Canada, les locaux, lieux de réunion, sont souvent installés de façon très élémentaire, tandis qu'en Suède, on dispose de services des Comités de Protection, organisés et structurés sur le plan administratif, qui ont été dotés de clubs et de « Maisons de Jeunes » relativement très luxueux et très bien outillés. Ce sont généralement des édifices de plusieurs étages où les jeunes peuvent suivre des cours, faire de l'artisanat et pratiquer des sports, ou encore des locaux composés de deux grandes pièces où on organise des réunions certains soirs et en fin de semaine.

Il n'en reste pas moins qu'il semble avoir été prouvé que la réussite de cette forme d'action préventive dépend surtout et avant tout de la personnalité de l'éducateur ou du travailleur social. Certains parviennent à se faire accepter sans changer pour autant le comportement du groupe, tandis que d'autres arrivent à agir sur les deux plans, celui de pénétration et celui de motivation du groupe. Les tentatives faites surtout dans les grands centres urbains démontrent jusqu'à présent que ce genre de prévention demeure surtout et avant tout une affaire d'hommes et non pas de structures ou d'équipement.

A ce propos, l'exemple britannique nous semble particulièrement significatif puisqu'il s'agit d'un système de surveillance préventive organisé par la police, soit par la force de l'ordre qui généralement n'est pas impliquée dans une action systématique de ce type.

A l'origine, il y a eu tout d'abord l'expérience de Liverpool qui a été faite dès 1949. Grâce à l'initiative du chef de police de cette ville, elle a pris des dimensions telles que, en 1967, le nombre total des mineurs commettant des actes déviants, dont les forces policières de Liverpool s'occupaient à titre préventif, représentait plus de 50 % de cas qui ont comparu devant les Cours pour juvéniles. Le taux de succès, tel que recensé alors, était de 90 % de cas, ce qui paraît tout simplement exorbitant.

Ces données furent d'ailleurs contestées par divers milieux, mécontents de l'importance du rôle pris par la police dans le domaine de la prévention, et cela surtout en raison du pouvoir discrétionnaire qu'elle exerce de cette façon; il n'en reste pas moins que l'expérience de Liverpool a été imitée par d'autres villes. Actuellement, les forces policières de Birmingham, Leeds, Dudley, Huddersfield, Birkenhead, Bradford, Blackpool, Bristol North et South Shields, Greenock et Londres, possèdent des services organisés sur le même modèle. En ce qui concerne les programmes d'action, ils varient d'un endroit à l'autre parce qu'ils ont été élaborés par des officiers de police en charge et ne doivent pas être soumis officiellement pour approbation au Home Office, mais il est possible d'en indiquer les grandes lignes en se basant sur le programme adopté par la police de Liverpool.

Selon ce programme, chaque division de police dispose d'un officier spécialement entraîné qui a demandé de travailler, ou que l'on a décidé d'engager en raison de ses capacités particulières et de son expérience au service des jeunes. Cet officier (Liaison Officer), contrairement à ce qui existe au Canada, en France, en Belgique et en Suède, ne procède pas à la poursuite ou à l'arrestation des jeunes et ne prend le cas en charge que lorsque l'officier responsable de la division a décidé que le mineur arrêté ne doit pas être emmené devant la Cour.

Lors de la conférence tenue en 1954 par les officiers de police, on a décidé que les « Liaison Officers » doivent rendre fréquemment visite aux familles dont les enfants ont déjà été appréhendés par la police, ou qui sont suspects, que ces visites doivent se poursuivre pendant une période de neuf mois au minimum et que le « Liaison Officer » doit disposer d'une équipe de policiers, hommes et femmes, chargés de les effectuer.

C'est à l'occasion de la même réunion qu'on a décidé également de développer les contacts des « Liaison Officers » avec les écoles, les clubs des jeunes et les organisations paroissiales. A ce niveau, l'intervention policière peut être directe, ou indirecte, ce qui signifie que, dans certaines municipalités, les forces policières organisent elles-mêmes des clubs et des activités du soir destinés aux jeunes, tandis que dans d'autres, la police se contente uniquement de faire admettre dans les clubs existants un officier en civil. Ces policiers ne procèdent jamais aux arrestations, mais servent d'entraîneurs sportifs, tout en étant chargés de signaler tous les cas de jeunes dont la conduite est asociale ou prédélinquante.

Parmi les clubs des forces policières, il convient de citer les « Adventure Clubs », formule intéressante qui consiste à organiser des groupes de jeunes appelés à faire de longues excursions, à participer aux diverses formes de sauvetage et à recevoir un entraînement très poussé en culture physique. Ces clubs sont dirigés par des officiers de police en civil et ils sont destinés aux mineurs âgés de 11 à 17 ans.

D'une manière générale, il semble bien que tous ces services organisés par la police jouissent de la confiance du public. En effet, les parents dont les enfants sont difficilement contrôlables, ou ont un comportement déviant ou délinquant, préfèrent souvent demander conseil au « Liaison Officer » qu'aux travailleurs sociaux. La même chose s'applique également aux autorités scolaires qui communiquent avec les « Liaison Officers » pour leur demander d'assurer la surveillance d'un jeune que les travailleurs sociaux ne parviennent pas à contrôler d'une façon satisfaisante.

Cette attitude des autorités scolaires est justifiée par le fait que le « Liaison Officer » ainsi que les membres de son équipe, disposent de pouvoirs plus étendus que l'assistante sociale, ou l'officier de probation, mais aussi par le fait que ces derniers sont chroniquement débordés.

Il convient de rappeler à ce propos que selon la loi de 1963, « The Children and Young Persons Act », les obligations et les responsabilités des autorités municipales, en ce qui a trait à la prévention, ont été considérablement renforcées. Ne disposant pas d'un nombre suffisant de travailleurs sociaux, ni de fonds pour les former et les rémunérer, les administrateurs municipaux acceptent de faire appel à la police. C'est donc là une des raisons pour lesquelles les forces policières ont obtenu certains droits particuliers.

On estime actuellement à 80 % le niveau de réussite obtenu par les forces policières, mais il n'en reste pas moins que leur action soulève des protestations de la part des magistrats qui estiment que les « Liaison Officers » empiètent sur leurs prérogatives.

Toutefois, les autorités judiciaires admettent que dans les régions et les quartiers où ce genre d'intervention de la police est bien organisé, la délinquance juvénile est en régression marquée et reconnaissent la valeur des programmes élaborés par les forces policières. Il est très significatif, à ce propos, que parmi les sentences qu'imposent les magistrats des Cours pour juvéniles, figurent celles qui impliquent le « placement sous surveillance de la police ». Cette catégorie de placement signifie, en réalité, qu'on confie au « Liaison Officer » une mission qui revient en principe aux officiers de probation.

Les autorités administratives admettent pour leur part que les policiers connaissent mieux leur quartier que les travailleurs sociaux, qu'ils jouissent d'un prestige très particulier auprès du public et d'une confiance marquée de la part des adolescents et que, dans l'ensemble, les programmes préventifs organisés par la police sont sensiblement moins coûteux que ceux proposés par les travailleurs sociaux. Et, il va sans dire que là, comme ailleurs, l'argument financier demeure irréfutable !

Certes, il a été affirmé à maintes reprises que les institutions britanniques ne sont guère exportables, il n'en reste pas moins que l'expérience faite par la police anglaise démontre, on ne peut plus clairement, que le système de prévention ne doit pas être élaboré à partir d'une approche théorique, traditionnelle, judiciaire, ou même socio-judiciaire, mais adapté aux besoins réels des mineurs qui varient suivant les contextes locaux.

Dès lors, on doit se poser la question : dans quelle mesure les structures, basées sur la conception classique de la délinquance, freinent les progrès qui pourraient être réalisés grâce à l'utilisation des nouvelles méthodes sociales intégrées et planifiées en vue de leur efficacité et non pas de leur dépendance des schémas formels.

3. LA PRISE EN CHARGE ET LE TRAITEMENT PRÉVENTIF, EN DEHORS DU MILIEU FAMILIAL

Par opposition à la surveillance préventive en milieu familial, qui peut relever des services sociaux, la prise en charge et le placement préventif impliquent, comme nous l'avons indiqué plus haut, la décision des tribunaux pour enfants. En effet, parmi les cinq pays dont nous étudions les structures, seule la Suède constitue à cet égard un cas d'exception.

Ce qui est significatif, c'est que le fait d'écarter le concept de la délinquance et de le remplacer par celui de la protection de l'enfance en danger pour tous les mineurs âgés de moins de 15 ans, a eu des conséquences multiples et parfaitement imprévisibles a priori, soit, une centralisation, une planification et une plus grande efficacité de l'ensemble du système de traitement préventif et de la prise en charge de l'enfance malheureuse.

C'est ainsi que les pouvoirs des Comités sont en fait plus étendus que ceux des tribunaux pour mineurs, en ce qui a trait notamment aux contrôles des institutions et des services de placement.

Sur le plan des structures, l'article 56 de la loi suédoise de la Protection Sociale de l'Enfance stipule que le Roi, sur proposition du Conseil général, arrêtera pour chaque commune relevant du Conseil général, un plan de foyers d'enfants dont le nombre et la nature devront satisfaire d'une façon appropriée les différents besoins de protection des enfants en foyer. Même les modifications de ce plan seront arrêtées par le Roi.

En ce qui a trait à l'évaluation de ces « différents besoins », elle est faite d'une manière très précise, pour les grands centres urbains tout du moins, et appliquée à la lettre au niveau de la création et de l'agrandissement des institutions nouvelles. C'est aux communes qu'incombe l'obligation d'installer, de subventionner et de diriger les foyers d'enfants. Le nombre maximal de mineurs admis est prescrit par les règlements de la Direction Nationale de la Prévoyance Sociale et contrôlé par ses inspecteurs. Les institutions conservent le droit de refuser ou d'accepter certains cas, mais ce droit est surveillé et contrôlé par les Comités pour la Protection des Mineurs et des Adolescents. Si le Comité estime que les prescriptions en vigueur ne sont pas respectées, ou qu'il y a lieu de blâmer l'administration de l'établissement en ce qui a trait aux installations, le fonctionnement ou les qualifications et les modes de travail de son personnel, il fait rapport à la préfecture.

La préfecture prévient alors l'institution qu'elle doit apporter les changements recommandés, ou fermer ses portes, et signale le cas à la Direction Nationale de la Prévoyance Sociale. Par la suite, une intervention des forces policières peut être requise dans l'éventualité où l'institution refuse, dans les délais prévus, de se conformer aux directives.

Autre particularité du système suédois : les modes de placement de l'enfance malheureuse, en danger, ou perturbée sont structurés en fonction de l'âge et pour ceux qui ont moins de 15 ans, on dispose de plusieurs possibilités de prise en charge, soit de placements à mi-temps et à plein temps, ce qui permet l'élaboration de toute une gamme de mesures. Toutefois, ce sont les foyers d'accueil, ces « gares de triage », destinés à assurer l'observation des mineurs en vue de leur placement, qui reçoivent proportionnellement le plus grand nombre de cas, soit 50 % environ du total des mineurs placés dans les diverses institutions. Fortement influencé par les sciences telles que la psychologie et la psychiatrie, le système suédois favorise toutes les formes d'observation de cet ordre, autant en ce qui a trait aux parents qu'aux mineurs protégés ou déviants.

Est-ce là un progrès et une solution d'avenir ? C'est une question d'autant plus complexe que les résultats obtenus ne peuvent être analysés de façon parfaitement scientifique et objective parce que les données de base sont incomplètes et les recherches trop morcelées. Il n'en reste pas moins que la suppression du concept de la délinquance jusqu'à la limite de 15 ans semble donner une impulsion nouvelle aux diverses formes d'observation psycho-pédagogique et amorcer une évolution dont la généralisation sur le plan international demeure fort probable.

4. L'ANALYSE COMPARATIVE DES DIVERS SYSTÈMES DE SURVEILLANCE EN MILIEU FAMILIAL ET DE PRISE EN CHARGE

Au-delà du « cas » suédois, totalement isolé jusqu'à présent, on constate, en effet, certaines tendances qui apparaissent dans les divers contextes nationaux. Certes l'évolution, dans tous les secteurs qui relèvent de la justice, est lente par définition, autant en raison des traditions que des difficultés d'élaboration des structures nouvelles, capables à la fois de prendre en charge l'enfance malheureuse et de respecter les droits de l'enfance et le principe de la justice égale pour tous ; il n'en reste pas moins qu'il est possible de dégager plusieurs indices de changement du concept traditionnel de la délinquance au profit de celui de la déviance de personnalité et de la protection purement sociale des mineurs âgés de moins de 15 ans.

C'est ainsi qu'en Grande-Bretagne, comme au Canada, on envisage la réforme visant à relever l'âge d'irresponsabilité légale. Ce qui retarde les décisions, ce n'est pas la philosophie et l'approche des députés appelés à voter les nouvelles législations, mais plutôt l'insuffisance des structures sociales et le manque de fonds disponibles pour créer les services nécessaires et recruter le personnel.

Par ailleurs, en Belgique, la création des Comités de Protection des Mineurs témoigne de la volonté de développer des structures administratives destinées à favoriser la prévention et le traitement social, par opposition à celui qui demeure judiciaire. La France, pour sa part, procède à la planification progressive et à la centralisation des services sociaux existants, privés ou publics, afin de disposer d'un système social intégré.

En dernier lieu enfin, il convient de tenir compte des données empiriques qui démontrent la nécessité de promouvoir les protections sociales, en tant que plus efficaces que la prévention et la protection judiciaire. Certes, il est impossible de le prouver à partir de l'analyse globale, mais la lutte contre certains délits, ou maladies sociales de la jeunesse, l'indique clairement. C'est ainsi que, dans le chapitre suivant, concernant les disparités qui existent entre les résultats obtenus par le truchement de dépistage et de certaines formes de protection sociale, et l'action des tribunaux pour enfants, nous rapportons les résultats de l'enquête faite dans une municipalité limitrophe de Montréal, la métropole canadienne, concernant le problème de l'usage des stupéfiants.

Cette enquête prouve, nous semble-t-il, l'inefficacité de l'option traditionnelle qui définit la délinquance juvénile à partir des codifications inapplicables en pratique et inopérantes, mais il n'en reste pas moins qu'il s'agit là d'un délit spécifique et qu'on ne saurait généraliser les résultats de cette recherche à toutes les formes de comportements déviants.

LE CONCEPT CLASSIQUE DE LA DÉLINQUANCE ET LES DIFFICULTÉS DE SON APPLICATION : ÉTUDE EMPIRIQUE

Traditionnellement, les tribunaux pour enfants doivent assumer un rôle double, soit celui de prévention et de resocialisation. Il n'est pas du tout certain, cependant, que la prévention judiciaire puisse s'exercer dans le cas de certains délits, dont celui de l'usage, pour fins non médicales, de stupéfiants et drogues. Dans les cinq pays concernés, il s'agit là d'un délit qui figure dans le code et ceux qui le commettent sont assimilés à la catégorie des délinquants juvéniles [1]. Il n'en reste pas moins que bien que l'usage des stupéfiants soit actuellement une des plus graves maladies sociales de la jeunesse, répandue surtout aux États-Unis, mais qui se propage également en Europe, le dépistage, comme le traitement judiciaire, demeurent particulièrement malaisés, sinon inopérants.

Pour mesurer l'impact de cette forme de dépistage, comparativement à celui purement social et préventif, nous avons étudié la situation qui existe dans une municipalité limitrophe de Montréal : Pointe Claire. Le choix de cette localité nous a été dicté par trois considérations principales. Tout d'abord, Pointe Claire, comme l'indique le tableau statistique n° 8, est une agglo-

---

[1] Exception faite, bien entendu, du système suédois où le principe d'irresponsabilité s'applique jusque l'âge de 15 ans.

mération habitée par une population dont la moyenne des revenus est relativement élevée comparativement à la moyenne nationale canadienne. Par conséquent, il ne s'agit pas là de la déviance des mineurs désavantagés, mais de celle qu'on peut apparenter à ce qui avait été désigné sous le terme de la « délinquance dorée ».

En deuxième lieu, les services sociaux qui exercent là une action préventive représentent une unité homogène, agissant en étroite collaboration avec le Y.M.C.A., ce qui constitue une garantie additionnelle de la validité des données.

En troisième lieu enfin, le tribunal pour enfants a été créé dans cette localité à une date relativement récente, soit en juin 1970, et il a été loisible, par conséquent, de consulter et d'analyser tous les dossiers.

TABLEAU n° 8

L'évaluation des taxes payées par les habitants
de Pointe Claire et des municipalités attenantes [1]

Municipalité	Surface (en milles carrés et en acres)	Évaluation des taxes ($ can.)
Lachine	6.37	232.407.000,00
Pierrefonds	6.000	144.000.000,00
Dorval	7.000	192.620.670,00
Roxboro	508	28.000.000,00
Dollard des Ormeaux	3.600	110.000.000,00
Senneville	2.069	10.435.660,00
Hudson	Non précisée	20.000.000,00
Pointe Claire	7.4	203.580.000,00
Kirkland	2.500	496.663.060,00
Baie d'Urfé	4	26.388.560,00
Ste-Anne de Bellevue	2.589	1,65 par 100,00
Ile Bizard	plus de 6.000 acres	20.008.000,00
Ile Perrot	pas disponible	1,60 par 100,00
Ste-Geneviève	640	6.033.395,00
Beaconsfield	2.514	95.000.000,00

[1] Nous tenons compte dans ce tableau de toutes les municipalités environnantes dont les mineurs responsables d'un délit, ou ayant besoin de protection, sont référés au juge des enfants de Pointe Claire.

Ce que démontre le tableau n⁰ 8, c'est que les municipalités concernées ont une densité de population relativement faible par mille carré, comparativement à la ville de Montréal. Par ailleurs, elles comprennent un pourcentage élevé d'habitations unifamiliales et peu d'édifices à appartements ou commerciaux, ce qui se reflète à travers le niveau de l'évaluation des taxes.

L'évaluation totale taxable dépasse 1,5 milliard de dollars, Ce qui représente une indication formelle du niveau de revenus de la population et un ordre de grandeur en ce qui a trait aux dépenses consacrées à l'amélioration du territoire, à l'organisation des terrains de jeux et des services para-scolaires, dont les frais ne sont pas, d'ailleurs, défrayés uniquement par les municipalités, mais aussi par le gouvernement provincial.

Ce qu'il convient de constater, en somme, c'est que les municipalités concernées disposent d'un équipement sportif et des loisirs beaucoup plus adéquats que ce n'est le cas pour la plupart des quartiers des grandes villes et qu'on peut présumer que les conditions relatives à l'organisation des loisirs destinés aux jeunes, sont plutôt satisfaisantes, sinon exceptionnelles.

I. LE DÉPISTAGE ET LA PRÉVENTION POLICIÈRE

Dans de telles conditions, le problème du dépistage policier est particulièrement complexe, puisqu'on ne peut procéder par voie d'observation des lieux publics, tels divers cafés douteux par exemple, mais on est forcé de faire des perquisitions à domicile, ce qui implique, dans le contexte légal canadien, la possession d'un mandat. En pratique, la police intervient à la suite d'une plainte de parents, de tuteurs ou de voisins, ou encore dans les cas de recherches effectuées pour retrouver des mineurs déclarés disparus ou en fuite.

Un certain nombre de mineurs ayant commis l'abus de l'usage des stupéfiants est détecté également en fonction d'appels à l'aide des intéressés eux-mêmes. Il s'agit là d'adolescents malades qui doivent être transportés à l'hôpital pour recevoir des soins d'urgence. Généralement, il est impossible, toutefois, d'établir une preuve formelle sans disposer d'un certificat médical attestant qu'il s'agit d'une crise provoquée par l'absorption de stupéfiants. Or, les membres du corps médical refusent de délivrer de tels certificats à la police, en raison du secret professionnel et se contentent de constater un état d'intoxication « dû aux causes inconnues ». Les dossiers d'hôpitaux ne contiennent, en somme, que des indications relatives au traitement d'urgence, administré après constatation d'un état comateux, anormal, surexcité, etc...

Il n'en reste pas moins que les forces policières sont parfaitement conscientes de l'accroissement excessivement rapide du nombre d'usagers mineurs et de la nécessité absolue d'information préventive et de traitement. En effet, bien que le premier mineur, ayant commis l'abus de l'usage des stupéfiants, ait été signalé à la police de Pointe Claire en 1967, en l'espace de cinq ans, les diverses formes de déviance, relatives, ou liées à l'usage des stupéfiants, ont pris des proportions graves.

Pour faire face à la situation, la police de Pointe Claire a organisé un service spécial qui relève d'un officier en charge. L'action de cet officier comprend les fonctions suivantes :

1. Être informé de tous les cas de l'usage de la drogue connus des services et des agences sociales de Pointe Claire.

2. Faire, sur demande des autorités ou des familles, des conférences dans les écoles et dans les foyers. Ces conférences sont généralement données par des officiers en civil et un de leurs avantages consiste dans le contact direct avec les mineurs et la possibilité, pour l'officier, de les connaître individuellement.

3. Répondre aux demandes de renseignements présentées par les parents, soit par téléphone, soit à l'occasion d'entrevues au poste, telles que sollicitées par ces derniers.

4. Informer les parents, dans certains cas d'enfants qui sont des usagers de la drogue, ou même des vendeurs à l'échelle locale, et qui peuvent ne pas être référés aux autorités en raison de l'impossibilité de faire la preuve ou pour des considérations strictement sociales.

5. Étudier tous les délits constatés par la police, où l'incidence de la drogue est détectée, ou considérée comme dirimante.

Sur le plan du travail concret, l'officier de police préposé consacrait en 1969 :

1. Cinq heures par semaine pour les conversations téléphoniques avec les parents.
2. Quatre-vingt seize heures par mois pour les rencontres avec les enfants, les travailleurs sociaux et les enseignants.

Toutefois, depuis le développement dans la région des services communautaires spécialisés, les activités de l'officier de police en charge sont plus limitées et il y consacre uniquement 50 heures environ par mois, comparativement à 96 heures affectées à ce travail pendant la période précédente (1968/1969).

En ce qui a trait aux statistiques des cas, la police de Pointe Claire les évalue à 15 environ annuellement et il s'agit surtout de mineurs arrêtés lors de saisies importantes faites à la suite de perquisitions à domicile.

Lors de ces perquisitions, la police établit uniquement la preuve à l'égard de celui qui a fourni la drogue et réfère les autres aux services sociaux et à leurs familles. Chaque année, vingt-cinq mineurs environ sont ainsi reconduits chez leurs parents. Il s'agit là de familles considérées comme capables de faire face à leurs responsabilités et de mineurs n'ayant pas commis d'autres délits. Dans tous ces cas, l'officier préposé rencontre les parents et leur donne la documentation concernant les études médicales relatives à la détérioration de santé, due à l'usage des stupéfiants.

Ce qui découle de ces quelques données, c'est que l'action préventive de la police est très limitée, comparativement à l'étendue du problème et que son rôle repose, pour une large part, sur sa collaboration avec les services sociaux et éducatifs de la région.

2. L'ACTION DU TRIBUNAL POUR ENFANTS

Le tribunal pour enfants, soit la Cour du Bien-Être Social de Pointe Claire, a été créé en juin 1970, à la suite de multiples demandes et recommandations faites par les services sociaux et communautaires de cette municipalité et des municipalités environnantes.

Les premières statistiques de la Cour ont été établies au 31 décembre 1970 pour la période de six mois, à compter du 22 juin 1970. Pendant ce laps de temps, la Cour a entendu 14 causes d'adultes et 283 causes de mineurs de moins de 18 ans [1]. En ce qui a trait au nombre de dossiers correspondant au nombre de comparutions et de plaintes présentées, il s'est élevé à 427, dont 165 relatifs à la population de religion catholique, 247 à la religion protestante, 1 à la population de religion juive et 14 indéfinis. Sur le plan de répartition par genre de délits, ces dossiers ont été constitués en vertu des chefs d'accusation suivants :

TABLEAU n° 9

La répartition des causes présentées à la Cour du Bien-Être Social de Pointe Claire
(Juin-décembre 1970)

— *La loi des Jeunes Délinquants*

Assaut	4
Attentat à la pudeur	1
Conduite immorale	3
Délit de fuite	1
Dommages, méfaits publics et tentatives	33
Vol par effraction	9
Vol par effraction et tentatives	1
Vol par effraction et recel	71
Vol et recel	81
Vol à l'étalage	38

[1] L'âge de 18 ans représente, dans la province de Québec, la limite de la minorité légale au-delà de laquelle le concerné est référé à la Cour pour adultes.

TABLEAU n° 9 *(suite)*

Vol de bicyclette	17
Vol de véhicule	22
Fraude	7
Incendiaire	3
Tentative de meurtre	1
Possession d'arme offensive	2
Possession de narcotiques	4
Prise de véhicule sans permission	7
Troubler la paix	2
Vagabondage	3
Voies de fait	2
Divers	5
Total	318

— *Règlements municipaux* 8

— *Loi de la Régie des Alcools* 2

— *Code de la route* 17

— *Loi de la Protection de l'Enfance et de la Jeunesse* 46

Comme le démontre le tableau n° 9, sur 318 dossiers, 4 concernaient les causes relatives à la possession des stupéfiants.

Toutefois, et c'est là un aspect fondamental de la visibilité du problème de l'usage et du trafic des stupéfiants, comme de l'alcoolisme d'ailleurs, certaines causes d'enfants et d'adolescents ont été entendues pour des délits autres que ceux-là, mais l'incidence de l'usage des stupéfiants était, en fait, fondamentale, autant en ce qui a trait aux mobiles qu'à la perturbation profonde de la personnalité de l'enfant concerné. Le nombre de ces cas, tels qu'étudiés à partir des dossiers, était de 16, et ils se répartissaient de la façon suivante : (Voir tableau n° 10).

Par ailleurs, dans trois des seize cas indiqués au tableau n° 10, les concernés usaient également de l'alcool et ont déjà été arrêtés en état d'ébriété.

a) *L'étude des cas*

Pour pouvoir établir avec plus de précision les modes de traitement de mineurs jugés en vertu de la loi des stupéfiants,

TABLEAU n° 10

La répartition des cas jugés en vertu des lois autres
que celles relatives à la possession et au trafic de la drogue,
où l'incidence de l'usage a été décelée
(Cour de Pointe Claire, période de 6 mois)

La loi de la protection [1] 7
Vol par effraction 2
Vol 3
Vol de véhicule automobile 1
Délit de fuite 1
Conduite dangereuse 1
Vol et recel 1

Total 16

ou des aliments et drogues, nous avons étudié les cas recensés et nous reproduisons ici leur historique succinct ainsi que la teneur de la décision prise par le juge.

b) *Les quatre cas de mineurs condamnés pour possession de stupéfiants*

Cas n° 1
Age : 16 ans – Sexe : masculin – Premier délit – Saisie : 3 g de marijuana – Milieu familial : à l'aise – Parents : viables – Sentence : suivi en probation.

Cas n° 2
Age : 17 ans – Sexe : masculin – Premier délit – Saisie : 4 doses de haschisch – Milieu familial : à l'aise – Parents : mère remariée – Sentence : suivi en probation.

Cas n° 3
Age : 16 ans – Sexe : masculin – Cinq dossiers antérieurs pour des délits tels que : vol avec effraction, possession d'armes offensives, délit de fuite, possession de stupéfiants – Saisie :

---

[1] Loi de protection de l'enfance malheureuse ou en danger de la province de Québec.

8 tablettes de L.S.D. et 2 g de haschisch – Milieu familial :
à l'aise – Parents : viables – Séjours dans les hôpitaux : Montreal
General, 4 mois (avril-août 1968); Allen Memorial, avril-
septembre 1969 – Personnalité : perturbé, solitaire, très mauvais
résultats scolaires – Sentence : en détention au Centre d'Accueil
de St-Vallier, attend son placement, probablement à l'école de
protection, Boys Farm.

Cas n° 4

Age : 17 ans – Sexe : féminin – Nationalité : Américaine –
Plusieurs dossiers antérieurs pour usage et trafic des stupéfiants,
conduite immorale, délit de fuite d'une école de protection –
Saisie : 15 livres de haschisch – Arrêtée à l'aéroport de Dorval
et référée à la Cour du Bien-Être Social par la Gendarmerie
Royale (police fédérale) – Milieu familial : hippie – Parents :
divorcés – Séjour dans les hôpitaux : Lake Shore Hospital
(un mois) – Détention : 4 mois au Centre d'Accueil – Sentence :
transférée en Floride sous les soins des services sociaux.

Comme on peut le constater à partir de ces quatre cas, il s'agit
là de mineurs plus ou moins perturbés. Tous ont été traités,
soit par des médecins privés, soit sur l'ordre de la Cour et il est
pratiquement impossible d'évaluer l'impact réel de ces traitements. Il convient de signaler également qu'un seul de ces
mineurs a été placé en institution.

Ce que l'on peut retenir en outre sur la base de ces quatre cas,
c'est l'incidence des délits autres que la possession de la drogue.
Cette incidence de conduite délinquante était plus accentuée,
toutefois, dans les 16 cas de mineurs jugés à la Cour du Bien-Être
Social [1] de Pointe Claire en vertu des lois autres que celles des
stupéfiants, ou aliments et drogues.

---

[1] Dénomination officielle des tribunaux pour mineurs de la province
de Québec et de plusieurs autres provinces canadiennes, à l'exception de
celles où existent les Cours familiales. Voir également à ce propos, la
section concernant les tribunaux pour mineurs.

c) *Les seize cas des mineurs où on a constaté l'usage des stupéfiants*

Cas n° 1

Age : 15 ans – Sexe : féminin – Plusieurs dossiers antérieurs : conduite immorale, délit de fuite, vagabondage – Séjours dans les hôpitaux : 6 semaines au Douglas Hospital – Sentence : placement en vertu de la loi de la protection de l'enfance et de la jeunesse (article 15), dans une école de protection.

Cas n° 2

Age : 17 ans – Sexe : féminin – Plusieurs dossiers antérieurs : vagabondage, délit de fuite – Sentence : article 15, confiée aux parents – Surveillance psychiatrique d'un médecin privé.

Cas n° 3

Age : 17 ans – Sexe : féminin – Plusieurs dossiers antérieurs : conduite immorale – Sentence : article 15, confiée aux parents sous surveillance d'un Centre spécialisé – S'adonne au commerce de la drogue, mais n'a jamais été référée à la Cour pour ce délit.

Cas n° 4

Age : 14 ans – Sexe : masculin – Plusieurs dossiers antérieurs : vol avec effraction, possession d'armes offensives – Sentence : article 20, confié aux parents sous surveillance ; traité en clinique externe ; attend son admission à l'hôpital Allen Memorial.

Cas n° 5

Age : 14 ans – Sexe : masculin – Vol au foyer familial ($ 800) – Sentence : (article 15) confié aux parents – Use de l'alcool et de la drogue.

Cas n° 6

Age : 16 ans – Sexe : masculin – Plusieurs dossiers antérieurs : vol d'autos, conduite dangereuse, délit de fuite – Sentence : article 20[1], attend dans un centre de détention et d'observation son admission à l'hôpital Douglas Memorial.

---

[1] Relatif à la loi de la protection de l'enfance en danger.

Cas n° 7

Age : 14 ans – Sexe : masculin – Plusieurs dossiers antérieurs : délit de fuite, troubler la paix au cimetière, alcoolisme – Sentence : article 15 et article 20, confié aux parents, attend son admission à l'hôpital Douglas Memorial.

Cas n° 8

Age : 16 ans – Sexe : masculin – Plusieurs dossiers antérieurs : vol avec effraction, incendiaire – Séjours dans les hôpitaux : Montreal Children's Hospital, Douglas Memorial, Allen Memorial – Sentence : placement à l'hôpital Douglas Memorial pour soins psychiatriques.

Cas n° 9

Age : 15 ans – Sexe : masculin – Plusieurs dossiers antérieurs : délit de fuite – Sentence : article 15, sous soins d'un psychiatre privé.

Cas n° 10

Age : 15 ans – Sexe : masculin – Première comparution : vol ($ 800) au domicile des parents d'un camarade de classe – Sentence : article 20, confié aux parents.

Cas n° 11

Age : 14 ans – Sexe : masculin – Première comparution : vol au domicile des parents d'un camarade de classe, délits de fuite – Sentence : article 15, confié aux parents.

Cas n° 12

Age : 16 ans – Sexe : masculin – Deux dossiers antérieurs pour : conduite dangereuse, tendances suicidaires – Sentence : article 20, confié aux parents sous surveillance psychiatrique.

Cas n° 13

Age : 13 ans – Sexe : masculin – Première comparution : vol et recel – Sentence : article 20, confié aux parents sous la surveillance d'un agent de probation [1].

[1] Sous le terme des agents de probation, on désigne les travailleurs sociaux affectés aux Cours.

Cas n° 14

Age : 17 ans – Sexe : masculin – Plusieurs dossiers antérieurs pour : vagabondage, délit de fuite – Sentence : article 15, confié aux parents sous la surveillance d'un agent de probation [1].

Cas n° 15

Age : 16 ans – Sexe : féminin – Plusieurs dossiers sociaux antérieurs : délit de fuite, conduite immorale – Sentence : l'Agence sociale demande le placement dans une école de protection.

Cas n° 16

Age : 15 ans – Sexe : masculin – Première comparution : vagabondage – Sentence : article 15, confié aux parents sous surveillance psychiatrique.

A partir de ces seize cas, il est possible de tirer les conclusions suivantes :

a) Les mineurs concernés ont généralement besoin de soins psychiatriques (10 cas sur 16).

b) Le groupe d'âge le plus important numériquement se situe au niveau de 14-15 ans (9 cas sur 16). Toutefois, selon les deux officiers de probation attachés à la Cour du Bien-Être Social de Pointe Claire, à mi-temps et à mi-temps aux agences sociales régionales, dans tous ces cas, les enfants ont commencé à user de la drogue dès 10-11 ans[1].

c) En ce qui a trait aux sentences, on constate un très faible taux de placements dans les écoles de protection (3 cas sur 16). Il est impossible, cependant, de conclure qu'il s'agit là d'une politique systématique, dictée par une attitude de permissivité du juge. En effet, il convient de tenir compte de deux facteurs : soit celui de la viabilité des milieux familiaux concernés, du manque de place dans les écoles de protection et de l'impossi-

---

[1] Sous le terme des agents de probation, on désigne les travailleurs sociaux affectés aux Cours.

bilité d'y appliquer, de l'avis des spécialistes, un traitement médical adéquat à cette catégorie de mineurs.

Sur la base de ces données, il est loisible de conclure, par conséquent, que l'action préventive de la police et le rôle de resocialisation, assumé par les tribunaux pour mineurs, demeure très limité, en raison de difficultés d'application de la loi, comme à cause du manque de structures institutionnelles susceptibles d'assumer la prise en charge et le traitement adéquat.

3. LE DÉPISTAGE ET LE TRAITEMENT SOCIAL

Pour pouvoir évaluer les disparités qui existent entre l'action légale et les besoins réels, il convient d'établir des comparaisons entre le nombre de cas dépistés par la police et traités devant le tribunal pour enfants, comparativement à ceux pris en charge de façon informelle par les services sociaux de la région concernée.

Les services sociaux spécialisés ont été organisés à Pointe Claire dès 1967. A l'origine, il s'agissait d'un groupe de citoyens qui ont créé le Comité d'Action destiné à aider les jeunes qui s'adonnent à l'usage des stupéfiants. Ce Comité, qui collaborait dès le début avec le Y.M.C.A., a engagé un travailleur social chargé d'entrer en contact avec les mineurs dans la rue et les endroits publics. Malheureusement, faute de fonds, un seul travailleur social devait desservir l'ensemble du territoire, ce qui était nettement insuffisant pour amorcer une action, mais ce qui avait permis de faire le dépistage et une évaluation approximative de l'importance du phénomène. Grâce à cette forme d'enquête, on a pu également se rendre compte des mesures les plus appropriées qu'il convenait de prendre afin de créer un système intégré de protection sociale, tel qu'il existe actuellement.

Ce système comprend :

— le service de transports d'urgence,
— le service de logements de dépannage,
— le service téléphonique pour les appels d'urgence, qui fonctionne 24 heures par jour sans interruption.

Le rôle de ces trois services est le suivant :

— transporter à l'hôpital les mineurs ayant une crise d'hallucination et les ramener coucher chez leurs parents ou dans les services de logements de dépannage,

— répondre à tous les appels, demandes d'information, ou d'aide.

Le fonctionnement de ces trois services est assuré par 180 bénévoles demeurant dans la région. Ces bénévoles travaillent sous la surveillance de travailleurs sociaux diplômés et reçoivent un entraînement spécialisé, ou encore ont suivi des cours. Seuls, les frais de déplacement et de transport leur sont remboursés.

En somme, on est parvenu, grâce à la collaboration des bénévoles, organisée par le Comité d'Action, à créer un véritable service social d'aide et de dépistage, autre que judiciaire et policier. Par ailleurs, sur la base d'enquêtes qui ont été faites, on s'est aperçu de la nécessité d'assurer aux enfants s'adonnant à la drogue, la possibilité d'être informés, surveillés et conseillés, ainsi qu'observés, en vue d'un traitement préventif et de l'hospitalisation des cas particulièrement graves.

C'est ainsi qu'en juillet 1970, a été ouvert, près d'un complexe de magasins à rayons, où on avait constaté que les mineurs se groupaient quotidiennement, le Centre d'Accueil « Rendez-vous 6801 ». Ce Centre fonctionne régulièrement depuis et reçoit, selon les travailleurs sociaux, une moyenne de 2 000 mineurs par mois. Il est à présumer que certains sujets reviennent et sont recensés comme de nouveaux venus, mais il n'en reste pas moins qu'il s'agit d'un nombre fort important comparativement aux cas recensés par la police.

a) *Le fonctionnement du Centre « Rendez-vous 6801 »*

Comme nous l'avons mentionné plus haut, le Centre « Rendez-vous 6801 » destiné à grouper les mineurs, usagers de la drogue, dans le but de les informer et de les traiter, a été organisé en fonction d'un plan d'ensemble élaboré par les travailleurs sociaux. Fait significatif cependant, en ce qui a trait aux réactions de la communauté, ce sont les services de police, mais aussi certaines entreprises commerciales qui se sont montrés les plus favorables à son établissement.

En effet, les propriétaires du complexe des magasins à rayons se plaignaient de la présence d'enfants et d'adolescents qu rôdaient à l'intérieur, se groupaient à l'extérieur et passaient des journées entières à parler, ou à rester assis près de l'entrée. Ayant constaté que plusieurs commettaient des vols à l'étalage, les commerçants ont appuyé le projet de la création du Centre par leurs encouragements et par leurs subventions, en espérant éliminer ainsi une partie des pertes qui en résultaient.

Le Centre a été incorporé en vertu de la loi des compagnies sans but lucratif. Le Conseil de direction comprend 9 bénévoles soit : le président, le vice-président, le secrétaire, le trésorier, les secrétaires-assistants et quatre directeurs.

b) *Le personnel du Centre* se compose de deux travailleurs sociaux, mais les quelque 180 bénévoles collaborent étroitement avec eux. Les deux travailleurs sociaux ont une maîtrise en sociologie et l'expérience requise, tandis que les bénévoles se divisent en deux catégories, dont la première a reçu un entraînement soit à Y.M.C.A., soit dans le cadre d'un autre organisme; tandis que ceux de la deuxième catégorie suivent un entraînement du même genre, ou ont été recrutés en vertu d'autres qualifications.

Le Centre est ouvert quatre soirs par semaine : jeudi, de 7 h 30 à 10 h p. m.; vendredi, de 7 h 30 à 12 h p. m.; samedi, de 4 h p. m. à 12 h p. m., et dimanche, de 2 h p. m. à 6 h p. m.

Les locaux du Centre se composent d'un appartement situé au rez-de-chaussée, comprenant cinq pièces, cuisine et salle de bain complètes. Ces locaux sont meublés sommairement et organisés de façon à permettre aux usagers de les entretenir eux-mêmes. Étant donné l'évaluation numérique de la fréquentation, faite par les travailleurs sociaux, ces locaux semblent être nettement insuffisants.

Ce qui est intéressant et peut être considéré comme révélateur, ce sont les décorations murales faites par les mineurs. Dans la plupart des cas, il s'agit de photographies ou de dessins très imprécis, qualifiés généralement de psychédéliques, ne reflétant aucun rêve ou aspiration concrète. On ne retrouve pas là, comme c'est souvent le cas dans les locaux occupés par les divers mouvements de jeunes, des photos ou dessins qui réfèrent aux voyages, exploits sportifs, acteurs préférés, ou encore, qui trahissent des appétits sexuels. Aucune référence non plus aux préoccupations sociales ou politiques.

Pendant les heures d'ouverture, un des travailleurs sociaux en charge est toujours présent, ainsi qu'un certain nombre, variable, de bénévoles.

c) Le coût du Centre est de $ 1.500,00 environ, par mois, pour une fréquentation de 2 000 enfants, soit de $ 0,75 per capita [1]. Cette somme comprend uniquement les salaires des travailleurs sociaux et les frais administratifs, et ne tient pas compte du coût des services des bénévoles. La nourriture est achetée par les usagers, avec les subventions obtenues en argent ou en nature. Ce sont également les usagers qui préparent le café et les sandwichs, et distribuent les eaux gazeuses.

Les règlements du Centre comprennent tout ce qui concerne le maintien de l'ordre et la clause restrictive spécifique relative à l'usage des stupéfiants. Il est interdit de fumer ou de consommer, ou de vendre des drogues au local et ceux qui sont pris sur le fait sont exclus du groupe, à la suite d'un débat ad hoc, organisé avec l'aide des usagers eux-mêmes. L'accès du Centre leur est ensuite interdit pendant une période plus ou moins longue, ou de façon définitive, et les habitués du Centre sont chargés de faire respecter la consigne.

---

[1] On évalue à $ 56,99 environ le coût per capita du tribunal pour enfants.

d) *Les usagers du Centre « Rendez-vous 6801 »*

Le Centre reçoit lors des soirs d'ouverture, de 150 à 200 mineurs. Étant donné qu'un certain nombre revient vendredi, samedi ou dimanche, on évalue à 500 personnes la fréquentation hebdomadaire. Ces données permettent de se rendre compte clairement de l'inefficacité de l'application de la prévention judiciaire.

En effet, tous ceux qui fréquentent le Centre usent de stupéfiants, ce qui permet de conclure qu'au cours de six mois, le Centre aurait reçu 12 000 mineurs, tandis que 4 uniquement ont été jugés, pendant cette période par la Cour et que dans 16 autres cas, on a décelé des motivations dues principalement à l'usage des stupéfiants. Sur le plan de dépistage et de prévention des services policiers, qui ne réfèrent pas nécessairement les mineurs arrêtés à la Cour, ils ne concernent annuellement, comme il a été indiqué plus haut, qu'une dizaine de cas environ.

En ce qui a trait aux groupes d'âge des concernés, le Centre reçoit des mineurs qui ont de 12 à 19 ans, mais les travailleurs sociaux constatent l'accroissement très marqué du nombre d'enfants plus jeunes, soit de 10 à 11 ans. Les statistiques de la Cour continuent, toutefois, à enregistrer la supériorité numérique du groupe âgé de 14 à 15 ans.

Il est possible de conclure, par conséquent, que les modes de prévention et de traitement judiciaire ne permettent guère d'évaluer l'importance réelle de la maladie sociale que constituent l'usage et l'abus des stupéfiants, pratiqués par les mineurs, ni de dégager les tendances impliquant des enfants de plus en plus jeunes et, ipso facto, les plus vulnérables.

e) *Les perspectives d'avenir*

Par ailleurs, il convient de constater que l'organisation de la prévention sociale progresse, tandis que celle de la prévention judiciaire, en ce qui a trait à l'usage des stupéfiants, ne peut évoluer que dans le sens d'une plus grande sévérité de l'application de la loi, ce qui pose des problèmes d'encadrement institutionnel, difficiles à résoudre, et de la réaction des spécialistes, médecins, criminologues et sociologues, qui sont fortement opposés au Canada, à une telle orientation.

En effet, les services sociaux communautaires de Pointe Claire procèdent à la mise sur pied de deux formes de traitement, jugées préférables à la prise en charge institutionnelle, ou la surveillance formelle en milieu familial, dont le premier est occupationnel et le deuxième, médical.

Afin de réaliser ces objectifs, on organise plusieurs ateliers, dont ceux de fabrication de menus objets, de préparation d'un journal mensuel et de formation des jeunes ayant des intérêts dans le domaine artistique. Par ailleurs, une clinique de traitement sera rattachée au Centre et appelée à fonctionner dans ses cadres.

4. LA CLINIQUE DE TRAITEMENT

L'organisation d'une telle clinique se justifie par le fait qu'à travers les observations effectuées depuis l'existence du Centre « Rendez-vous 6801 », on a pu déceler les déficiences physiques et psychiques des mineurs qui consomment des stupéfiants.

Parmi ces déficiences, on a relevé surtout :

— la sous-alimentation systématique et volontaire qui occasionne l'anémie,
— l'absence d'hygiène personnelle, et la fréquence des maladies vénériennes, dont surtout la gonorrhée ou la blennorragie,
— les perturbations psychiques, dont l'anxiété, l'angoisse, les hallucinations.

Actuellement, 25 adolescents rencontrent régulièrement, tous les lundis, en entrevues individuelles qui ont lieu dans les locaux du Centre, un psychologue et deux infirmières diplômées.

Le problème qui se pose demeure celui, cependant, de la collaboration des médecins. En raison de la minorité légale des adolescents concernés, les médecins refusent de les traiter au

Centre. Par ailleurs, même dans les cas d'urgence, il est particulièrement difficile de persuader les médecins d'hôpitaux de ne pas prévenir la famille. Or, pour la majorité des mineurs, il s'agit d'une rupture, partielle ou totale, avec le milieu familial, et les enfants et les adolescents concernés ne se confient aux travailleurs sociaux qu'à condition de recevoir l'assurance qu'ils ne communiqueront pas avec leurs parents.

En effet, comme il a été démontré à l'aide d'un questionnaire et d'enquêtes faites au Centre, les parents ne savent pratiquement jamais que leurs enfants usent de la drogue et ne doivent pas en être informés par les travailleurs sociaux sous peine, pour ces derniers, de perdre la confiance des mineurs traités. Or, cette confiance est d'autant plus difficile à obtenir que les adolescents éprouvent une sorte d'hostilité à l'égard de tous les adultes et que les travailleurs sociaux ne parviennent que très progressivement à les habituer à se confier. La relation de confiance est essentielle, il va sans dire, pour permettre la mise en garde contre l'usage des stupéfiants, et des discussions concernant les doses, perçues comme un conseil d'ami et non pas comme une tentative d'intimidation.

Par ailleurs, c'est grâce aux contacts individuels avec les enfants et les adolescents que les travailleurs sociaux parviennent à dépister certaines maladies dont ils souffrent, peuvent intervenir dans les moments de crises d'hallucination, ou encore prévenir la commission d'un acte délictueux.

Il n'en reste pas moins que dans un tel contexte, les médecins ne veulent pas traiter les mineurs sans avoir reçu l'autorisation des parents et tuteurs, même si plusieurs adolescents ne vivent plus dans leur famille et ont rompu avec elle.

Actuellement, le mode de procédé est le suivant :

— En cas de crise, l'enfant est transporté à l'hôpital le plus proche, et le travailleur social, ou le bénévole, l'accompagne et l'assiste. Le nombre de cas transportés ainsi est évalué à 20 par mois.
— Après le traitement d'urgence, l'enfant est ramené au local du

Centre où il passe la nuit, ou encore chez un des bénévoles qui le reçoit alors dans sa maison.

— Dans certains cas, toutefois, le choc psychologique dure pendant plusieurs semaines et les hallucinations reviennent sans utilisation de drogues. Cette catégorie de jeunes est référée au psychologue qui vient les rencontrer au local du Centre tous les lundis.

Toutefois, étant donné le fait qu'on a dépisté également chez les mineurs qui fréquentent le Centre, des maladies telles que l'anémie, la sous-alimentation, ainsi que des maladies vénériennes, dont principalement la gonorrhée, il semble urgent, selon les services communautaires, d'organiser une clinique qui serait située à proximité du Centre et dont les médecins omnipraticiens accepteraient de traiter les enfants sans en informer la famille.

Donc, les objectifs immédiats du Centre sont les suivants :

— établissement d'un lien de confiance,
— information,
— développement du sens de responsabilité,
— traitement médical autre que psychiatrique,
— traitement médical psychiatrique indispensable dans certains cas.

5. L'ORGANISATION DES ATELIERS ET LE PROBLÈME DE MOTIVATION À LONG TERME

Comme nous l'avons indiqué plus haut, le Centre « Rendez-vous 6801 » se propose d'organiser plusieurs ateliers. Cette action vise à créer une motivation chez les enfants et les adolescents.

En effet, les mineurs qui fréquentent le Centre se recrutent, pour la plupart, parmi ceux qui ne s'intéressent ni à leurs études scolaires, ni aux activités culturelles ou sportives qui sont, cependant, disponibles et faciles d'accès. Selon les travailleurs sociaux et les services de police, ce qui les caractérise, c'est une forme d'ennui qui découle de ce manque d'intérêt ainsi que de l'absence de participation à la vie familiale et à la vie de groupe. C'est également cette forme d'ennui qui les pousse à commettre des actes défendus par la société, en fonction d'une sorte de bravoure, ou de défi perçu comme l'unique et la seule façon de s'imposer et d'avoir une existence individuelle autonome. A titre d'exemple de cet état d'esprit, on cite, entre autres faits, que bien que la nourriture soit gratuitement disponible au Centre, des groupes ont déjà volé des quantités importantes de pains dans un des magasins des environs, uniquement pour éprouver la résistance et le « courage » des individus impliqués dans cette action.

Selon les travailleurs sociaux du Centre, les enfants et les adolescents qui le fréquentent usent du L.S.D., de plus en plus fréquemment du « Speed » et, bien entendu, de la marijuana. Les vendeurs locaux prétendent qu'ils vendent, en fin de semaine, une moyenne de 300 à 400 tablettes de L.S.D. (à $ 2,50 la tablette), une once de haschisch (à $ 80,00) et deux à trois centaines de tablettes de « Speed ». Bien que ces données paraissent particulièrement élevées, sinon exagérées, il n'en reste pas moins que c'est là une autre confirmation de l'inefficacité de l'action formelle de l'appareil de la justice.

6. LE PLACEMENT

En ce qui a trait au placement en institutions, les cas, où un tel mode de traitement a été indiqué, furent relativement rares. Certains mineurs ont été hospitalisés pendant des périodes plus ou moins longues (10 jours à un mois), mais, à leur sortie, ils ont recommencé à user de la drogue.

Les nécessités de traitement médical ainsi que ses lacunes peuvent être évaluées à partir des cas extrêmes qui sont recensés et indiqués ci-dessous :

1. Un adolescent de 17 ans qui fréquente régulièrement le Centre, use du « Speed » 8 fois par jour. Il a commencé à user des stupéfiants à l'âge de dix ans. Il a été hospitalisé à plusieurs reprises pour traitement intensif, mais sans résultat. De l'avis

du médecin traitant, il devrait être transféré d'urgence dans une clinique américaine spécialisée, située à New York. Toutefois, il n'accepte pas de s'y rendre, les parents ne parviennent pas à le forcer, et les travailleurs sociaux ne disposent pas de moyens de financement du voyage et du traitement, bien que dans l'état actuel des choses, il soit condamné à une détérioration accélérée de sa santé. La probabilité de survie est évaluée à un an au maximum.

2. Un garçon de 14 ans a eu plusieurs crises graves. Il est arrivé au Centre complètement déshabillé. A force de persuasion, les travailleurs sociaux sont parvenus à l'emmener à l'hôpital, où il a déjà été traité à plusieurs reprises. Ses hallucinations le rendent incontrôlable en raison de l'identification, de toute personne qui use à son égard d'autorité ou de force, avec le monstre qui le poursuit. Ses hallucinations peuvent durer jusqu'à 8 jours et se reproduisent même quand il cesse d'user de la drogue, en raison de la persistance du choc psychologique.

On remarquera, sur la base de ces deux exemples, à quel point il est difficile, sinon impossible, d'élaborer un schéma type du traitement, et, à plus forte raison, d'évaluer son efficacité.

7. L'ANALYSE COMPARATIVE DU TRAITEMENT FORMEL ET INFORMEL DES USAGERS DE STUPÉFIANTS

Dans l'état actuel des connaissances médicales formelles, le problème de l'usage des stupéfiants par les mineurs implique la réaction de la société à deux niveaux :

— celui de la protection des mineurs contre les dommages qu'ils peuvent s'infliger, tant en ce qui a trait à leur santé qu'à l'hérédité et les tares éventuellement transmissibles à leurs descendants;
— celui de la protection de la société contre le danger de contamination et de pollution du milieu que représentent les mineurs qui usent de stupéfiants.

Il est évident, en effet que la société doit se protéger contre toute forme d'atteinte possible à la santé physique et mentale des mineurs, et cela d'autant plus que le coût du traitement médical est défrayé, dans le cadre de l'assurance-santé, par l'ensemble des contribuables. Cette action de protection se situe à trois niveaux :

— évaluation médicale formelle de la nocivité de chaque catégorie des stupéfiants et des doses pouvant être absorbées sans entraîner de conséquences passagères ou durables, préjudiciables à l'équilibre physique ou mental ;
— évaluation de l'importance réelle du pourcentage des usagers, comparativement à la population totale, pour les groupes d'âge de 10 à 18 ans ;
— dépistage de cas et contrôle des doses et de la qualité des stupéfiants absorbés ;
— traitement de cas ayant dépassé un certain niveau de perturbation.

Étant donné l'état actuel des études médicales et sociales, il est impossible de procéder à une évaluation globale du problème et l'étude de l'exemple de Pointe Claire et des municipalités limitrophes n'autorise que des conclusions partielles, mais non moins significatives.

Il ressort de cette étude que :

— le coût de l'application actuelle de la loi est relativement faible parce qu'elle ne concerne, en fait, qu'un pourcentage proportionnellement négligeable du total.

Nous basons cette affirmation sur les données suivantes :

— La population totale de la région concernée, âgée de moins de 18 ans, est évaluée à quelque 80 000 personnes.
— Au cours des six mois, 4 mineurs ont été jugés à la Cour du Bien-Être Social pour usage et trafic de la drogue, dont une Américaine.
— Pendant la même période, le Centre « Rendez-vous 6801 » a reçu 12 000 mineurs environ.

Par conséquent, on peut conclure que :

— le coût relativement faible du système de la répression policière et judiciaire, telle qu'elle existe, ne saurait justifier en soi son maintien sous sa forme actuelle, étant donné son inefficacité effective. Il semble donc que l'application de la loi doit être complétée ou « remplacée » par des traitements préventifs, informels.

C'est à ce niveau que se situe d'ailleurs l'ensemble du problème de demain ; l'approche sociale doit-elle jouer un rôle complémentaire, comme c'est le cas dans le contexte actuel, ou être dotée de structures planifiées, diversifiées et autonomes, afin de pouvoir se substituer au système judiciaire et prendre en charge toutes ses responsabilités, tout du moins pour certains groupes d'âge et pour certains genres de délits ?

a) *Le rôle de complémentarité des services sociaux et ses lacunes*

En effet, le système qui existe pour le moment présente plusieurs lacunes graves, tout en justifiant sa raison d'être par l'incapacité de la justice à assumer auprès des mineurs ses responsabilités préventives. Pour reprendre l'exemple de l'usage des stupéfiants, tel qu'étudié sur la base des données recueillies à Pointe Claire, les témoignages des travailleurs sociaux concordent sur deux points :

— La prévention et le traitement social de cet ordre impliquent la « complicité » des travailleurs sociaux et des mineurs concernés qui, dans la plupart des cas, les obligent à tenir à l'écart la famille et ne pas collaborer avec elle.
— La « complicité » des bénévoles recrutés dans le milieu, des travailleurs sociaux et du corps médical, exclut a priori l'intervention judiciaire.

Il semble évident qu'aucune société ne peut envisager une action organisée et planifiée concernant les mineurs, en acceptant, au départ, de ne pas faire appel à la participation des familles et des services scolaires et qu'on ne saurait concevoir de système de prévention, structuré à l'échelle d'un pays, sans tenir compte de l'autorité judiciaire quand elle existe et demeure formellement imposée par la loi.

En d'autres termes, les disparités qu'on constate entre le traitement préventif et informel, découlent des contradictions qui se manifestent entre les principes légaux et la soumission de ces principes à l'objectif de la justice sociale et de l'efficacité. Ce qui est vrai pour les usagers de stupéfiants l'est également pour plusieurs autres groupes de mineurs qui ont des comportements déviants.

Les hommes et les femmes qui s'occupent, en France, des « blousons noirs » par exemple, connaissent bien ce dilemme, puisque constamment ils doivent faire des choix entre le recours à l'intervention de la police et des tribunaux, et l'action qui consiste à user de persuasion sociale qui, dans le contexte actuel, entraîne pour eux une responsabilité morale dans l'éventualité d'une victimisation de tiers qu'ils ne sont pas en mesure d'éviter.

La prévention sociale efficace doit-elle forcément entraîner de tels dilemmes ? Nous ne le croyons pas. La question à laquelle il convient de répondre concerne, selon nous, la ligne de démarcation qu'il faut tracer entre la prévention sociale et le traitement judiciaire, et entre les nouveaux pouvoirs de l'autorité sociale par rapport à l'autorité judiciaire.

LES TRIBUNAUX POUR MINEURS
ET L'ÉVOLUTION DU CONCEPT CLASSIQUE
DE LA DÉLINQUANCE

Au niveau des tribunaux, l'évolution du concept classique de la délinquance repose sur quatre modèles correspondant à l'évolution sociale au sens plus large de ce terme.

Les principales caractéristiques de cette évolution sont relatives au concept classique et néo-classique de la délinquance et aux concepts plus évolués qui sont liés à la notion de la déviance. Sur le plan schématique, cette évolution peut être illustrée selon le tableau n° 11. (p. 224)

I. LES TRIBUNAUX POUR MINEURS ET « L'UNIVERSALISME » DU CONCEPT DE LA DÉLINQUANCE

A l'origine, les tribunaux pour mineurs ont été créés à Chicago, en l'année 1899, où la société américaine affrontait les effets d'une industrialisation très rapide et forcément insoucieuse des droits des travailleurs, en tant qu'individus, ou groupe exploité. Dans les usines, les mineurs étaient alors des victimes toutes désignées. Des enfants travaillaient sept jours par semaine à raison de dix heures par jour et toute forme de désobéissance était considérée comme un acte délinquant.

Pour corriger les récalcitrants, on leur administrait des peines

TABLEAU n° 11

Modèle d'évolution de l'action des tribunaux pour mineurs

	Législations	Juges	Services auxiliaires
I. Modèle classique.	« Universalisme » du concept de la délinquance qui permet d'assimiler l'enfance malheureuse à l'enfance délinquante.	Formation : études de droit.	Inexistants.
Ib. Modèle amélioré ou néo-classique.	Distinctions plus précises entre l'enfance malheureuse et l'enfance délinquante. Définitions plus précises concernant les diverses catégories de délits.	Formation : études de droit et, ou, expérience sociale.	Morcelés et totalement soumis à l'autorité du juge.
Ic. Modèle amélioré.	Acceptation, dans certains cas, de suppression de la limite entre l'enfance déviante et l'enfance malheureuse, au profit de cette deuxième catégorie.	Formation : études de droit, et expérience sociale, ou études de sociologie, ou reconnaissance formelle de l'expérience sociale comme critère de nomination.	Planifiés et officiellement reconnus comme indispensables.
II. Modèle le plus évolué.	Le concept de l'enfance malheureuse englobe toutes les catégories de mineurs jusqu'à une limite d'âge qui correspond à la puberté.	Formation : très variable à prépondérance sociale.	Planifiés, structurés et agissant à un certain niveau comme conseillers du juge.

corporelles, on prélevait des amendes sur leur salaire, déjà dérisoire, et, en dernier lieu, on les livrait à la justice.

Transformés en bêtes sauvages, enfants et adolescents devenaient irrécupérables après des séjours plus ou moins prolongés dans des prisons où ils côtoyaient à loisir les criminels les plus endurcis [1].

Au cours d'une année, on avait recensé à Chicago la présence, en prison, de 600 garçons, tandis qu'une seule maison de correction avait la charge de 500 élèves. Ces données, réunies par Jane Addams et Julia Lathrop, deux pionnières américaines du travail social, devaient leur permettre d'émouvoir l'opinion publique et d'attirer son attention sur la nécessité de protéger l'enfance malheureuse. En pratique, la campagne n'a pu se solder que par la création du premier tribunal spécial pour mineurs, ce qui déjà constituait un important pas en avant par rapport à la situation existante. En effet, on pouvait désormais isoler les enfants et les adolescents des criminels adultes et espérer, qu'à long terme, les juges, continuellement en contact avec les véritables drames de mineurs, sauront les comprendre et évaluer la réelle responsabilité de la société à leur égard.

Dans l'immédiat, cependant, le législateur a voulu maintenir intact le principe de l'autorité. C'est ainsi qu'on avait élaboré dans la plupart des pays occidentaux, en Europe comme en Amérique, un concept « universel » de la délinquance qui comprenait tous les délits, mais aussi tous les comportements non conformistes, ou prétendus tels. Les définitions légales étaient à ce point vagues, en outre, que les juges d'enfants avaient des pouvoirs plus absolus que ce n'est le cas pour les adultes. Tous les mineurs, sans distinctions relatives au seuil minimal d'âge, pouvaient être accusés « d'incorrigibilité », « d'immoralité », de « mauvais penchants » et d'autres péchés du même ordre. En ce qui a trait

---

[1] Rapports des Commissions Royales d'Enquêtes, Canada, Grande-Bretagne, États-Unis. Pour détails, voir notes bibliographiques qui figurent à la fin de ce volume.

à la distinction entre l'enfance malheureuse, ou en danger, et l'enfance délinquante, les définitions telles que « prédélinquants », ou « ayant des tendances délinquantes », officiellement reconnues dans certaines législations, conféraient à la police et aux tribunaux les pouvoirs pratiquement illimités d'assimiler les enfants maltraités et exploités aux enfants délinquants.

Le concept universel de délinquance atténuait, ou rendait inexistant, celui de la responsabilité des parents, ou tuteurs, coupables de négligence et de cruauté, et excusait a priori les mauvais traitements et les punitions corporelles infligées aux mineurs dans les institutions scolaires et dans les ateliers et usines, où ils étaient embauchés comme apprentis.

En ce qui a trait aux juges des enfants, ils devaient appliquer la loi et, ne disposant d'aucun moyen de surveiller les mineurs en milieu libre, étaient tenus à les condamner à un séjour dans des maisons de correction, chroniquement surchargées, ou encore, ce qui se faisait plus couramment faute d'une infrastructure sociale indispensable, à la prison.

En somme, dans le contexte du modèle classique, les tribunaux pour mineurs assumaient théoriquement toutes les responsabilités sociales et légales à l'égard des enfants et des adolescents, mais en pratique, ne pouvaient que faire preuve d'une certaine forme de clémence en prononçant des sentences dont la durée demeurait plus limitée que ce n'était l'usage pour les adultes. Étant donné, en outre, que les mineurs étaient criminellement responsables pour des délits qui, dans le cas d'un adulte, n'étaient définis par la loi que comme le simple refus de respecter certains règlements municipaux, cette clémence demeurait en fait on ne peut plus théorique, sinon illusoire.

2. LES TRIBUNAUX POUR MINEURS ET L'ÉVOLUTION DU CONCEPT DE LA DÉLINQUANCE DANS LES DIVERS CONTEXTES NATIONAUX

Ce qui est significatif, c'est qu'au cours du XXe siècle, et surtout depuis la deuxième guerre mondiale, la philosophie et les modes d'application des législations en vigueur ont évolué de manière sensible, sans qu'on transforme pour autant, de façon fondamentale, les législations en tant que telles. Plus exactement, le cadre légal n'a subi fréquemment que des changements limités et très lents, mais le développement parallèle des réglementations administratives et sociales est venu atténuer, sinon changer, l'esprit d'application de plusieurs lois.

Par ailleurs, bien qu'issus d'un modèle classique commun, les modes de fonctionnement des tribunaux pour mineurs ont été tributaires des traditions et des philosophies socio-judiciaires propres à chaque pays, ce qui a eu de nombreux effets au niveau de leur action réelle.

TABLEAU n° 12

Caractéristiques communes des tribunaux pour enfants

Double juridiction	Limites de juridiction
I.	1) Limites relatives à la durée de placement des mineurs.
a) Protection de l'enfance malheureuse, ou en danger.	2) Limites relatives à la durée de condamnations des adultes.
b) Causes d'adoption.	
	3) Limites relatives à la gravité des délits jugés et l'obligation de référer les concernés à une Cour pour adultes.
2.	
a) Causes de délinquance juvénile.	
b) Causes d'adultes, relatives aux causes des mineurs.	

Les principales différences, entre les divers contextes nationaux se situent au niveau du partage des responsabilités entre le secteur de législation sociale, ou civile et criminelle. Ces différences sont liées aux seuils d'âge et aux modes de classification des cas, en fonction du concept de la délinquance, ou de la protection de l'enfance en danger.

En ce qui a trait au fonctionnement des tribunaux proprement dits, les disparités fondamentales concernent surtout le système de sélection et de nomination des juges et les rapports qui sont établis entre eux et les services auxiliaires des Cours.

A. *Les structures adoptées en Belgique et en France*

a) La compétence des tribunaux pour mineurs

En Belgique, comme en France, le tribunal pour mineurs entend toutes les causes des enfants et des adolescents âgés de 8 à 18 ans, qui lui sont référées par les services sociaux, par un juge de paix et par des tiers. Pour ceux ayant entre 16 et 18 ans, le juge des enfants peut, en raison de la gravité particulière du délit, ou à la suite de la mauvaise conduite persistante du mineur, renvoyer sa cause devant une autre juridiction.

En France, en outre, les causes de meurtre sont entendues par la Cour d'Assises des Mineurs, juridiction qui n'est pas permanente et qui ne siège qu'une fois par trimestre. La Cour d'Assises des Mineurs est présidée par un conseiller à la Cour d'Appel, assisté de deux juges d'enfants et d'un jury formé de citoyens désignés au sort, et, de par son fonctionnement et sa composition, prolonge le principe de juridiction distincte pour mineur.

En ce qui a trait à la compétence territoriale du tribunal, le mineur est jugé dans l'arrondissement où est située sa résidence, ou celle de ses parents et non pas là où il a commis son délit. Par la suite, le changement de résidence entraîne le dessaisissement de ce tribunal au profit du tribunal de la jeunesse de l'arrondissement où est située la nouvelle résidence et le dossier lui est transmis par les greffes du tribunal qui vient de se dessaisir de la cause.

Par ailleurs, en Belgique, comme en France, les mesures d'assistance éducative, prises par le tribunal pour mineurs, peuvent s'appliquer jusqu'à 21 ans. La législation belge stipule, en outre, aux articles 39 et 40 de la loi que :

« si la mesure prise est inopérante en raison de la mauvaise conduite persistante ou du comportement dangereux du mineur, il sera mis à la disposition du Gouvernement jusqu'à sa majorité. »

ou encore le juge peut :

« décider que la cause lui sera de nouveau soumise avant la majorité du mineur en vue de mettre celui-ci, s'il y a lieu, à la disposition du Gouvernement pour un terme qui ne pourra dépasser le jour où l'intéressé atteint l'âge de vingt-cinq ans ».

Tous les mineurs de plus de 16 ans, dans les cas desquels s'appliquent les articles 39 et 40, peuvent être détenus, en outre, dans un établissement carcéral, où ils doivent être soumis, cependant, à un régime spécial.

b) Les modes de nomination des juges

Les procédures, comme le mode de nomination des juges, reflètent une approche axée sur le concept traditionnel, ou formel, de la justice.

En Belgique, il y a dans chaque tribunal de première instance une section désignée sous le terme de « tribunal de la jeunesse » qui comprend une ou plusieurs chambres constituées par un seul juge. Le Roi fixe le nombre de ces chambres et désigne les juges de la jeunesse parmi les juges du tribunal de première instance qui ont au moins deux ans de fonction judiciaire effective. Ces magistrats sont désignés, pour un terme de trois ans, renouvelable chaque fois pour une durée de cinq ans. Après huit ans, ils peuvent être nommés à titre définitif. Les juges exercent leurs fonctions à l'exclusion de toute autre activité judiciaire. Toutefois, le Roi peut charger un juge au tribunal de la jeunesse d'exercer ses fonctions dans un ou plusieurs autres tribunaux de la jeunesse siégeant dans le même ressort de Cour d'Appel, ou l'autoriser à siéger aux chambres civiles du tribunal de première instance. Cette mesure permet de suppléer, le cas échéant, à un manque temporaire de magistrats de la jeunesse dans certaines régions.

Lorsque le tribunal de la jeunesse comprend plusieurs juges, comme c'est le cas à Bruxelles, par exemple, le plus ancien a la responsabilité et assume la répartition du service. En cas d'empêchement d'un juge de la jeunesse, le président du tribunal de première instance désigne un juge titulaire pour le remplacer.

En France, les juges d'enfants sont désignés par décret pour une durée de trois ans, renouvelable au sein de chaque tribunal. Leur formation est comparable à celle des juges belges, mais ils sont tenus d'accomplir des stages, en tant qu'auditeurs de la justice, ce qui leur permet de siéger et de donner un avis consultatif.

Par ailleurs, un ou plusieurs juges d'instruction, désignés par le président du tribunal de première instance, sont spécialement chargés des affaires qui sont de la compétence du tribunal de la jeunesse, ce qui signifie que, comme pour les adultes, ils représentent l'autorité intermédiaire entre les juges et les services policiers.

Les fonctions du Ministère Public, près du tribunal de la jeunesse, sont exercées, en outre par un ou plusieurs magistrats du parquet désignés par le procureur. En Belgique également, ces magistrats exercent les fonctions du Ministère Public près le tribunal de première instance, chaque fois que celui-ci est appelé à statuer sur les mesures provisoires relatives à la personne, aux aliments et aux biens des enfants mineurs, non émancipés, dont les père et mère sont en instance de divorce ou de séparation de corps.

c) Le droit à la défense et les procédures d'appel

En ce qui concerne le droit à la défense, le mineur peut être assisté par un avocat ou demander qu'un avocat soit désigné pour le défendre à titre gratuit. Il a également le droit d'interjeter appel auprès d'une Cour. En Belgique, il y a à cet effet, dans chaque Cour d'Appel, une ou plusieurs chambres de la jeunesse qui entendent les causes des tribunaux de la jeunesse en instance d'appel. Les chambres de la jeunesse sont constituées d'un seul membre, président de la chambre ou conseiller à la Cour, désigné par le Roi pour un terme renouvelable de trois ans. A la Cour d'Appel, les fonctions du Ministère Public près des chambres de la jeunesse sont exercées par un ou plusieurs magistrats du parquet général, désignés par le procureur général.

d) Le personnel auxiliaire des tribunaux pour mineurs

Dans le système belge, comme dans le système français, les auxiliaires, rattachés aux tribunaux pour mineurs, sont d'autant plus soumis à l'autorité des juges qu'ils relèvent du Ministère de la Justice.

Les tribunaux pour mineurs disposent, toutefois, en dehors des délégués permanents, des assistantes sociales dont le statut est assimilé ou différent, suivant leur affectation et leur compétence.

En France, la formation des assistantes sociales est réglementée par l'arrêté du 17 juillet 1951 et par l'arrêté du 8 novembre 1962. Les candidates doivent avoir leur baccalauréat, faire trois années d'études dans les écoles d'État ou dans des institutions reconnues par l'administration et passer leurs examens. Il existe 54 écoles qui forment les assistantes sociales, mais actuellement, on s'efforce de donner aux diplômées une spécialisation qui dépasse le cadre de leurs programmes, dont, par exemple, en France, des cours dispensés au Centre de Vaucresson. Les assistantes sociales font, sur l'ordre du juge d'enfants, des enquêtes auprès des familles, présentent des rapports sociaux et assurent la surveillance des cas, tel qu'ordonné par le juge.

Dans tous les arrondissements judiciaires existe, toutefois, un service social de protection de la jeunesse composé de délégués permanents. En Belgique, ce service comprend deux sections. Les délégués de la première section sont mis à la disposition des Comités de Protection de la Jeunesse, ceux de la deuxième par contre, travaillent auprès des tribunaux pour enfants.

En France, les délégués sont attachés aux tribunaux pour enfants ou travaillent dans les établissements et centres d'observation pour les enfants protégés et délinquants. Dans les deux pays, toutefois, les délégués permanents relèvent du Ministère de la Justice. Ils sont recrutés parmi les diplômés des écoles de service social, mais ils doivent, pour pouvoir être nommés, posséder des connaissances pédagogiques et subir des stages et un examen spécial.

Le travail des délégués, comme celui des assistantes sociales, consiste à faire sur ordre du juge des enquêtes sociales, avant le prononcé de la sentence, et à prendre en charge les mineurs placés en liberté surveillée. Un service spécial de délégués à la liberté surveillée coordonne leur action à ce niveau et assure la liaison avec les divers organismes publics et privés qui s'occupent des mineurs.

Chroniquement débordés, les délégués sont en fait des travailleurs sociaux appelés à remplir des tâches particulièrement ingrates. Auxiliaires de la justice, ils n'ont pas le droit d'agir de leur propre chef et sont totalement soumis aux décisions judiciaires. Ils servent néanmoins de conseillers particulièrement conscients des aspects sociaux des causes, auprès des magistrats, plus attachés, de par leur formation, au contexte judiciaire et légal.

Cette coexistence de deux philosophies, aussi complexe puisse-t-elle être, demeure une des garanties de l'évolution progressive de toute la conception de la justice, telle qu'appliquée aux enfants et aux adolescents, tout en étant néanmoins une source constante de contradictions, sinon de frictions.

e) Les principales caractéristiques du modèle belge et français

Le modèle belge et français du traitement judiciaire des mineurs demeure le plus proche du concept classique de la justice qui repose sur le principe de protection légale des droits de l'individu. Nous nous sommes efforcés de retracer ses grandes lignes afin de pouvoir procéder, par voie de référence, à l'analyse des autres systèmes, structurés de façon moins formelle.

En effet, en France comme en Belgique, l'évolution de l'action de la société à l'égard de l'enfance malheureuse, ou déviante, se traduit surtout par le renforcement très lent de l'autonomie des services préventifs administratifs et l'élaboration d'un processus de traitement non coercitif qui retarde, ou élimine la nécessité de référer l'enfant devant un juge. Par contre, à l'intérieur de l'action des tribunaux pour mineurs proprement dite, l'influence des idées de la défense sociale demeure incontestable, mais il n'en reste pas moins qu'il s'agit là déjà d'un traitement formel qui stigmatise fatalement le mineur, qu'il soit entendu devant la Chambre civile ou criminelle.

Par opposition, dans les systèmes britannique et surtout suédois, il s'agit de modes d'application de la loi qui tendent vers la création d'un modèle de tribunaux pour mineurs qui se rapproche de celui d'une agence sociale ayant tous les pouvoirs coercitifs et différents, par définition, du schéma d'un Tribunal pour Enfants dominé par l'autorité du juge. Les gradations qui existent à cet égard entre les schémas canadien (le plus proche de ceux de France et de Belgique), britannique et suédois, représentent en quelque sorte les différentes étapes de transformation de l'attitude de la société à l'égard du concept traditionnel de la délinquance et de celui, plus évolué, de la déviance de la personnalité relié au concept de la protection.

B. *Les structures adoptées au Canada*

Dans le contexte canadien, qui est celui d'un État fédéral, la législation concernant la délinquance relève du code criminel, élaboré par le gouvernement central, tandis que son application ainsi que toutes les législations relatives à l'enfance malheureuse, ou en danger relèvent de l'autorité de chacune des dix provinces canadiennes.

Ce qui caractérise la philosophie globale, c'est la disparité qui existe entre le cadre législatif relatif à la délinquance et son application. Selon la loi, les tribunaux pour mineurs sont appelés à entendre toutes les causes des enfants âgés de 7 à 16, 17 et 18 ans, selon les provinces et dès 14 ans, ils peuvent les référer à une autre instance.

Le législateur a conféré, en somme, aux juges d'enfants le pouvoir d'intervenir dans tous les cas, même des mineurs très jeunes, et de décider des mesures « indispensables dans l'intérêt de l'enfant ».

Désormais, la loi est à l'étude et on lui reproche sa sévérité, en pratique cependant; l'interaction constante entre les législations provinciales et celles du code criminel a permis l'introduction des réformes et dans certaines provinces, dont la Saskatchewan, l'adoption d'une attitude « plus sociale », bien que la législation contenue dans le code criminel date du début du siècle.

D'une manière générale, il convient de constater que dans le système canadien, les tribunaux pour enfants sont toujours séparés, dans les grandes villes, des Cours pour adultes et logés dans des locaux complètement autonomes. Ils sont désignés sous le terme de Cours du Bien-Être Social ou de Cours Familiales. Les Cours du Bien-Être Social, telles qu'elles existent au Québec, par exemple, sont appelées à entendre les causes de protection de l'enfance en danger, d'adoption et de délinquance; les juges des Cours Familiales [1] telles qu'elles existent en Ontario, par contre, sont chargés également d'entendre les affaires relatives aux problèmes familiaux, dont la séparation de corps.

Dans le cadre des tribunaux canadiens, les pouvoirs des juges sont, en outre d'autant plus importants que les plaintes leur sont référées directement sans être évaluées au préalable par le Parquet, comme c'est le cas du système belge, par exemple, et qu'ils peuvent entendre les causes de délinquance en vertu des législations provinciales, concernant la protection de l'enfance malheureuse ou en danger, et cela même quand la preuve de l'acte délictueux a été faite, ou vice versa. On reproche, d'ailleurs, à l'ensemble du système son « paternalisme » découlant en partie

---

[1] On peut établir là un parallèle avec le système judiciaire belge où depuis les réformes législatives de 1965, les juges des enfants ont des pouvoirs similaires.

du choix des juges [1], et surtout de « l'universalité » du concept de la délinquance juvénile, tel que contenu dans le code criminel. La formation des juges diffère selon les provinces. En Saskatchewan, il s'agit de magistrats qui ne sont pas tenus d'avoir une formation juridique, tandis qu'ailleurs, on recrute les juges parmi les avocats qui, au Québec par exemple, doivent avoir un minimum de dix ans d'expérience. Les juges, nommés à vie, demeurent pratiquement inamovibles. Ils siègent seuls, mais peuvent demander à un agent de probation d'être présent à l'audience, ce qui ne lui confère pas pour autant un rôle comparable à celui d'un assesseur.

Les travailleurs sociaux, ou agents de probation, qui composent les services auxiliaires des Cours, dépendent de l'autorité du Ministère de la Famille et du Bien-Être Social. Cette façon d'opérer un partage de responsabilités entre les Ministères de la Justice et du Bien-Être Social provoque des difficultés incontestables, mais peut favoriser également l'affrontement quotidien de deux conceptions : légale et sociale.

Les officiers de probation, attachés aux Cours pour mineurs, sont chargés de rencontrer les mineurs avant leur comparution devant le juge, de préparer sur l'ordre du juge des rapports présententiels et d'assurer le placement et la surveillance des enfants et adolescents concernés. Dès la présentation de la plainte, ou l'arrestation d'un mineur, s'établit en somme le contact entre l'officier de probation, l'enfant et le juge.

Théoriquement, ce système favorise l'action sociale, en pratique, cependant son application présente également des inconvénients. Tout d'abord, le fait que le juge d'instruction n'ait pas d'équivalent dans le système canadien signifie que les Cours sont fatalement appelées à entendre tous les cas référés et, en deuxième lieu, l'insuffisance du nombre des officiers de probation,

---

[1] Le Canada demeure le seul des cinq pays concernés où les juges d'enfants sont nommés à vie, inamovibles et appelés à siéger toujours seuls.

dans les grands centres urbains surtout, leur impose la charge d'un trop grand nombre de mineurs. L'impossibilité de préparer toujours un rapport présentiel valable, et la nécessité pour le juge des enfants de faire comparaître des mineurs emmenés à la Cour à la suite de plaintes insuffisamment fondées, entraînent fatalement des retards, sinon des injustices réelles.

Il convient de mentionner, cependant, qu'il s'agit là de disparités qui existent partout entre l'approche théorique et les possibilités concrètes de son application et qui ne peuvent être éliminées que grâce à l'élaboration des infrastructures qui sont insuffisantes dans tous les pays occidentaux.

La troisième caractéristique du système canadien consiste dans la superposition à l'autorité des juges de l'autonomie partielle des institutions de placement. Contrairement aux sentences imposées aux adultes qui sont exécutoires, celles concernant les mineurs peuvent ne pas l'être, en raison du refus de l'institution de recevoir le cas. Ce genre de refus doit être basé, toutefois, sur l'examen du mineur, l'étude de son dossier effectuée par le conseil multidisciplinaire de l'institution et la preuve de l'impossibilité de le traiter dans le cadre des normes existantes.

C'est ainsi que la spécialisation de certaines institutions qui dispensent l'enseignement académique, ou professionnel, peut justifier le refus d'accepter un mineur accusant un retard, ou une avance, dans ses études antérieures ou encore le degré de perturbation de sa personnalité peut être considéré comme trop marqué.

Toutes ces formes de sélection, utilisées par les écoles de protection et apparentées, se compliquent, cependant, ou sont même faussées par le fait que le nombre de places disponibles est inférieur à celui des cas référés par les Cours du Bien-Être Social. En pratique, cela signifie que les juges sont obligés par la force des choses de favoriser les méthodes de traitement autres que celles de placement en dehors du milieu familial, soit la surveillance exercée par l'officier de probation et l'obligation pour le mineur comme pour ses parents de se conformer à certaines règles de conduite.

Là encore, on constate cependant que cette façon de procéder peut être favorable, ou défavorable, à l'intérêt réel du mineur, selon les cas; mais, ce qui demeure incontestable, c'est que la société en tant que telle, préfère se contenter de cette forme de surveillance que d'assumer les frais et la responsabilité directe de la prise en charge [1].

Cette attitude à l'égard des mineurs demeure commune d'ailleurs aux systèmes belge, français et canadien. Ce qui les différencie par contre, c'est que le premier cadre, plus respectueux du formalisme légal, rattache certaines décisions aux concepts judiciaires proprement dits, relatifs à l'importance de l'acte commis, tandis que dans le cadre canadien, ce formalisme est atténué par le parallélisme des législations sociales, provinciales, qui contrebalancent fréquemment la sévérité du code criminel.

Au niveau de l'application des divers modes de resocialisation, les mécanismes d'autonomie institutionnelle font contrepoids à l'autorité judiciaire, ce qui atténue également de façon sensible, le formalisme légal, mais ne favorise pas toujours l'application d'une approche sociale de traitement de la personnalité déviante, par opposition à celle de punition de l'acte délictueux.

C. *Les structures adoptées en Grande-Bretagne*

Le phénomène de disparité entre la lettre de la loi et son application, qui existe dans le contexte canadien, est également significatif dans le cadre britannique. En effet, jusqu'en 1969, la responsabilité criminelle et pénale des enfants commençait dès l'âge de 10 ans. Par ailleurs, l'obligation absolue pour les tribunaux de mineurs de faire la preuve de la culpabilité de l'enfant et le fait que ce dernier devait assurer sa propre défense,

---

[1] L'analyse statistique des sentences démontre que de 60 à 70 % des causes jugées par les Cours du Bien-Être Social comportent des décisions concernant le retour dans le milieu familial et la surveillance d'un officier de probation.

ne protégeaient que théoriquement ses droits à une justice pleine et entière. Ce qui avait atténué, cependant, depuis plusieurs années déjà la sévérité de l'approche légale, ce fut l'absence de formalisme des Cours et leur implantation dans le milieu social environnant.

En effet, les tribunaux pour mineurs sont situés dans chaque quartier des grandes villes et totalement distincts des Cours pour adultes. Il existe, en Grande-Bretagne, 820 Cours pour mineurs où siègent plus de 16 000 magistrats bénévoles, hommes et femmes, n'ayant généralement aucune formation juridique. Il s'agit de citoyens élus pour trois ans, qui entendent les causes dans le cadre d'un tribunal formé de trois personnes assistées d'un « clerc » qui est avocat et qui, au besoin, leur sert de conseiller légal.

Les tribunaux pour mineurs font partie des « Summary Courts » qui ont juridiction dans les affaires relevant du code criminel concernant les enfants et adolescents âgés de 10 à 17 ans, et les adultes trouvés coupables de cruauté ou de négligence à leur égard, ainsi que dans les affaires qui relèvent du code civil relatives aux problèmes de l'enfance et aux conflits conjugaux.

Les limites de juridiction des « Summary Courts » les empêchent de prononcer des sentences de plus de six mois, mais cela ne signifie pas qu'elles n'entendent pas les causes de délits graves. En fait, c'est à la Cour pour mineurs que le jeune de moins de 17 ans est généralement référé par la police en premier lieu, et c'est là seulement que les magistrats décident, après avoir établi la preuve de sa culpabilité, s'il y a lieu de le référer à une autre instance. A cet égard, les causes de meurtres constituent la seule exception puisqu'elles sont toujours référées à la Cour des Sessions ou à la Cour d'Assises.

A ces deux niveaux de juridiction, la cause du mineur est entendue par un juge, assisté de trois magistrats bénévoles, ou encore par le juge, deux à trois assesseurs et un jury. A la Cour d'Assises, comme à la Cours des Sessions, les jeunes délinquants sont toujours défendus par un avocat dont les services peuvent être défrayés par les autorités, conformément aux règlements de l'assistance judiciaire.

En ce qui a trait au droit d'appel, tous ceux jugés par les tribunaux pour mineurs peuvent l'interjeter auprès d'une autre Cour, mais on use fort rarement de ce droit puisqu'il est communément admis que dans le cas de délits dits sérieux, c'est un privilège de pouvoir être traduit devant les « Summary Courts », moins sévères par définition.

Il n'en reste pas moins que, depuis 1950 environ, les tribunaux pour mineurs ont été largement critiqués, autant dans le rapport de la Commission Ingleby que dans le rapport Kilbrandon appuyé par le parti travailliste. En fait, la loi présentée en 1969 devant le parlement comprend surtout des changements ayant trait au concept de la responsabilité légale des mineurs qui impose, néanmoins, à l'ensemble du système une orientation nouvelle.

Le relèvement du seuil de l'âge de responsabilité à 14 ans, qui implique que tous ceux qui n'ont pas atteint cette limite ne peuvent être considérés que comme des enfants ayant besoin de protection, s'inscrit dans le cadre d'une philosophie sociale qui rejette le concept de la délinquance et adopte celui de la protection de l'enfance. C'est, en somme, la consécration partielle des théories socio-pédagogiques, mais aussi la reconnaissance formelle des réalités sociales. Par ailleurs, le maintien de l'autorité des juges, dans toutes les causes où la protection de l'enfance implique des moyens coercitifs que ne détiennent pas les organismes sociaux de prévention, telle par exemple la Société Nationale de Prévention de Cruauté à l'égard des Enfants (National Society for Prevention of Cruelty to Children) est considérablement atténuée par le fait qu'il s'agit de magistrats qui ont une formation sociale, plutôt que juridique.

Il s'agit là, en somme, d'une évolution et non pas d'une rupture avec le schéma classique de traitement judiciaire des enfants et des adolescents, mais qui peut être accélérée en raison de possibilités de diversifier les choix relatifs à la nomination des magistrats.

Par ailleurs, la nouvelle législation confère aux autorités municipales et communales de protection de l'enfance, l'obligation de recevoir en premier lieu toutes les plaintes de la police concernant les mineurs âgés de 14 à 17 ans et le droit de référer au tribunal pour enfants les cas qu'ils ne peuvent pas traiter sans intervention judiciaire. En dernier lieu, les réformes ont trait à la collaboration entre les magistrats et les travailleurs sociaux, puisqu'on précise qu'un rapport présententiel doit être préparé dans toutes les causes et que leurs décisions doivent tenir compte de ses recommandations.

Comme dans les schémas français, belge et canadien, les travailleurs sociaux continuent, en somme, à être soumis à l'autorité judiciaire, mais on reconnaît explicitement l'importance de l'enquête sociale relative à la personnalité du mineur et à son milieu, ce qui indique l'évolution de l'attitude de la société à l'égard de la déviance de la personnalité, par opposition à la délinquance, concept relié uniquement à l'acte commis.

Au niveau de l'application de la loi, il s'agit en outre d'édifier des structures nouvelles, devenues désormais indispensables, organisées et dirigées par des sociologues, criminologues, psychologues et médecins, ce qui permet de présager que le processus de traitement social ira en s'accentuant et cela au détriment de celui qui demeure purement judiciaire.

D. *Les structures adoptées en Suède*

Le schéma suédois de traitement des mineurs constitue une rupture totale avec le système judiciaire classique et l'adoption d'une orientation nouvelle qui est sociale. Les Suédois ont atteint, en somme, le stade le plus avancé de l'évolution dont on décèle les influences, plus ou moins marquées, dans les quatre autres contextes nationaux.

En effet, la loi suédoise sur la Protection Sociale de l'Enfance et de la Jeunesse, promulguée le 29 avril 1960, laisse toute la latitude aux organes socio-administratifs, chargés de l'appliquer, soit aux Comités pour la Protection des Mineurs.

La responsabilité criminelle et pénale des enfants n'existe qu'à partir de 15 ans et ceux n'ayant pas atteint cet âge ne peuvent être traités que par les Comités. Les mineurs âgés de plus de 15 ans et jusqu'à 21 ans peuvent être traités par les Comités ou référés par ces derniers à une Cour de Justice. Les juges conservent cependant le pouvoir d'entendre la cause et de prononcer la sentence, ou encore de refuser de statuer et de retourner le cas aux Comités pour la Protection des Mineurs.

En ce qui a trait aux forces policières, elles peuvent présenter leurs plaintes au Comité pour la Protection des Mineurs ou à une Cour, quand l'adolescent est âgé de plus de 15 ans, mais dans cette deuxième éventualité, elles sont tenues d'en aviser le Comité.

Le fonctionnement des Comités est assuré par des travailleurs sociaux. Sur le plan administratif, les 900 Comités qui existent en Suède relèvent des préfectures. En ce qui a trait à la nomination de leurs membres, la loi stipule qu'ils doivent être :

« élus par le Conseil Municipal de la Commune, au nombre déterminé par celui-ci ».

Ce nombre ne peut cependant être inférieur à cinq.

La même loi stipule également que :

« lorsque la situation s'y prête, le Comité devra être composé de façon à ce que des personnes ayant des connaissances approfondies en matière juridique s'y trouvent représentées. »

En pratique, certains Comités comptent parmi leurs membres un fonctionnaire rémunéré pour l'exercice de ses fonctions que l'on peut considérer comme le représentant officiel du Ministère concerné, bien que son rôle n'est pas défini de cette façon. Les autres membres sont des bénévoles qui obtiennent pour les périodes où ils siègent le droit de s'absenter de leur travail sans perte de salaire.

Les Comités reçoivent toutes les requêtes concernant la protection des mineurs et toutes les plaintes relatives à la délinquance. Les requêtes sont présentées par des tiers, par des parents, par des autorités scolaires et par les Comités de la Prévoyance Sociale, de la Tempérance ou de la Santé Publique. Les plaintes sont présentées par la police, par les autorités scolaires, par des tiers ou encore référées par les Cours de Justice. Sur réception de la plainte, une enquête est faite par des travailleurs sociaux, attachés au Comité, ou par un des membres du Comité, et elle comprend obligatoirement une visite à domicile du mineur pour laquelle le Comité peut demander, au besoin, l'assistance de la police.

L'interrogatoire des mineurs a lieu, en principe, après l'enquête à domicile. Toutefois, les parents, le mineur ou le tuteur, peuvent demander une enquête complémentaire.

Les enfants et les adolescents ont droit également d'être assistés, lors de leur comparution devant le Comité, par un ami, un parent ou un avocat. A l'issue de la comparution, le Comité prononce sa décision et énonce les motifs qui l'ont dictée et à ce stade de la procédure, les mineurs et les parents ont le droit d'interjeter appel; mais le Comité peut, dans tous les cas de placement, exiger que sa décision soit immédiatement exécutée nonobstant l'appel.

Le droit d'appel est cependant absolu et n'implique pas de frais. Les concernés peuvent se présenter devant les autorités administratives de la Commune où leur demande sera entendue par un fonctionnaire de la préfecture qui n'est pas juge, mais qui détient le pouvoir de faire suspendre la décision du Comité pour la Protection des Mineurs.

En deuxième lieu, l'appel peut être interjeté devant une Cour, mais les délais permis se limitent à une semaine à compter de la signification de la décision du Comité. En somme, le droit d'appel peut être exercé dans le cadre des structures administratives ou encore au-delà de ces structures, au niveau des tribunaux proprement dits.

Étant donné que certains mineurs âgés de plus de 15 ans peuvent être référés à la Cour, il est indispensable, en outre, d'analyser brièvement les autres mécanismes d'interdépendance entre les Comités et les Cours.

Les structures des tribunaux suédois comprennent les tribunaux de première instance, soit les Cours municipales et, dans les milieux ruraux, les Cours de comtés, les six Cours d'Appel et la Cour Suprême. A l'intérieur des Cours, le nombre de juges appelés à entendre les diverses causes et d'assesseurs bénévoles qui doivent les assister varie suivant l'importance des causes. Les causes civiles sont entendues devant les tribunaux de première instance, par trois juges dans les Cours municipales et par un juge et sept à neuf assesseurs, dans les Cours de comtés. Les causes criminelles, par contre, considérées comme graves, sont toujours entendues par un juge et sept à neuf assesseurs, les causes criminelles « moins graves », par un juge et trois assesseurs et, les causes criminelles considérées comme de « simples délits », par un seul juge.

La définition du degré de la gravité des causes est faite en fonction de l'importance des mesures punitives prévues par la loi pour chaque type de délit donné. On désigne sous le terme de « simples délits », les contraventions au code de la route ou encore la conduite désordonnée en lieu public, tandis que les causes criminelles « moins graves » comprennent toutes celles pour lesquelles on ne prévoit qu'une peine d'amende ou un maximum d'une année de prison [1].

En ce qui a trait aux mineurs, leur cas est étudié, en premier lieu, par le bureau du Procureur public qui doit décider, dans un délai de 14 jours, si la cause sera présentée devant le juge ou envoyée aux Comités de Protection des Mineurs. Dans tous

---

[1] On doit également rappeler à ce propos que le système britannique reconnaît et respecte un système comparable de sélection de causes, suivant les « petty offences » et les autres, mais que les définitions du degré de gravité y sont moins précises.

les cas de mineurs détenus, le Procureur ne peut disposer que d'un délai limite de six jours; après l'écoulement de ce délai, sa décision doit être prise. Toutefois, quand il s'agit de mineurs de moins de 18 ans et, dans certains cas, de jeunes de 18 à 20 ans, le Procureur public communique avec le Comité et discute avec ses représentants des modes de procédure à envisager. Quand il est décidé d'un commun accord que la cause doit être présentée devant le juge, le mineur peut être assisté, dans tous les cas où la peine peut être autre que l'amende, par un avocat de son choix ou par un avocat d'assistance judiciaire. Toutefois, ces frais ne sont assumés par le gouvernement que dans les causes où le juge rend la sentence de non-culpabilité; dans le cas contraire, c'est à l'accusé trouvé coupable qu'incombe l'obligation de les défrayer.

Étant donné que, dans les causes de mineurs, la preuve de culpabilité est en réalité faite au moment de consultations entre le Comité et le Procureur, il est relativement rare qu'un mineur demande le concours d'un avocat. Par ailleurs, dans tous les cas de mineurs de plus de 15 ans, un travailleur social, relevant de services des Comités, le rencontre dès son arrestation par la police, l'assiste, prépare un rapport présentenciel qui est soumis au juge et au Procureur et le conseille en ce qui a trait à la nécessité du concours d'un avocat de la défense.

L'intervention des représentants des Comités demeure, en outre, une constante dans tout le processus de resocialisation du mineur puisqu'ils collaborent non seulement avec les Cours, mais aussi avec les officiers de probation et cela, par l'entremise des Commissions de Surveillance dont relèvent ces derniers.

Les Commissions de Surveillance, corps autonomes, indépendants des Cours et de l'administration du système correctionnel national, constituent une structure particulière à la Suède, dont il nous semble important de décrire le fonctionnement. Chacune de ces Commissions est composée de cinq membres et d'un président qui doit posséder des connaissances juridiques. Les Commissions sont chargées de nommer des agents de probation, d'imposer les conditions dans lesquelles les personnes concernées doivent être surveillées ou assistées, et d'intervenir dans tous les cas où ces conditions ne sont pas respectées.

Les Commissions reçoivent toutes les demandes des Comités pour la Protection des Mineurs et des Cours ayant trait aux transferts de mineurs délinquants, ou jeunes adultes, du secteur institutionnel dans le secteur non institutionnel. Le personnel des Commissions se compose d'agents de probation et de bénévoles qui travaillent sous leur direction. On estime que pour 160 officiers de probation, on dispose de 12 000 bénévoles environ.

Les agents de probation ont la formation des travailleurs sociaux, tandis que les surveillants bénévoles se recrutent parmi les assesseurs qui siègent auprès des Cours, les leaders de diverses organisations de la jeunesse, les enseignants, ou encore, parmi les camarades de travail ou membres de la famille du mineur ou de l'adulte concerné. Tous les surveillants bénévoles sont tenus de présenter mensuellement des rapports aux officiers de probation et de leur fournir tous les renseignements concernant la conduite de la personne dont ils ont la charge.

Sur le plan hiérarchique, le corps des officiers de probation comprend deux échelons, soit celui des officiers de probation et celui des officiers de probation supérieurs. Ces derniers assument les responsabilités concernant le choix de nouveaux surveillants, leur entraînement et, d'une manière plus générale, reçoivent tous les rapports et prennent des décisions concernant les cas de mineurs placés sous surveillance qui ne suivent pas les directives imposées par la Cour. Les agents de probation proprement dits font, par contre, les enquêtes préliminaires telles que demandées par les Comités ou par les Cours.

Ce sont les Commissions d'agents de probation qui communiquent tous ces cas aux juges et cela, par l'entremise des Comités pour la Protection des Mineurs.

En somme, les structures sociales de protection et de traitement des mineurs forment une pyramide planifiée et organisée en fonction des besoins, parallèles à l'appareil de la justice proprement dit, mais autonomes.

3. LES PERSPPECTIVES D'AVENIR

Quelles sont les perspectives d'avenir qu'on peut dégager à partir de ces différents modèles de structures de la justice?

Pour répondre à cette question, on ne peut se baser, selon nous, sur les résultats obtenus et cela pour deux raisons : tout d'abord, les relevés statistiques étant morcelés et difficilement comparables, l'analyse des résultats obtenus est pratiquement impossible. En deuxième lieu, ces résultats sont tributaires, dans une très forte mesure, de l'importance et de la valeur du traitement dispensé dans le cadre institutionnel, comme dans celui de surveillance en milieu libre.

Ce qu'il est possible de constater, par contre, c'est que les différences entre les modèles nationaux analysés correspondent aux variables qui existent entre le concept de la délinquance et de la protection de l'enfance et de la jeunesse, tel que conçu dans le cadre de chaque société.

Le premier modèle implique des limites entre ces deux catégories, le deuxième admet implicitement qu'elles sont en fait artificielles, tandis que le troisième s'inspire d'une philosophie selon laquelle on ne doit retenir que le phénomène de la détérioration de la personnalité et non pas de passage à l'acte, et élargir le cadre de la protection.

Dans le contexte de ce modèle, on ne prend en considération l'acte que dans la mesure où il présente un trop grave danger de victimisation pour la société pour que celui qui l'a commis puisse être traité en dehors des Cours. Il s'agit, dès lors, d'un processus judiciaire qui est influencé, toutefois, par l'intervention des services socio-administratifs et qui fait appel à leur collaboration, autant au niveau de la prise de décision que du traitement.

Il convient de se demander, par conséquent, si le troisième modèle ne sera pas adopté, à long terme, par la plupart des pays occidentaux comme le plus conforme aux besoins réels des mineurs, puisqu'il comprend des distinctions qui existent également dans les autres schémas sans être formellement reconnus par des séparations très nettes des procédures.

Plusieurs spécialistes affirment que l'influence des traditions et l'attachement à une certaine philosophie de la justice jouent à l'encontre d'une telle évolution, mais l'exemple britannique semble démontrer que ce n'est guère certain. Ce qui paraît dirimant, par contre, c'est que la mise en œuvre du troisième modèle implique des investissements élevés et difficilement concevables dans certains contextes nationaux puisque l'opinion publique est fréquemment portée à les considérer comme exagérés ou superflus, quand il s'agit du traitement des mineurs déviants.

Il n'en reste pas moins qu'à long terme, c'est l'approche sociale basée sur le concept de la déviance et de la protection qui prévaudra selon toute probabilité. En effet, la déviance des mineurs a cessé d'être l'apanage des milieux désavantagés. Plus encore, elle existe et elle se propage de plus en plus rapidement au-delà des limites des taudis. Le terme même de l'enfance malheureuse ou en danger, qui était autrefois synonyme de l'enfance pauvre, s'applique désormais aux enfants des milieux à l'aise dont les parents sont négligents, malades, irresponsables ou incapables de continuer une vie commune. Dès lors, les classes privilégiées qui étaient les plus attachées, par définition, au concept classique de la délinquance, du délit et de la peine, sont beaucoup plus motivées pour pencher vers l'autre attitude et pour finir par adopter comme valable la philosophie beaucoup plus évoluée de détérioration de la personnalité du mineur et de la nécessité de le protéger et de le traiter.

Par ailleurs, l'action des travailleurs sociaux à l'intérieur du cadre des procédures judiciaires influence ceux qui ont la charge de les appliquer et joue dans le sens d'une réforme globale.

Au-delà de la justice apparaît en somme cette autre dimension qui est celle de l'évaluation socio-psychologique et socio-pédagogique du mineur, que l'on ne peut plus considérer, par conséquent, comme un coupable, mais plutôt comme la victime d'un milieu familial inadéquat et, de façon plus large, de l'ensemble de la société qui s'est avérée incapable d'assurer sa formation.

LE TRAITEMENT INSTITUTIONNEL
ET LES MESURES ÉDUCATIVES

Les divers modes de traitement, appliqués aux enfants et aux adolescents, correspondent aux trois modèles : classique, néo-classique et le plus évolué.

Conformes à l'approche de la société à l'égard de la délinquance juvénile ou de la déviance des mineurs, ils reflètent mieux que les philosophies relatives aux concepts légaux, le degré de responsabilité que la société veut assumer réellement face aux problèmes de l'enfance malheureuse ou déviante.

C'est ainsi que dans le cadre du modèle classique, où la délinquance juvénile est considérée en fait comme une des formes de la criminalité, les enfants et adolescents étaient détenus dans des prisons. Très tôt cependant, les institutions, généralement organisées par le clergé, ont été créées afin de recevoir les mineurs qui n'ont pas été reconnus coupables de la commission de l'acte, mais dont la détérioration réelle de personnalité n'était pas forcément moins grave.

Le passage vers le modèle néo-classique s'accompagne de la création, à l'intérieur de certaines prisons pour adultes, d'unités séparées et de tentatives de structuration d'un système institutionnel distinct comprenant les écoles de réforme ou apparentées. Selon les divers contextes nationaux, l'État s'efforce d'organiser des contrôles et des réglementations concernant les écoles privées, créées par des organismes charitables, ou de les prendre en charge, ou encore, d'élaborer de nouvelles structures distinctes. Il n'en reste pas moins que dans le cadre du modèle néo-classique, les adolescents sont fréquemment détenus dans les maisons d'arrêt et ensuite, ceux qui, après comparution devant un juge sont référés par les tribunaux pour mineurs aux autres Cours, continuent à être traités dans les prisons et même les pénitenciers, tout en étant généralement séparés là des adultes, mais subissant néanmoins un régime fort similaire.

Le modèle le plus évolué comprend deux changements fondamentaux. D'une part, la détention préventive se fait dans des centres spéciaux destinés aux mineurs, centres d'accueil et d'observation et, d'autre part, on préconise et on favorise la diversification des modes de traitement comportant les divers moyens de surveillance en milieu libre ou semi-libre. On établit également des distinctions de plus en plus poussées, en ce qui a trait à l'isolement en milieu protégé, entre les adolescents, les jeunes adultes et les adultes, ce qui se solde par la création des prisons-écoles selon l'exemple français, ou des « Borstal » selon le modèle britannique, ou encore, comme c'est le cas au Canada, des centres fédéraux d'entraînement pour jeunes adultes.

Ce que l'on constate sur la base du tableau n⁰ 13, c'est que l'évolution de l'attitude de la société à l'égard de la déviance des mineurs, par opposition à celle considérant la délinquance, ou la criminalité des mineurs, comparable ou similaire à celle des adultes, avec reconnaissance de l'excuse atténuante de minorité, se traduit par une plus grande diversification des modes de traitement et par des tentatives d'appliquer à des groupes d'âge de 14 à 18 ans, ou même de 18 à 21 ans, des mesures qui a l'origine étaient élaborées pour les enfants les plus jeunes.

En ce qui a trait au rôle de ces diverses mesures, il comporte deux objectifs principaux : soit celui de prévention et celui de traitement.

Sous le terme de prévention, on comprend la prise en charge, c'est-à-dire la surveillance ou la détention avant la comparution;

TABLEAU nᵒ 13

*Tableau comparatif de traitement institutionnel
et éducatif des mineurs et des jeunes adultes,
suivant les groupes d'âge*

	Moins de 14 ans	14 à 18 ans	18 à 21 ans
Modèle classique.	Prisons.	Prisons.	Prisons.
	Orphelinats.	Pénitenciers ou prisons à sécurité maximale.	Pénitenciers ou prisons à sécurité maximale.
Modèle néo-classique.	Écoles de réforme ou apparentées.	Prisons, quartiers séparés.	Prisons.
	Prisons, quartiers séparés.	Pénitenciers, quartiers séparés.	Pénitenciers.
Modèle le plus évolué.	Surveillance en milieu familial.	Surveillance en milieu familial.	Prisons-écoles ou Borstal.
	Foyers de substitution.	Foyers de substitution.	Prisons et pénitenciers ; quartiers séparés et Centres d'entraînement.
	Centres d'accueil et d'observation.	Centres d'accueil et d'observation.	
	Orphelinats ou apparentés.	Écoles de protection ou apparentées.	
	Écoles pour enfants déficients.		
	Écoles de protection ou apparentées.		

sous celui de traitement, on entend la prise en charge telle que décidée par sentence.

Dans ces deux cadres, la protection de l'enfance malheureuse et l'isolement des sujets ayant commis un acte délictueux, recensé par la police, se confondent.

En effet, dans les institutions qui correspondent aux deux secteurs, soit d'une part les centres d'accueil et d'observation et, d'autre part, les écoles de protection, on reçoit des enfants ayant besoin de protection, comme ceux déclarés délinquants. Par ailleurs, les centres d'accueil et d'observation, destinés en principe à faire l'examen des cas, ne sont fréquemment que des solutions alternatives à la prison et chroniquement surchargés, ne parviennent pas à remplir leur rôle.

En ce qui a trait aux écoles de protection, là également la surcharge est telle que les institutions sont dans l'impossibilité de recevoir tous ceux qui ont besoin d'être pris en charge et ne peuvent répondre qu'aux demandes ou ordres formels des juges.

Par ailleurs, la prise en charge, l'enquête et l'observation, demeurent dans le contexte actuel des formes de punition et non pas d'aide et d'assistance, et sont perçues comme telles par les familles, comme par les mineurs concernés. Dès lors, l'enfant maltraité, ou négligé, comme l'adolescent reconnu coupable d'un délit, sont stigmatisés de la même façon.

L'intervention de la société se situe, en outre, à un moment variable, en ce qui a trait au degré de détérioration de la personnalité des concernés, mais toujours au-delà de la limite où cette détérioration avait commencé à apparaître.

En d'autres termes, la société n'intervient que quand il est tard, ou trop tard, pour redresser une situation familiale préjudiciable ou pour arrêter le processus de rupture qui se produit entre l'adolescent et le schéma d'existence qui lui est proposé.

Pour pouvoir assurer une véritable politique de prise en charge institutionnelle et préventive, il est indispensable, selon nous, de réaliser deux postulats préalables; soit, écarter toute intervention judiciaire stigmatisante et diversifier les modes d'intervention sociale. L'évolution amorcée dans le cadre du modèle le plus évolué doit, dans une telle optique, tendre progressivement vers la suppression de toute responsabilité criminelle et pénale des mineurs de moins de 15 ans, âge limite de la puberté. Cette conception assimilant l'enfance actuellement désignée comme délinquante, à l'enfance malheureuse ou en danger, autorisera le traitement social préventif, institutionnel ou para-institutionnel, au même titre que le traitement médical, par exemple. Par ailleurs, elle permettra la diversification beaucoup plus poussée des cadres institutionnels qui comprendront, en premier lieu, des structures préscolaires et scolaires particulières, des centres d'observation para-médicaux et des centres ou cliniques de traitement des mineurs et de thérapie de groupes, destinés aux parents.

Certaines expériences faites au Canada, notamment dans quelques quartiers à Montréal ont permis l'élaboration d'un schéma de dépistage « provoqué » et « non provoqué » de la prédélinquance ou de la déviance de personnalité. Ce schéma prévoit l'action en milieu scolaire, s'adressant aux individus et aux groupes auxquels une équipe de spécialistes administre des tests et assure l'aide et l'assistance nécessaire. Il s'agit là d'une façon de dépister et de rééduquer les enfants et adolescents en marge de toute procédure formelle.

Il va sans dire qu'une telle approche pose le problème de collaboration avec la famille, ou de prise en charge de ceux dont les parents refusent de collaborer. Prise en charge qui, jusqu'à présent, exige, rappelons-le, une intervention judiciaire et cela, dans tous les contextes, à l'exception de celui de la Suède. Certes, la prévention générale existe en France, en Belgique comme en Grande-Bretagne, et consiste dans l'organisation des périodes occupationnelles et de loisirs; toutefois, cette forme de prévention ne saurait être toujours satisfaisante quand il s'agit des sujets asociaux ou anti-sociaux. L'individualisation de traitement préventif viserait à prévenir le processus de la détérioration de personnalité chez les mineurs particulièrement exposé et permettrait d'éliminer, dans une très forte mesure, l'apparition des comportements déviants.

Par ailleurs, certaines études, dont celles de Marcel Fréchette, ont démontré la nécessité de créer des cliniques criminologiques comparables aux cliniques médicales, mais orientées vers le traitement spécifique des troubles de personnalité. Ces cliniques seraient chargées d'établir le diagnostic et le pronostic des cas, préparer des dossiers existentiels et faire des tests d'efficacité de divers traitements possibles. En effet, jusqu'à présent, on constate que le traitement des mineurs dans les écoles de protection n'apporte pas les résultats escomptés et on le justifie par les déficiences de structures, partout insuffisantes, comparativement au nombre de demandes. N'empêche qu'il a été constaté, sur la base de plusieurs expériences empiriques, dont celles de Marcel Fréchette entre autres, que les disparités entre les besoins et l'éventail des ressources ont plusieurs causes qui ne sont pas uniquement inhérentes aux lacunes de structures.

C'est ainsi que l'on ne tient pas compte, dans le contexte actuel, du taux de normalisation spontanée qui, selon certains groupes d'âge, atteint 40 % du total des mineurs placés, par les Cours dans les écoles de protection. Par conséquent, l'évaluation des résultats recensés par ces institutions est on ne peut plus aléatoire et, dans certains cas, on peut conclure que la resocialisation effective n'est obtenue, en fin de compte, qu'en raison de la normalisation spontanée et que les sujets concernés auraient évolué de toute façon après le passage d'une certaine limite de croissance ou de puberté, et se seraient réadaptés.

A partir de ces études et de plusieurs autres, il est loisible de conclure, par conséquent, qu'aussi bien au niveau de prévention que de traitement, il ne s'agit pas de multiplier les institutions existantes, mais de diversifier les modes d'approche et d'élaborer des structures nouvelles, ou même totalement différentes de ce qui existe actuellement.

Par ailleurs, dans le contexte du modèle idéal, les institutions concernées doivent disposer de moyens de maintien des mineurs traités en régime de liberté, soit dans le cadre familial, soit dans celui des familles de substitution. Cela signifie que chacune des institutions, telles qu'indiquées au tableau n° 14, doit avoir un réseau de foyers de substitution, capables de prendre en charge les mineurs qui ne peuvent rester dans leur famille, mais qui

TABLEAU nᵒ 14

Le modèle idéal de traitement institutionnel
préventif et de rééducation

Moins de 15 ans	15 à 18 ans	18 à 21 ans
Dépistage « provoqué » et « non-provoqué » en milieu scolaire.	Cliniques de traitement individuel et de thérapie des groupes.	Prisons-écoles dotées de cliniques criminologiques de traitement individuel et de thérapie de groupes.
Cliniques criminologiques; établissement de diagnostic et de pronostic.	Internats et prise en charge sociale.	
Cliniques de traitement individuel et de thérapie des groupes.	Écoles de protection.	Services hospitaliers spécialisés.
Internat et prise en charge sociale.		

sont susceptibles d'être traités en dehors du cadre formel d'internat. La thérapie des groupes, destinée aux parents, sera considérée également dans le contexte du modèle idéal comme une des formes de prévention et de traitement des tendances de déviation de personnalité dépistées chez les mineurs concernés.

Les tendances de l'évolution actuelle du cadre institutionnel indiquent-elles que l'on s'oriente progressivement vers l'élaboration du modèle idéal de ce type ? Pour répondre à cette question, nous allons étudier, dans les pages qui suivent, les services existants et tenter de dégager les prévisions concernant l'avenir.

I. LE TRAITEMENT PRÉLIMINAIRE À LA DÉCISION JUDICIAIRE OU ADMINISTRATIVE

Le traitement préliminaire à la décision judiciaire ou administrative prend deux formes. La première consiste à ramener le mineur à son foyer où il devra attendre la convocation du tribunal pour mineurs; la deuxième, par contre, qui concerne ceux qui ne peuvent ou ne doivent être traités de cette façon, comprend la mesure de détention préventive. Dans le cadre de cette deuxième éventualité, les enfants malheureux ou maltraités sont soumis à la même procédure que ceux arrêtés par la police à la suite de la commission d'un acte délictueux, et fréquemment détenus dans les postes de police, dans des quartiers séparés des prisons, ou, ce qui représente un progrès notable par rapport à la procédure habituelle du début du siècle, dans des Centres d'Accueil et d'Observation.

Sous le terme de Centres d'Accueil, on désigne généralement des institutions organisées par l'État qui reçoivent les mineurs pour une courte période afin de les observer, d'étudier leur comportement et de formuler des recommandations concernant leur traitement ultérieur. Il s'agit, en somme, de reconnaissance implicite de la nécessité d'établir un diagnostic de personnalité dont l'importance prévaut en principe sur le « diagnostic » ou la décision judiciaire concernant l'acte commis. Ce qui différencie ce mode de procédé du traitement dans le cadre du modèle idéal, c'est la stigmatisation qui s'y rattache et les conditions dans lesquelles le diagnostic doit être établi. En effet, il s'agit de mineurs perturbés par l'angoisse et la crainte de la comparution, dont la personnalité est déjà détériorée plus ou moins gravement et qui, généralement, ont subi le choc du contact avec les forces de l'ordre. Cet état de choses fausse, il va sans dire, l'évaluation et complique singulièrement la tâche des spécialistes.

Pour le moment, en somme, le principal avantage des Centres de ce type consiste à éviter à l'enfant les réalités d'une détention formelle, tandis que leurs lacunes découlent surtout de deux phénomènes : celui de leur surpeuplement quasi chronique et des difficultés d'acheminer les mineurs vers les autres institutions. En d'autres termes, parce que la société n'accepte pas d'investir des sommes suffisantes et parce que la formation du personnel spécialisé laisse à désirer, les Centres sont surpeuplés et on ne parvient pas à isoler les enfants suivant les groupes d'âge et suivant leurs besoins.

Par ailleurs, les Centres, ces « gares de triage » comme on les définit souvent, sont forcés d'assumer des responsabilités qui dépassent leurs objectifs, tels que formulés officiellement dans les règlements en vigueur. En effet, étant donné que les disponibilités de placement institutionnel sont presque toujours insuffisantes, les Centres servent également de « salles d'attente », ce qui complique singulièrement leur action et cela d'autant plus que la durée de cette période d'attente est très variable et souvent prolongée, surtout dans les cas d'enfants, dont l'état ou les caractéristiques de personnalité diffèrent sensiblement des catégories les plus courantes.

A cet égard, la solution adoptée en Grande-Bretagne semble particulièrement intéressante. En effet, les Centres d'Accueil, désignés sous le nom de Remand Homes, reçoivent également les mineurs condamnés par les juges à un traitement ne dépassant pas un mois. En outre, la délimitation très stricte, suivant les groupes d'âge, favorise au départ une meilleure sélection. C'est ainsi que les Remand Homes, acceptent tous les mineurs âgés de plus de 14 ans, à l'exception de ceux trouvés coupables de délits considérés comme très graves, ou qui en raison de leurs comportements antérieurs, ont été référés à une Cour pour adultes.

D'une manière plus générale, le schéma britannique de traitement préliminaire repose surtout sur la classification selon les groupes d'âge et le maintien d'institutions différentes pour tous les mineurs âgés de moins de 14 ou 15 ans. Cette façon de procéder découle, toutefois, d'une approche reliée aux considérations relatives au degré de dangerosité éventuelle et non pas de celle qui tend à établir des distinctions plus ou moins théoriques entre l'enfance malheureuse et l'enfance déviante.

Au Canada, par contre, ces distinctions sont maintenues, en principe, et les policiers reconduisent les enfants accusés de vagabondage ou trouvés sans surveillance, dans des institutions distinctes, organisées généralement par le clergé ou les agences sociales et destinées à recevoir des orphelins, ou apparentées.

En pratique cependant, ces institutions sont surchargées, ne disposent pas de services d'urgence capables de recevoir des enfants à n'importe quelle heure du jour ou de la nuit et jouissent d'une autonomie plus ou moins poussée. Par conséquent, les enfants et les adolescents sont généralement emmenés dans des Centres qui relèvent des Cours du Bien-Être Social ou des Cours Familiales, seules institutions qui sont tenues, à l'instar des prisons, de recevoir tous ceux qui leur sont référés.

Ce qu'il convient de souligner, toutefois, c'est que dans la plupart des provinces canadiennes, les structures organisées dans les contextes urbains, tout du moins, ont permis d'éliminer complètement la détention des mineurs âgés de moins de 16, 17 ou 18 ans, (selon les législations provinciales relatives à l'âge limite où s'applique l'excuse atténuante de la minorité) dans les prisons ou postes de police, ce qui n'est pas encore le cas dans tous les pays dont l'exemple est étudié dans le cadre de cette analyse.

Quelles sont les solutions d'avenir, en ce qui a trait au traitement préliminaire à la décision judiciaire ou administrative ?

Il est évident que l'objectif consiste à éliminer, en premier lieu, la possibilité de détention formelle dans un centre carcéral, stigmatisante et traumatisante, ou dans un poste de police, comme cela se pratique encore en Suède ou en France. Il convient de souligner cependant, que la disponibilité des Centres d'Accueil est tributaire, non seulement des philosophies qui sont à l'origine de leur implantation et de leur organisation, mais aussi des traditions institutionnelles.

En effet, dans les quatre pays dont nous analysons les structures, exception faite de la Suède, s'affrontent encore les deux cadres : privé et public. Or, le cadre institutionnel privé, bien que généralement subventionné à 90 % ou à 100 % par les autorités administratives locales, ou centrales, ou locales et centrales, tient à préserver une certaine autonomie en ce qui a trait à l'acceptation des cas. Cette autonomie se justifie par le fait que tout traitement valable dépend, dans une large mesure, de la sélection faite au niveau de ceux auxquels il s'adresse, et c'est là que se situe le nœud du problème.

Tout d'abord, le rôle des Centres d'Accueil, en ce qui concerne le traitement est très modeste, sinon inexistant. Les directeurs des Remand Homes britanniques objectent que la période d'un mois qui leur est allouée, est tout à fait insuffisante pour que l'on puisse exercer une action éducative, tandis que dans les autres Centres, où il s'agit d'observation uniquement, les responsables se plaignent que leur rôle est on ne peut plus illusoire, puisque les recommandations ne peuvent être mises en exécution, faute d'infrastructure institutionnelle satisfaisante, ou encore en raison du manque de formation socio-psychiatrique et pédagogique des juges.

Dès lors, se pose donc le problème de prise en charge par l'État et la suppression de l'autonomie des Centres, mais aussi celui de collaboration entre les spécialistes des Centres, les agences sociales et l'ensemble des structures institutionnelles. Problème qui n'est guère résolu nulle part jusqu'à présent et qui demeure, cependant, d'autant plus crucial qu'il s'agit du premier contact du mineur avec ceux qui, en principe, doivent l'aider et qui, à ses yeux, représentent de façon formelle la société contre laquelle il s'insurge ou qu'il n'est pas capable d'accepter en tant que telle.

2. LA SURVEILLANCE ET LE PLACEMENT EN MILIEU LIBRE

a) *La surveillance*

Les juges des enfants peuvent ordonner, à l'égard des mineurs qui leur sont référés, des mesures de surveillance en milieu libre, de placement et d'éducation en internat, soit en écoles de protection ou apparentées, ou encore les condamner à la détention dans un centre carcéral spécialement prévu à cet effet et généralement désigné sous le terme de prison-école.

En ce qui a trait à la surveillance, elle est exercée par les travailleurs sociaux attachés aux tribunaux pour enfants, ou aux Comités de Protection. Dans la majorité des cas de mineurs qui passent devant les juges des enfants, et cela est vrai selon les statistiques des décisions prononcées par les Cours pour les pays concernés, les juges ordonnent le retour du mineur chez ses parents, ou encore, son placement dans une famille de substitution, à charge pour l'agent de probation de communiquer avec elle.

b) *La famille de substitution*

A l'origine, le placement chez des familles susceptibles d'accepter des enfants du juge était lié aux structures des sociétés rurales. Les cultivateurs se chargeaient volontiers de ce genre de responsabilité en obtenant en échange la possibilité de faire travailler les mineurs, ce qui faisait partie d'ailleurs du traitement prévu et souhaité par les juges. Avec l'exode rural, cependant, les familles de cultivateurs ne mènent plus le même mode d'existence et il devient de plus en plus difficile de trouver des foyers susceptibles de prendre en charge des enfants protégés ou délinquants. Ils sont donc placés fort souvent chez des particuliers qui vivent en ville et veulent augmenter leurs revenus grâce au per diem versé par les autorités municipales ou par les services spécialisés. Par le passé, comme à l'époque actuelle, le problème des contrôles des foyers de subvention demeure entier !

En France, les foyers familiaux sont groupés en une association qui publie des rapports annuels et des brochures éducatives, tandis qu'au Canada, comme en Grande-Bretagne et en Suède, ils sont organisés par les services sociaux, par les services de probation des Cours du Bien-Être Social et par certaines écoles de protection.

En Suède, les écoles de protection utilisent systématiquement le placement familial comme une des mesures de réadaptation à une existence normale et elles disposent généralement de possibilités d'en user dans tous les cas de mineurs ne nécessitant pas une surveillance très stricte.

Le système de placement en milieu familial de substitution présente l'avantage d'éviter au mineur l'adaptation à une vie communautaire et préserve, les plus jeunes surtout, des contacts avec des enfants plus perturbés que lui, soit de la « contamination ». En ce qui a trait aux inconvénients, ils sont relatifs surtout à l'instabilité de ce mode de traitement. Ne disposant pas de formation suffisante, les familles de substitution ne parviennent pas à contrôler les mineurs placés chez elles et refusent de les garder après une période d'essai plus ou moins longue. Il arrive ainsi qu'en l'espace de quelques mois, les mineurs changent de foyer dix fois et plus, ce qui évidemment demeure très préjudiciable pour leur équilibre psychique et affectif.

Pour corriger cet état de choses, en France comme en Belgique, on dispense un entraînement aux familles qui reçoivent les enfants du juge, et, les agents de probation ou les délégués permanents s'efforcent de les seconder en les conseillant.

Parallèlement, on crée, en Suède et surtout en Grande-Bretagne, des foyers dont les responsables sont des travailleurs sociaux. Des foyers de ce type prennent dix à douze enfants, généralement très jeunes. Les mineurs placés dans les foyers peuvent être tenus, en outre, de fréquenter une clinique spécialisée, ou encore, de participer à certaines activités particulières, et faire partie des clubs disponibles à cet effet.

Parmi les diverses structures de cet ordre, le système des Attendance Centers, organisé en Grande-Bretagne, demeure particulièrement intéressant. En effet, il s'agit là d'un service dirigé et organisé par des instituteurs et des policiers qui ont généralement une longue expérience et se recrutent parmi les officiers supérieurs. L'équipe ainsi constituée reçoit, tous les samedis après-midi, des mineurs âgés de moins de 15 ans, dans les locaux des écoles publiques de divers quartiers de grandes villes. Le programme occupationnel comprend les exercices physiques, des travaux d'artisanat et des discussions de groupes. Les résultats obtenus par ce service, très peu coûteux, semblent concluants et les magistrats condamnent souvent les mineurs, trouvés coupables de délits de gravité moindre, à fréquenter un Attendance Center pendant une période ne dépassant pas six mois. On estime à quelque sept mille le nombre total de mineurs condamnés annuellement à fréquenter un Attendance Center et il s'agit là incontestablement d'un service qui obtient des résultats très concluants puisqu'on commence à l'appliquer pour les groupes de 14 à 18 ans.

Dans le cadre de ce genre de participation aux activités de groupes, on parvient également à mieux relever et contrôler la situation familiale de l'enfant et à vérifier périodiquement, l'effet de l'influence positive, ou négative, d'une famille de substitution.

c) *Le placement institutionnel*

En Belgique, comme en France, les établissements d'observation et d'éducation surveillée comprennent les institutions privées et celles organisées et administrées par l'État.

En France, près de deux cents établissements privés reçoivent des mineurs placés par décision judiciaire. Ils sont organisés suivant les mêmes principes que les institutions publiques d'éducation surveillée, ils sont subventionnés à des degrés divers et contrôlés par les inspecteurs du Ministère, mais certaines particularités regrettables subsistent toujours, notamment en raison des difficultés de financement puisque l'aide de l'État n'est pas suffisante.

Par ailleurs, la mise en service de nouveaux établissements de l'État, du type pavillonnaire, par opposition aux anciens, logés généralement dans des châteaux et couvents désaffectés, ne peut être réalisée à un rythme satisfaisant parce que les possibilités de recrutement du personnel sont trop limitées.C'est ainsi que pour le moment les établissements relativement récents, tels ceux de Saint-Biez et d'Emancé, ne parviennent pas à prendre en charge les mineurs qu'on ne peut pas garder dans les institutions plus anciennes où ont été entrepris des travaux de modernisation.

Les établissements publics et privés se divisent en deux catégories principales, dont l'une est destinée à assurer l'observation des mineurs et l'étude de leur cas, et l'autre, au traitement proprement dit. L'observation peut être faite dans un centre d'observation ou dans un internat; le traitement par contre est fait dans les écoles de rééducation et sa durée est, par définition, beaucoup plus longue.

En pratique cependant, les distinctions entre les objectifs de diverses catégories d'établissements se confondent pour des raisons techniques et administratives qui tiennent tout autant au manque d'équipement qu'à l'accroissement du nombre d'enfants qui doivent être rééduqués. Il s'agit là, en somme, d'écoles de protection et de centres d'observation qui remplissent fréquemment un double rôle et ne peuvent être complémentaires les uns par rapport aux autres, comme il a été prévu en théorie.

On dénombre actuellement, en France, cinq centres d'observation publics qui sont des internats et deux services d'observation de l'éducation surveillée qui fonctionnent auprès de quartiers de mineurs de la prison de Fresnes et de celle de Lyon, ainsi qu'un certain nombre de centres d'observation privés. L'âge des mineurs varie, dans ces établissements, de moins de 14 ans (4 %) à 20 ans (0,1 %), avec une majorité très nette de classes d'âge de 16 ans (25 %) et de 17 ans (30 %) pour les institutions publiques.

Dans les centres privés, les groupes âgés de moins de 10 ans représentent 8,4 % et la majorité, ayant de 14 à 16 ans, 37,6 %. La durée de séjour varie de moins d'un mois à plus de neuf mois pour les institutions publiques et de moins de trois mois à plus de douze mois pour les institutions privées.

A ce propos, il convient de noter que les institutions privées reçoivent un fort pourcentage d'enfants qui ne sont pas placés par les tribunaux pour mineurs et qu'elles s'efforcent de les garder quand il est impossible de les retourner dans leur famille. D'une manière générale, dans ces institutions, la durée de séjour n'est pas délimitée uniquement par les besoins réels des mineurs, mais fort souvent par l'incapacité des parents d'assurer leur formation et leur éducation [1].

En dehors des centres d'observation, il existe également onze centres d'orientation et d'action éducative qui reçoivent de petits groupes de mineurs et dispensent un traitement intermédiaire, moins formel que dans les établissements de rééducation proprement dits. Il s'agit là d'une expérience préconisée et organisée par les juges d'enfants de divers tribunaux départementaux et par le président du tribunal pour enfants de Paris, M. Gaston Fédou.

Les établissements de rééducation comprennent 261 internats privés, dont 70 internats de rééducation, 64 foyers ou sections de semi-liberté pour garçons, et 84 internats et 43 foyers ou sections de semi-liberté pour filles.

Le secteur public dispose de deux internats pour mineurs d'âge scolaire et de dix pour ceux qui doivent recevoir une formation professionnelle.

Par ailleurs, dans les établissements de rééducation publics pour garçons, 16 % environ de mineurs sont placés à la demande des parents, 9 % à la requête de l'Aide Sociale à l'Enfance, 32 % comme délinquants primaires et 40 % comme faisant partie des récidivistes, tandis que les établissements de rééducation privés reçoivent 41,1 % de mineurs sur demande de la famille, soit une proportion inverse.

Selon les statistiques du Service de l'Éducation surveillée, concernant les établissements de rééducation publics, 84 % des mineurs admis dans ces institutions ont 15, 16 et 17 ans. La plupart d'entre eux, soit au total 72 % sont des délinquants et ont déjà fait l'objet de nombreuses mesures d'observation ou de rééducation, 40 % d'entre eux sont des récidivistes et 22 % ont déjà été détenus dans des maisons d'arrêt. Étant donné, en outre,

---

[1] Certaines législations prévoient même que le mineur doit être gardé en institution au-delà de la limite de temps prévue par la sentence et jusqu'à sa majorité, dans le cas où son milieu familial est considéré comme préjudiciable ou s'il est incapable de le recevoir.

que tous ont un retard de deux à trois ans dans leurs études scolaires et qu'ils n'ont pas reçu de formation professionnelle, l'élaboration des programmes d'enseignements demeure particulièrement difficile.

En somme, le cadre type de traitement, utilisé en France, vise à assurer deux cycles complémentaires : celui de l'observation et celui de la rééducation. Pour le moment, toutefois, la majorité des mineurs entrent en rééducation sans avoir fait l'objet d'une observation préalable et la majorité des mineurs observés sont renvoyés purement et simplement dans leurs foyers, faute de places disponibles.

Cette situation est due, sans aucun doute, au manque d'équipement, mais il n'en reste pas moins que l'on peut se demander si ce cadre type, en tant que tel, est réalisable à long terme. C'est ainsi que les institutions de rééducation, par exemple, adaptent le rythme des entrées et des sorties des élèves aux périodes de préparation d'examens scolaires ou professionnels. On admet le maximum de mineurs, observés ou non, pour la rentrée d'octobre et on refuse ensuite les candidats nouveaux parce qu'il est très malaisé de les intégrer dans le cadre d'une formation ou d'un enseignement répartis sur l'ensemble de l'année scolaire. Le dilemme qui se pose demeure donc celui des divergences qui apparaissent entre le traitement qui vise surtout la préparation de l'élève à gagner sa vie et celui qui a pour objectif la restructuration psycho-pédagogique de sa personnalité.

Par comparaison, le système canadien a fait des choix conformes à une plus grande homogénéité.

On distingue là, à l'intérieur du cadre institutionnel, des établissements qui dispensent un enseignement scolaire, destinés à recevoir des mineurs de moins de 16 ans et qui sont considérés comme des orphelinats, bien que leur population comprenne des enfants protégés et délinquants. En dehors de ce type d'établissements, il y a des écoles de protection de deux catégories : celles de la première catégorie assurent surtout une formation professionnelle, et celles de la deuxième catégorie se préoccupent en premier lieu de restructuration de la personnalité, comme c'est le cas de Boscoville, au Québec, institution pilote connue surtout pour ses méthodes et le fait que l'on estime à 10 % le nombre de récidivistes.

En troisième lieu, on dispose également d'institutions à sécurité maximale où les délinquants sont détenus pendant une période limitée de trois mois. En principe, après leur libération, ils doivent être transférés dans un établissement de rééducation, mais en pratique, cela n'est pas toujours possible en raison du manque d'espace et il est même difficile d'assurer la surveillance et l'assistance d'un agent de probation, assez « vigilantes » pour être efficaces, parce que le personnel disponible n'est pas suffisant.

En Suède, les structures des établissements pour mineurs comprennent les écoles de protection et les centres de détention spécifiques, qui n'existent pas au Canada où un nombre très limité de délinquants très graves, tels les meurtriers, est détenu dans des quartiers séparés des prisons.

Les écoles de protection suédoises dispensent l'éducation scolaire ou la formation professionnelle. A ces deux catégories correspondent deux groupes d'élèves sélectionnés selon l'âge, dont le premier comprend les enfants de 9 à 14 ans, et le deuxième, ceux uniquement de 15 à 17 ans, ainsi qu'un pourcentage relativement très faible de jeunes de plus de 17 ans.

En ce qui concerne le fonctionnement des écoles de protection, elles disposent toujours d'un service de foyers de substitution et on s'efforce, dans la mesure du possible, de garder le minimum d'élèves en internat et de placer à l'extérieur tous ceux dont la réhabilitation est déjà assez avancée pour qu'ils puissent cesser de demeurer à l'intérieur de l'institution.

La décision suivant laquelle un élève peut jouir d'une surveillance en milieu ouvert relève du directeur de l'école et de son conseil d'administration.

En effet, les règles prévues par la loi sont très souples. Selon l'article 66 et suivant de la loi suédoise des écoles de protection :

« La protection donnée à l'intérieur de l'école doit être

organisée de façon à créer les conditions qui permettront à l'élève de passer à une forme de protection plus libre. Si cela devait s'avérer opportun, le travail ou la formation de l'élève pourra se poursuivre ailleurs qu'à l'école. On devra avoir recours, aussitôt que cela peut se faire, à la protection à l'extérieur de l'école. A cet effet, l'élève pourra être remis à un foyer privé ou placé dans un établissement approprié, soit une maison d'enfants ou un foyer pour jeunes apprentis ».

En ce qui concerne les limites de temps que les élèves peuvent passer dans une école de protection, la loi stipule que :

« Le départ devra se faire au plus tard à 21 ans révolus, ou bien, si l'élève a été pris en charge à des fins de protection sociale, après avoir atteint 18 ans, au plus tard trois ans après la prise en charge. La décision annonçant le départ de l'école met fin à la protection sociale. Une telle décision pourra cependant prévoir le maintien de la protection sociale, sauf en cas d'empêchement selon ce qui est stipulé au sujet de l'objection qui peut être présentée par le Comité pour la Protection des Mineurs. Lorsqu'il n'est pas ordonné, en fait de maintien de la protection sociale, le conseil d'administration de l'école devra veiller à ce que l'élève, au moment de son départ, soit placé dans des conditions satisfaisantes. Si besoin est, le conseil d'administration devra prendre les arrangements requis pour donner à l'élève un travail approprié et l'occasion d'acquérir une formation ainsi que l'équipement et les moyens nécessaires aux déplacements et autres frais particuliers ».

En somme, contrairement à ce qui existe en France, en Belgique et au Canada, où les écoles de protection ont une autonomie par rapport à la décision du juge, mais où la durée de la sentence ne peut dépasser la limite prévue par la sentence, les autorités des écoles suédoises ont une autonomie plus large.

En pratique, les Comités pour la Protection des Mineurs réfèrent l'enfant à une école de protection et donnent alors certaines directives le concernant; par la suite, toutefois, il appartient au directeur de l'établissement d'observer son comportement et de prendre les décisions qui lui paraissent le mieux adaptées à sa réhabilitation.

Les écoles de protection suédoises ne reçoivent pas de cas autres que ceux référés par les Comités pour la Protection des Mineurs. Les tribunaux ne peuvent condamner un mineur à être traité dans une école de protection, mais uniquement le confier à la garde d'un comité, la charge de prendre une telle décision lui incombant.

On dispose, en Suède, de quelque 24 écoles de protection capables de recevoir environ 2 000 élèves, dont 50 % cependant demeurent dans des foyers familiaux affiliés. En somme, les écoles de protection servent là de centres d'observation et de lieux de traitement et assurent la rééducation et la surveillance de tous les élèves qui peuvent demeurer à l'extérieur de l'établissement, ce qui permet d'avoir des locaux d'une capacité plus faible sans que cela influe sur les normes d'admission. En effet, les écoles de protection suédoises sont divisées en petites unités qui ne disposent que de 20 à 30 places. A l'intérieur de ces unités, on fait des divisions entre le service d'observation, le service de traitement et le service destiné à ceux qui peuvent quitter l'école au cours de l'année pour être placés à l'extérieur et dont la réhabilitation est, par conséquent, plus avancée. Les structures institutionnelles comprennent également quelques grandes écoles de 50 à 80 places, mais on estime qu'à l'avenir, on doit s'orienter vers la disparition de telles institutions au profit de centres petits ou moyens.

En ce qui concerne la détention carcérale, on évalue à 500 environ le nombre de jeunes de moins de 21 ans qui sont détenus annuellement dans les prisons. La durée de leur séjour est généralement très limitée; ils ne purgent jamais la totalité de la peine et sont placés en liberté surveillée dès que cette mesure est recommandée, ou jugée acceptable, par les travailleurs sociaux préposés à l'adolescent.

On s'efforce, en outre, de promouvoir des structures nouvelles de traitement destinées aux jeunes alcooliques ou toxicomanes.

Étant donné que les expériences ont démontré qu'ils ne peuvent résider dans des institutions ouvertes, proches des centres urbains en raison de probabilité de récidive, ils sont internés dans les régions éloignées et relativement sauvages du nord du pays où ils sont logés et surveillés par des cultivateurs ou des bûcherons. Un tel internement peut durer de six mois à un an et, à son retour à l'institution dont il relève, le concerné est soumis à un examen médical. Dans certains cas, on l'encourage, toutefois, à s'établir d'une façon définitive dans une région rurale éloignée en lui assurant, à cet effet, une aide financière particulière.

En somme, en Belgique, en France et en Suède, on s'efforce, en premier lieu de limiter au maximum le nombre de mineurs, et même de jeunes adultes en Suède, qui doivent purger une peine de prison; mais c'est en Grande-Bretagne que l'on est parvenu à appliquer de la façon la plus stricte ce principe.

En effet, la Grande-Bretagne dispose actuellement de structures diversifiées qui permettent de traiter tous les cas de délinquants juvéniles en dehors des institutions destinées aux adultes, et cela jusque l'âge de 21 ans. Depuis 1908, année où fut adopté le Children Act décrétant qu'aucun enfant ne peut être détenu en prison et que les jeunes de moins de 21 ans ne doivent être condamnés à la prison que sur certificat de la Cour attestant qu'il n'est pas possible d'agir autrement en raison de leur personnalité, le traitement des jeunes délinquants en Grande-Bretagne a complètement changé.

En 1907, on dénombrait encore dans les prisons 572 détenus de moins de 16 ans; mais déjà en 1925, il n'y en avait plus que 8. Par la suite, le Criminel Justice Act de 1948 a enlevé aux magistrats des Cours pour juvéniles le droit de condamner à la prison les jeunes de moins de 17 ans et, actuellement, seules les Cours pour adultes peuvent condamner un mineur à la détention dans un Borstal.

A la faveur de cette législation, on a donc développé un système particulier de détention, destiné non seulement aux mineurs, mais aussi aux jeunes adultes de 18 à 21 ans. Les magistrats et les juges disposent de moyens punitifs et de traitement qui, en ce qui a trait au placement institutionnel, sont les suivants :

— condamnation à un mois de détention dans un centre pour mineurs (14 à 17 ans, 17 à 21 ans),
— traitement de trois ans, ou moins, dans une école de protection (Approved Schools) (10 à 19 ans),
— détention dans une prison école (Borstal) (15 à 21 ans).

Les centres de détention pour mineurs (Detention Centres) dépendent de l'autorité du service des prisons, tandis que les écoles de protection relèvent des autorités municipales ou des agences, mais sont toujours inspectées par le Service de l'Enfance du Home Office.

Les centres de détention reçoivent les jeunes de 14 à 17 ans et de 17 à 21 ans, mais ces deux groupes d'âge sont totalement séparés et ne servent que pour les détentions de trois mois. Actuellement, il y a cinq centres de ce genre dont deux pour les garçons âgés de 14 à 17 ans, et trois pour les garçons ayant de 17 à 21 ans. Trois de ces centres reçoivent surtout les élèves des écoles de protection auxquelles ils sont affiliés, qui en raison de leur conduite, doivent être placés à titre temporaire dans une institution plus sévère, où les possibilités d'évasion sont pratiquement inexistantes. Par le passé, les jeunes détenus d'un centre, dont la conduite était exemplaire, avaient droit à 15 jours de remise de peine et ne restaient là en fait que deux mois et demi, mais selon les nouveaux règlements entrés en vigueur le 1er août 1968, la remise de la peine est d'un mois, donc la période totale de détention effective ne dépasse pas cette limite.

Les centres de détention ont été créés en fonction d'une philosophie particulière. Contrairement au Remand Homes et aux centres spéciaux, ils n'ont pas pour but d'étudier la personnalité du mineur, de le faire examiner par le médecin et de préparer un rapport présententiel, mais visent uniquement à provoquer une sorte de choc psychologique. En ce qui concerne les délinquants particulièrement difficiles, le séjour au centre doit servir d'une sorte d'illustration de ce qui les attend s'ils ne parviennent pas à changer leur mode de vie. Le juge, qui condamne un mineur à y être traité, le fait en principe dans l'espoir de donner aux parents, comme au garçon lui-même, une idée bien précise de ce que peut être une prison pour adulte. Par ailleurs, afin d'aider les écoles de protection dans leur travail et afin de limiter au minimum le système de punitions qui doivent y être appliquées, on accepte dans le centre de détention, sur recommandation du directeur de l'école à laquelle ce centre est affilié, ceux que l'on désigne comme des « têtes fortes ».

Il semble, toutefois, que le choc psychologique escompté ne se produise pas chez tous les délinquants et qu'un groupe, notamment celui des enfants des milieux professionnels, ne réagisse pas. On prétend même que ces centres demeurent, en fait, de « petites écoles de crime », puisqu'ils permettent aux « têtes fortes » de discuter de leurs « exploits » et d'échanger des « recettes ». Il n'en reste pas moins que ces constatations ne démontrent pas que les structures sont mauvaises, mais plutôt que le personnel spécialisé est insuffisant et incapable d'organiser des programmes rééducationnels valables. Il est fortement question, par conséquent, de procéder aux réformes des modes de traitement, mais le problème qui se pose demeure celui de formation du personnel et des dépenses inhérentes aux salaires plus élevés qu'il sera alors en droit d'exiger.

En ce qui a trait aux écoles de protection (Approved Schools), elles se divisent en deux groupes dont le premier dispense l'enseignement scolaire et reçoit des mineurs plus jeunes et, le deuxième assure la formation professionnelle destinée aux aînés. Il y a actuellement en Grande-Bretagne 123 écoles de protection, dont 90 pour garçons et 33 pour filles. La population totale de ces institutions varie généralement entre 9 à 10 000, suivant les périodes. Sur le plan administratif, comme toujours en Grande-Bretagne, on tolère les responsabilités mixtes, ce qui signifie que 30 écoles de protection relèvent de l'autorité des gouvernements municipaux, tandis que 93 dépendent de divers comités et associations bénévoles, mais que dans tous les cas, c'est le Home Office qui subventionne 50 % des dépenses, établit des normes, contrôle l'entraînement du personnel et surveille l'état des locaux.

Le classement par groupes d'âge correspond surtout à la nécessité de continuer à dispenser aux jeunes l'enseignement scolaire ou professionnel, en pratique, cependant, les retards de formation scolaire entraînent des disparités entre mineurs du même âge qu'il est difficile de combler. Sur le plan d'entraînement professionnel, on enseigne surtout les métiers de construction et le jardinage. Il existe aussi trois écoles qui dispensent des cours théoriques et pratiques de navigation, mais elles sont chroniquement surchargées, et les juges s'efforcent d'y référer surtout des mineurs qui ont des aptitudes particulières de préférence à ceux qui voudraient recevoir ce genre de formation et de ceux qui, sur le plan des difficultés de restructuration de leur personnalité, auraient intérêt à y être entraînés.

Il est intéressant de noter, en outre, que tout le système des écoles de protection a beaucoup évolué au cours des dernières années. C'est ainsi que l'on ferme systématiquement les établissements destinés aux garçons âgés de moins de 11 ans et aux filles âgées de moins de 15 ans. La disparition de ces écoles se justifie tout d'abord par le fait que le système britannique s'oriente vers une réforme qui vise à traiter tous les enfants de moins de 14 ans comme des mineurs ayant besoin de protection. Par ailleurs, à la suite de l'émancipation des jeunes filles, certaines écoles de protection, dont le traitement était basé surtout sur une philosophie religieuse, ne parviennent plus à remplir leur rôle.

D'une manière générale, les tendances qui se manifestent depuis quelques années consistent à rejeter a priori toutes les solutions globales. Il ne s'agit plus d'appliquer une philosophie ou une méthode de traitement, mais de le diversifier de façon à l'adapter à chaque cas individuel. Dès lors, certaines écoles de protection sont chargées surtout de faire l'étude des comportements et de procéder à la classification des cas. Ce rôle est également assumé, en ce qui a trait aux filles, par les centres spéciaux et par les Remand Homes. Il n'en reste pas moins que, pour le moment, le classement des mineurs selon leurs aptitudes, leurs goûts et leurs besoins réels, demeure encore très théorique, autant en raison de la pénurie des spécialistes dans les centres de classification qu'à cause de l'insuffisance du personnel et de l'équipement des écoles de protection qui doivent dispenser le traitement.

On s'efforce, en outre, de tenir compte de la situation géographique des écoles puisqu'on estime qu'il convient de maintenir le contact avec les parents des élèves, ce qui est d'autant plus malaisé que la délinquance est numériquement plus importante dans les centres urbains, tandis que les institutions de placement sont situées surtout dans les régions rurales, parfois fort éloignées.

Ce qui nous semble toutefois important de rappeler, c'est que, dans le schéma britannique de traitement, les directeurs des écoles de protection ne jouissent pas d'une autonomie spécifique et ne peuvent refuser un mineur qui leur est référé par la Cour. Cela ne signifie pas, cependant, que les magistrats décident arbitrairement de placer dans une institution déjà surchargée des cas en surnombre, mais que la procédure repose sur un système de collaboration entre les institutions et les Cours. Les écoles fournissent des rapports sur leurs effectifs et sur leurs programmes et les magistrats doivent en tenir compte dans le prononcé de leurs sentences. Par ailleurs, les directeurs sont obligés de faire, tous les quatre ou six mois, des rapports sur la conduite et les progrès des élèves et de les envoyer, avec leurs recommandations, aux magistrats. Sur la base de ces rapports, les juges décident du transfert de l'élève dans une autre institution ou de son retour au foyer.

En somme, on ne détermine pas dans la sentence la durée du séjour dans une école de protection, mais le magistrat prend des décisions au fur et à mesure des progrès accomplis par l'élève. Selon la loi cependant, personne ne peut être condamné au placement dans une école de protection pour moins de six mois ou pour plus de trois ans, et personne ne peut rester dans une école de protection après avoir atteint 19 ans. Cette façon de procéder n'est possible cependant que grâce au fait que les écoles de protection ont sous leur juridiction certains services particuliers, dont entre autres les « hôtels » où les jeunes habitent au cours des derniers mois de leur séjour à l'institution, tout en travaillant ou tout en étudiant (ce qui est beaucoup plus rare et ne concerne que 1 % des cas) à l'extérieur. Trois écoles de protection dirigent également trois unités spéciales (Special Units) où on place les mineurs délinquants, difficilement contrôlables. Ces unités, soit Kingswood School, Royal Philanthropic Society's School et le Red Bank School, ont été créées en 1964-1965 et reçoivent des groupes de 20 à 30 garçons au maximum.

Sur le plan légal, le mineur, suivant son âge, peut être placé pour les mêmes délits dans une école de protection, dans une « Unité Spéciale » ou, s'il a plus de 15 ans, dans un Borstal; mais dans ce dernier genre d'établissement, on ne reçoit que les cas qui ont passé auparavant par une autre institution. Généralement, les tribunaux pour enfants ne prononcent la condamnation à la détention dans un Borstal que quand il s'agit des élèves des écoles de protection considérés comme particulièrement récalcitrants. Si, toutefois, la Cour pour juvéniles est appelée à juger un jeune délinquant responsable d'un délit pour lequel un adulte de plus de 21 ans serait condamné à la prison, les magistrats peuvent considérer qu'étant donné son caractère et ses antécédents, il doit passer un certain temps dans un Borstal et le référer à une Cour Supérieure (Quarter Sessions) pour sentence. Au préalable, ils sont obligés, cependant, de demander aux autorités des prisons (Prison Commissionners) si le mineur est coupable, au point de vue psychique et mental, de profiter du traitement dispensé dans un Borstal, et doivent le placer dans un centre d'observation pour une période de trois semaines au maximum, afin de pouvoir disposer d'un rapport présentiel complet.

Quelque 2 200 mineurs, garçons et filles, sont condamnés annuellement par les Cours pour adultes (Quarter Sessions) à être détenus dans un Borstal qu'on assimile à la même catégorie des institutions que les prisons-écoles. Les condamnations à la détention dans un Borstal, comme celles à l'école de protection, ne comportent pas de limites de temps précis, mais ne peuvent être inférieures à six mois, ni supérieures à deux ans. A l'intérieur de ce cadre, c'est le conseil, présidé par le directeur du Borstal ou de l'école de protection, qui doit préparer un rapport et recommander s'il convient de libérer un jeune ou le garder plus longtemps. Le rapport du conseil est transmis au Comité des visiteurs (Board of Visitors) qui le soumet, à son tour, au Home Secretary, fonctionnaire du Home Office, pour décision. D'une manière générale, la moyenne de séjour dans un Borstal est de moins de 15 mois pour les garçons et de 11 mois pour les filles.

Le système des Borstal a été créé en 1908 et, actuellement, on dispose de 25 institutions de ce type, dont 21 pour les garçons et 4 pour les filles. Toutefois, là comme dans les autres institutions pour les jeunes délinquants, on s'efforce d'avoir une certaine gradation de traitement et on dispose de 12 Borstal ouverts et de 9 fermés, pour les garçons, ainsi que d'une prison-école fermée pour les jeunes filles. Le classement des détenus se fait dans un centre, Allocation Center, où ils passent tous avant d'être envoyés dans un Borstal donné.

Les Borstal fermés sont entourés de murs et ressemblent à une prison, mais les délinquants travaillent toujours à l'extérieur des murs, soit à la ferme, soit dans les ateliers. Les Borstal ouverts ressemblent aux écoles de protection, mais la discipline y est beaucoup plus sévère, les élèves n'ont pas droit d'aller au village, ni de recevoir le même nombre de visites, ni de passer leurs vacances dans leur famille, comme cela se fait dans les écoles de protection. Un des Borstal reçoit tous ceux qui ont essayé de s'évader des Borstal ouverts.

Sur le plan des structures, dans les Borstal comme dans les écoles de protection, prévaut le système pavillonnaire et les conditions d'existence y sont sensiblement comparables. Ce qui différencie peut-être le plus le traitement donné dans une école de protection de celui qu'on applique dans un Borstal ouvert, c'est la formation du personnel et son mode de recrutement.

Pour le personnel des écoles de protection, le Central Training Council in Child Care, organisme de protection de l'enfance, subventionne deux types d'entraînement, celui destiné aux « Officiers à l'enfance » qui ne dure que douze mois et celui qui s'adresse aux futurs éducateurs responsables des programmes des écoles de protection qui dure un an.

Le personnel des écoles de protection comprend, en outre, un certain nombre d'officiers seniors qui ont terminé des études universitaires, en psychologie ou en sociologie, et qui assument les postes de direction au niveau des équipes d'éducateurs.

Par opposition, les Borstal disposent d'un certain nombre d'éducateurs, mais l'ordre et plusieurs activités quotidiennes sont organisés là par un personnel qui a la même formation que celui des prisons adultes. La réhabilitation étant surtout une affaire d'hommes et non pas de structures, il s'agit là d'une différence fondamentale qui fatalement influe sur l'ensemble du traitement.

Cette constatation s'applique d'ailleurs à la majorité des institutions pour mineurs autant belges que françaises ou canadiennes. Les éducateurs, qui reçoivent partout un entraînement de plus en plus spécialisé et de plus en plus poussé, sont généralement obligés d'acquérir également une certaine expérience avant d'assumer des postes de commande. Leur approche ne saurait être semblable, par conséquent, à celle des gardiens de prison qui n'ont pas la même formation. Afin de maintenir un état d'esprit et des liens entre les éducateurs et les élèves, le personnel des écoles de protection britanniques et de divers centres pour mineurs est permanent et habite, soit sur place, soit dans des maisons proches de l'institution où les mineurs sont reçus en raison de diverses activités ou à titre de récompense.

Au Canada par contre, les éducateurs n'habitent pas sur le terrain de l'institution, à l'exception du personnel recruté dans le clergé, ou encore de certaines institutions pilotes, tel Boscoville par exemple, au Québec, ce qui change plusieurs aspects de leur fonctionnement.

En effet, autant il est difficile de comparer le niveau réel de divers systèmes de formation du personnel, dispensée partout, mentionnons-le, par les écoles d'État ou surveillée par les organes de l'administration de la justice, ou du Bien-Être Social, autant il est possible de prétendre que dans tous les cas, ce sont les modes de contacts entre les éducateurs et les élèves qui ont une importance primordiale.

En Grande-Bretagne, ces contacts ont un caractère similaire à celui qui prévaut dans les internats, et c'est là un des grands avantages de l'ensemble du système de traitement.

3. LE CADRE INSTITUTIONNEL ET LES PERSPECTIVES D'AVENIR

Quelles sont les principales lacunes des systèmes institutionnels décrits très schématiquement dans les pages précédentes ?

Dans l'immédiat, c'est leur capacité de répondre aux besoins tels que recensés par les tribunaux pour mineurs et, à plus forte raison, aux besoins réels.

A cet égard, certaines déclarations de juges belges, relevées par Aimée Racine dans son ouvrage « La délinquance juvénile en Belgique », reflètent particulièrement bien la situation.

« Les plaintes les plus vives des juges belges, écrit le professeur Racine, ont trait aux difficultés rencontrées lorsqu'il s'agit de placer un mineur; la plupart des établissements, tant publics que privés, sont combles et certains types d'établissements font complètement défaut, ce qui oblige trop fréquemment, ou bien à renoncer à un placement nécessaire, ou bien à placer dans un établissement qui ne répond pas aux conclusions du rapport d'observation. Le Centre d'observation de Mol, débordé, n'arrive plus à faire du travail en profondeur. A Tongres, arrondissement qui comprend un important district minier où la délinquance juvénile est relativement importante, surtout parmi les enfants d'étrangers, l'observation ambulatoire elle-même est impraticable, l'arrondissement ne possédant même pas un dispensaire d'hygiène mentale. Un juge se plaint de devoir trop souvent, faute d'un centre d'accueil pour garçons, exécuter la mesure de garde préventive dans une maison d'arrêt, alors que, d'après la volonté du législateur, une telle solution aurait dû être exceptionnelle.

Si la situation ne s'améliore pas à bref délai, déclare le juge d'enfants de Bruges, il est à craindre que l'on en revienne à des méthodes de travail périmées, mais qui exigent moins de temps et de savoir.

Et le juge d'enfants de Mons déplore l'envoi trop fréquent de mineurs à la prison, faute d'autres possibilités, mesure extrême qu'il considère comme moralement et psychologiquement traumatisante pour des sujets qui ne présentent que des difficultés passagères. Il ajoute d'ailleurs à propos des placements inadéquats, quels qu'ils soient : « Le principe est sauf puisque le placement qui semblait s'imposer a été réalisé... mais dans quelles conditions et avec quelles chances de succès! »

L'exemple belge n'est guère isolé et en fait, dans le cadre des cinq pays dont nous avons tenté d'analyser les structures, les pénuries demeurent fort comparables. La solution réside-t-elle dans la multiplication des institutions spécialisées, ou se situe-t-elle au-delà d'une telle politique?

Pour répondre à cette question, il convient tout d'abord de dégager les principales tendances actuelles et, en deuxième lieu, envisager leur évolution dans une optique prospective.

Parmi ces tendances, nous en retenons deux dont la première est relative aux seuils d'âge, et la seconde à la diversification des modes de traitement. En effet, il apparaît de plus en plus évident que la société s'efforce de retarder le traitement formel et cela indépendamment des variables des contextes légaux. En Suède, la législation prévoit l'irresponsabilité légale des mineurs âgés de moins de 15 ans, qui ne peuvent être traités que dans une optique purement sociale de protection; dans d'autres pays, par contre, les statistiques démontrent que le pourcentage de prises en charge, telles qu'ordonnées par les tribunaux pour enfants, est relativement beaucoup plus faible pour le groupe de moins de 15 ans que pour tous les autres. Cela ne veut pas dire que la déviance de personnalité n'apparaît pas dès 7 ans, mais indique plutôt qu'on compte sur la normalisation spontanée, ou encore qu'on préfère, pour éviter aux enfants les plus jeunes les difficultés d'adaptation à une existence en internat, retarder l'échéance. Cette attitude prévaut tout autant en ce qui a trait à l'enfance malheureuse qu'à l'enfance délinquante, telles que définies dans les concepts légaux.

D'une façon générale, les juges s'efforcent d'essayer les diverses mesures dont, surtout, le retour au foyer, avec la surveillance d'un agent de probation, avant de décider de placer le mineur dans une famille de substitution ou, à plus forte raison, en institution.

Cela signifie que les internats et les écoles de protection reçoivent généralement des adolescents ayant vécu de nombreuses expériences et doivent redresser des situations très détériorées, ou agir sur des élèves dont toute l'optique sociale est profondément faussée. A force de retarder l'échéance, on ne peut éviter, dans certains cas, de favoriser le développement du processus de détérioration, ou même quand il s'agit de familles particulièrement perturbées, de freiner le processus de normalisation spontanée.

La diversification des modes de dépistage doit donc viser à opérer la sélection des mineurs prédisposés ou exposés à l'apparition des caractéristiques délinquantes, et à mesurer le degré et l'importance des symptômes. Idéalement, il s'agit donc de créer des formes de dépistage extra-judiciaire, soit s'adressant à l'ensemble de la population scolaire et ne concernant pas uniquement la situation socio-économique des familles, comme c'est le cas jusqu'à présent, mais aussi la personnalité de l'enfant. A cet effet, on peut fort bien concevoir l'organisation des cliniques criminologiques volantes, dont l'action serait comparable à celle d'examens médicaux proprement dits, et qui devraient collaborer avec les familles et le corps enseignant pour l'élaboration des modes de traitement les plus adéquats. Prétendre que la science n'est pas suffisamment avancée pour autoriser de tels modes de prévention ne semble plus conforme à la réalité.

Désormais, des cliniques rattachées aux tribunaux pour mineurs, comme c'est le cas au Canada entre autres, examinent les mineurs référés par les juges et établissent des diagnostics sur lesquels les magistrats se basent dans le prononcé de leur sentence. Ces cliniques dispensent également des traitements destinés aux adultes, telles les thérapies de groupes pour les parents, par exemple, ce qui signifie qu'on dispose d'outils destinés à corriger des situations déjà détériorées, mais qu'on répugne, ou qu'on refuse, de les utiliser en fonction d'une optique préventive.

Cette attitude sociale se justifie, en somme, bien plus par des considérations d'ordre légal que social. En effet, les examens de cet ordre demeurent jusqu'à présent liés à un contexte punitif, ou perçu comme tel.

Par ailleurs, on se souvient encore des oppositions qui existaient à l'origine en ce qui a trait aux examens médicaux proprement dits, qui ont été considérés pendant longtemps comme une forme d'intervention sociale allant à l'encontre des libertés individuelles. Dans certaines sociétés, cette étape a été franchie plus facilement que dans d'autres, et l'examen prémarital, par exemple, obligatoire en France, demeure toujours encore difficilement concevable au Canada; il n'en reste pas moins que les effets de telles mesures préventives se sont avérés valables et importants.

Au-delà du dépistage socio-médical, psychiatrique, psychologique, voire criminologique, on doit en outre prévoir des services de traitement d'autant plus difficiles à concevoir que la prise en charge, dans le cas de certains mineurs, demeure tout aussi indispensable que l'hospitalisation dans le cas de certaines maladies. Cela signifie qu'au-delà des placements dans les foyers de substitution, on doit élaborer des centres d'accueil susceptibles de recevoir les enfants qui ne doivent pas rester dans leur foyer, pendant une certaine période, ou de façon permanente. Il est possible de prévoir un traitement parallèle des parents visant à restructurer la cellule familiale déficiente, comme cela se fait déjà au Canada et en Suède, dans les divers services spécialisés des hôpitaux.

Dans un tel contexte orienté surtout vers le traitement préventif, les possibilités d'user des moyens coercitifs demeurent néanmoins indispensables. Moyens administratifs, par opposition à ceux qui relèvent des Cours, reliés à l'ensemble des structures médico-sociales, mais destinés à obliger les concernés à se faire examiner et à se faire traiter.

A ce propos, on peut reprendre une fois de plus l'exemple de l'examen prénuptial obligatoire, devenu en France une formalité qu'on ne conteste plus. Comme on le sait, cet examen comporte deux aspects particulièrement pénibles et limitant les libertés individuelles ; d'une part, le médecin peut être dispensé de son obligation au secret professionnel et communiquer aux futurs conjoints les résultats de l'examen de chacun et, d'autre part, la possibilité de mariage peut être, dans certains cas, dépendante d'un traitement préliminaire ou encore définitivement écartée.

Il est évident que l'examen criminologique préventif sera dénoncé comme une forme de remise en question de l'autorité parentale, mais il n'en reste pas moins que les objectifs à atteindre primeront tôt ou tard sur les principes théoriques.

Ce qui nous paraît fondamental, néanmoins, c'est de faire abstraction a priori de tout contexte judiciaire et punitif, afin d'éliminer toute possibilité de stigmatisation et cela nous amène à la deuxième dimension du problème de traitement de l'enfance en danger, ou pré-déviante.

En effet, si on prend pour acquis que la prévention de cet ordre permettra d'éliminer un certain pourcentage de déséquilibre, il n'est guère possible de concevoir en même temps une disparition complète de la déviance. Où va se situer dès lors la frontière entre l'approche socio-médicale et judiciaire, en ce qui a trait au schéma institutionnel?

Le problème est intimement lié, à ce niveau, non pas à l'importance des ressources, mais au contexte légal, dont dépend la sélection des cas. Si on admet a priori que sur le plan judiciaire, la tendance générale consistera à considérer tous les mineurs de moins de 15 ans comme des enfants ayant besoin de protection et ceux de 15 à 18 ans, comme des adolescents devant être traités, il faudra diviser le deuxième groupe en deux blocs distincts et cela en fonction de l'objectif à atteindre.

A cet effet, les Cours devront tenir compte de deux principaux facteurs, soit l'intérêt de l'adolescent et le danger de victimisation qu'il représente pour la société. Par conséquent, conformément au modèle britannique, il conviendra de maintenir des écoles de protection et des foyers de substitution qui y seraient rattachés, destinés à recevoir tous les adolescents considérés comme ne représentant pas un danger de victimisation élevé et améliorer les modes de traitement des Borstal, institutions destinées à recevoir tous les autres.

Le schéma idéal de traitement institutionnel, conforme à une telle approche, pourrait être le suivant :

TABLEAU n° 15

Schéma idéal de traitement institutionnel des mineurs

Traitement préventif non judiciaire (7 à 15 ans) (Adultes-parents).	Cliniques de dépistage et d'observation rattachées aux hôpitaux.	Internats, sanatorium.
Traitement non-judiciaire ou judiciaire : protection (15 à 18 ans) (Adultes-parents).	Centre d'accueil, d'observation et de traitement relevant du Ministère des Affaires Sociales.	Internats, sanatorium.
Traitement judiciaire (Tribunaux pour enfants et autres instances) (15 à 18 ans).	Centres d'accueil et d'observation rattachés aux tribunaux pour enfants, relevant du Ministère de la Justice.	Écoles de protection, Borstal ou apparentés.

Il s'agit, en somme, comme on le constate sur la base du schéma du tableau ci-dessus, d'opérer des divisions suffisamment précises entre les divers types d'institutions, pour faire disparaître toute possibilité de stigmatisation au niveau de tous ceux qui ne doivent pas être considérés comme des délinquants.

Dans le contexte actuel, les tentatives visant à écarter au maximum le facteur de stigmatisation pour l'ensemble des mineurs se soldent par l'impossibilité d'organiser des structures de traitement pleinement valables. A notre avis, le jour où on acceptera d'adopter des positions plus précises, en élaborant un partage formel entre les tâches des diverses catégories d'institutions, on parviendra à émerger de la confusion actuelle et à assurer un traitement beaucoup plus efficace et beaucoup plus équitable aux enfants et adolescents ayant besoin de protection, comme à ceux qui présentent des troubles de personnalité et de comportements graves.

Toutefois, étant donné les difficultés que comporte tout examen psychologique et criminologique, l'autonomie des institutions devra être alors suffisante pour qu'elles puissent suggérer des transferts d'un secteur à l'autre.

De tels transferts, qui auraient lieu par exemple d'un internat vers une école de protection, ou vice versa, seraient basés sur les rapports des conseils multidisciplinaires des institutions et entérinés par un Conseil du Ministère des Affaires Sociales ou par le président d'un tribunal d'enfants, suivant les diverses catégories.

Actuellement, l'ensemble du système institutionnel est tributaire de l'attitude sociale et judiciaire à l'égard de l'enfance malheureuse et de l'enfance délinquante. Il est exact que d'autres facteurs, tels que l'impact des traditions, ou encore, du partage des responsabilités financières entre les divers ministères et les secteurs, public ou privé, l'affectent considérablement, mais il n'en demeure pas moins vrai, et à notre sens fondamental, d'admettre que ce sont là des problèmes qui impliquent une question préalable. En effet, on ne peut les résoudre à long terme sans procéder, tout d'abord, à une redéfinition des tâches conformes aux impératifs de la prévention, de la sélection des cas, du traitement et de la détention en milieu spécialisé, tenant compte de la nécessité absolue d'éliminer la stigmatisation que le système actuel ne peut éviter, malgré toutes les normes de confidentialité communément admises et respectées, non seulement à l'égard des délinquants, mais de l'ensemble de l'enfance malheureuse.

LA STIGMATISATION
ET LA RÉINTÉGRATION SOCIALE

L'analyse des statistiques démontre, et cela est vrai pour les cinq contextes nationaux traités, que la criminalité est plus élevée pour les groupes d'âge de 18 à 24 ans que pour ceux ayant 25 ans et plus. Dans cette catégorie, désignée sous le terme de « jeunes adultes »[1], on retrouve un fort pourcentage de ceux déjà traités comme jeunes délinquants qui sont, par conséquent, des récidivistes, dans le sens propre de ce terme, bien qu'ils ne soient pas jugés en tant que tels puisqu'on ne tient pas compte toujours, selon les législations et selon les cas, des délits commis avant l'âge où cesse de s'appliquer l'excuse atténuante de la minorité.

Doit-on attribuer ce phénomène à l'échec des modes de traitement des mineurs, tout en tenant compte bien entendu, des facteurs tels que le potentiel, le dynamisme et le manque de maturité de ce groupe qui, par définition, est moins marqué que les aînés par les effets dissuasifs des peines de détention ?

A ce niveau, il nous semble indispensable d'analyser deux phénomènes, soit, d'une part, celui de la stigmatisation et, d'autre

---

[1] La définition précise de ce groupe, en ce qui a trait à l'âge, soit 16 à 24 ans, ou 18 à 25 ans ou encore, 19 à 24 ans, varie suivant les pays et demeure arbitraire. Il s'agit d'une catégorie toutefois venant immédiatement après celle des jeunes délinquants.

part, celui des modes de réintégration prévus par les structures de traitement des mineurs.

En effet, dans le cadre du modèle classique et néo-classique de la réaction des sociétés à la déviance, la stigmatisation faisait partie en quelque sorte de la peine et la nécessité de la réintégration sociale ne se posait pas dans les mêmes termes que dans le contexte du modèle le plus évolué.

Jusqu'à la fin de la période qui a précédé immédiatement la première guerre mondiale, les mineurs qui ont passé par des écoles de protection, ou apparentées, et qui ont fait de la prison, ne pouvaient espérer être réintégrés dans la société que dans des conditions bien spécifiques qu'on peut qualifier de marginales. Pendant l'époque située entre 1920 et 1939, sous la pression des idées de la défense sociale, cette situation a légèrement évolué, mais il n'en reste pas moins que, là non plus, les ex-délinquants juvéniles ne pouvaient s'intégrer que dans le contexte des classes les moins avantagées de la société. Depuis, on admet théoriquement qu'ils doivent pouvoir accéder à une évolution et à une réadaptation normale leur permettant la même progression sociale que celle qui existe pour les autres groupes ayant une formation similaire, mais il n'en demeure pas moins vrai que la stigmatisation et les difficultés d'adaptation rendent cette approche théorique et inopérante dans un pourcentage élevé de cas.

Sur le plan schématique, cette évolution peut être illustrée comme au tableau n⁰ 16.

Comme l'indique ce tableau, il s'agit toujours encore d'une évolution à peine amorcée et non pas d'une transformation formelle des modes de traitement judiciaire et institutionnel. Évolution qui, d'ailleurs, est beaucoup plus formelle dans certains pays que dans d'autres. C'est ainsi qu'en Grande-Bretagne, par exemple, le Criminal Justice Act contient une clause qui donne une valeur législative au principe impliquant que dans toutes les causes de jeunes adultes, un rapport présentenciel doit être produit préalablement à la sentence, tandis qu'au Canada, la loi sur les prisons et les maisons de correction de la Colombie

Britannique, prévoit dans les articles 151, 152 et 153, des directives spécifiques concernant leurs modes de détention.

TABLEAU n° 16

Traitement social, judiciaire
et institutionnel des jeunes adultes

	Traitement social préventif	Traitement judiciaire	Traitement institutionnel
Modèle classique.	Inexistant.	Le même que pour les adultes.	Le même que pour les adultes, ou plus sévère.
Modèle néo-classique.	Inexistant ou très morcelé.	Dispositions spécifiques prévues dans certains codes.	Certains modes de sélection à l'intérieur des institutions.
Modèle le plus évolué.	Aide sociale et surveillance planifiées.	Évolution de l'attitude des juges et élaboration des dispositions spécifiques dans plusieurs législations.	Apparition des institutions distinctes.

Il n'est pas de notre propos, toutefois, d'étudier en détail la façon suivant laquelle sont traités les jeunes adultes ayant commis des délits, mais plutôt d'analyser les moyens préventifs destinés à empêcher la progression de la carrière criminelle chez les libérés des écoles de protection. Ces quelques indications préliminaires sont destinées uniquement, en somme, à indiquer l'évolution de l'attitude de la société à l'égard des jeunes adultes délinquants; évolution d'autant plus importante qu'elle affecte la réaction sociale ou l'absence de cette réaction à l'égard des nécessités de post-cure destinées aux ex-délinquants juvéniles. Ce qu'il convient de souligner toutefois dès le départ, c'est que cette évolution, aussi marquée puisse-t-elle être comparativement à l'époque précédente, n'a pas permis pour autant d'écarter les effets de la stigmatisation qui demeurent un des facteurs de la récidive.

I. LA STIGMATISATION

La stigmatisation est liée, d'une part, à l'existence du casier judiciaire et, d'autre part, aux modes d'enregistrement et de contrôles prévus pour l'ensemble de la population, et elle concerne non seulement les ex-délinquants juvéniles, mais aussi les jeunes qui ont été traités par le passé en vertu des lois de protection de l'enfance. Variable, selon les divers contextes nationaux, elle existe partout et joue un rôle d'autant plus important qu'elle limite le champ d'action professionnelle des concernés.

Selon la législation belge, « les déchéances de la puissance paternelle et les mesures prononcées à l'égard des mineurs déférés au tribunal de la jeunesse sont mentionnées au casier judiciaire des intéressés. Ces déchéances et ces mesures ne peuvent jamais être portées à la connaissance des particuliers, mais uniquement des autorités judiciaires. Elles peuvent également être portées à la connaissance des autorités administratives, des notaires et des huissiers de justice, dans les cas où ces renseignements leur sont indispensables pour l'application d'une disposition légale ou réglementaire. Cette communication se fait, cependant, sous le contrôle des autorités judiciaires. Les mentions inscrites au casier judiciaire d'un mineur peuvent être rayées par décision du tribunal de la jeunesse, sur requête de celui qui en a fait l'objet, lorsque cinq ans se sont écoulés à partir du moment où ces mesures ont pris fin. La déchéance de la puissance paternelle est rayée d'office lorsqu'il y a été mis fin par la réintégration ».

En somme, la stigmatisation formelle des parents indignes prend fin automatiquement, tandis que celle des ex-délinquants juvéniles ne peut être effacée que sur demande. Est-il nécessaire d'ajouter que le nombre de demandes est très limité, parce que bien que « nul n'est sensé ignorer la loi », les jeunes adultes ne sont guère informés généralement de cette disposition qui leur permet d'effacer une partie de leur passé ?

En France, le système est sensiblement comparable. Toutes les personnes qui ont fait l'objet d'une condamnation possèdent, au greffe du tribunal de grande instance de leur circonscription, un casier judiciaire. L'extrait du casier judiciaire est exigé autant pour s'inscrire à l'université que pour louer un logement, autant pour obtenir un emploi que pour entrer dans l'armée. Cela signifie, en pratique, que le fait de posséder un casier judiciaire qui n'est pas « vierge » représente un handicap sérieux pour la réadaptation de l'individu en cause.

Le casier judiciaire est un triptyque divisé en trois bulletins. Le bulletin n° 1 n'est délivré qu'aux autorités judiciaires, aux autorités militaires, aux administrations et personnes morales et aux présidents des tribunaux de commerce. Il est vrai que l'article 770 de la loi précise que : « lorsque à la suite d'une décision prise en vertu des articles 2, 8, 15, 16, 18 et 28 de l'ordonnance n° 45-174 du 2 février 1945, modifiée, relative à l'enfance délinquante, la rééducation du mineur apparaît comme acquise, le tribunal pour enfants peut, après l'expiration d'un délai de cinq ans à compter de ladite décision et même si le mineur a atteint sa majorité, décider, à sa requête, à celle du Ministère public ou d'office, la suppression du casier judiciaire de la fiche concernant la décision dont il s'agit ».

« Le tribunal pour enfants statue en dernier ressort. Lorsque la suppression de la fiche a été prononcée, la mention de la décision initiale ne doit plus figurer au casier judiciaire du mineur. La fiche afférente à ladite décision est détruite. Le tribunal de la poursuite initiale, celui du lieu du domicile actuel du mineur et celui du lieu de sa naissance sont compétents pour connaître de la requête ».

Il va sans dire qu'en France, comme en Belgique, cette procédure n'est pas appliquée très fréquemment, d'une part parce que les intéressés ne savent pas, ou n'osent pas, présenter une demande dans ce sens et aussi parce que les tribunaux pour enfants sont chroniquement débordés et n'ont pas le temps de se pencher sur les problèmes de tous ceux « dont la rééducation apparaît comme acquise », définition très vague, de toute façon, qui forcément peut être interprétée d'une manière plus ou moins arbitraire.

En général, les effets de l'existence du casier judiciaire sont d'autant plus préjudiciables à la réintégration sociale des anciens élèves d'écoles de protection, ou apparentées, que la surveillance administrative de l'ensemble de la population demeure un puissant agent de discrimination. C'est ainsi, par exemple, qu'en France on est obligé de fournir des certificats de domicile aux employeurs éventuels, aux logeurs et aux institutions d'enseignement professionnel et universitaire, et cela souvent pour les années antérieures, ce qui signifie ipso facto que les jeunes adultes concernés sont forcés de produire le certificat d'une école de protection... Les tenants des théories qui recommandent, dans le contexte socio-juridique actuel, que tous les mineurs, ceux qui ont besoin de protection, comme ceux qui ont été jugés comme délinquants, soient reçus dans les mêmes établissements d'observation et de traitement, sont-ils conscients de cette stigmatisation qui les attend à la sortie ?

A ces facteurs de stigmatisation administrative, s'ajoutent ceux relatifs à l'action des forces policières qui, au niveau de l'enquête, pénalisent fort souvent les ex-délinquants juvéniles, témoins de la commission d'un délit, ou encore plus simplement, demeurant à proximité immédiate du lieu où il a été perpétré. En effet, la police garde des registres qu'elle utilise dans le but de faciliter les recherches des présumés coupables. En Suède, les jeunes de moins de 15 ans, ainsi que les adolescents âgés de 15 à 20 ans, placés sous la juridiction des Comités pour la Protection des Mineurs ne peuvent, dans aucun cas, avoir de casier judiciaire ; il n'en reste pas moins que les noms de tous les enfants et adolescents arrêtés figurent dans les registres de la police. Pour ceux de plus de 15 ans, les renseignements les concernant sont transmis au registre central, où ils sont gardés pendant dix ans, période au cours de laquelle ils peuvent, ou doivent, être communiqués, selon les cas, aux tribunaux. Il va sans dire, en outre, que les mineurs de plus de 15 ans qui passent devant les Cours pour adultes, ont un casier judiciaire.

Par opposition aux systèmes français, belge et suédois, ceux de la Grande-Bretagne et du Canada, sont moins stigmatisants. En effet, dans ces deux pays, les citoyens ne sont pas tenus d'avoir des papiers d'identité autres que les passeports et cela, uniquement sur demande des intéressés eux-mêmes. Par conséquent, toutes les formalités d'identification se limitent à la production d'un extrait de baptême, ou de naissance. Il est vrai cependant que là aussi tous les mineurs arrêtés en vertu de la loi de protection ou de la délinquance sont recensés dans les fichiers de la police. Sur le plan légal, les renseignements qu'ils contiennent ne peuvent être communiqués que sur demande du juge et le tribunal pour adulte ne doit pas tenir compte, dans une cause ultérieure, des délits commis avant l'âge de 16, 17 ou 18 ans, selon les législations; mais, il n'en reste pas moins que là, comme ailleurs, l'action policière tient compte fréquemment des antécédents.

En somme, le degré et l'étendue de la stigmatisation varient, selon les modalités d'identification de l'ensemble de la population, mais ils existent partout et ils pénalisent tous les mineurs qui ont été pris en charge par la société en vue d'un traitement, même si ce traitement n'était que social et décidé en fonction de la protection de l'enfance contre les brutalités ou la cruauté des adultes.

2. LA SURVEILLANCE ET L'AIDE SOCIALE, OU LA POST-CURE

Au niveau de la post-cure, l'aide et la surveillance se confondent. En effet, sur le plan strictement légal, le mineur qui a été traité conformément à la décision prise par le juge des enfants, est totalement libre de ses actes et les codes ne prévoient guère, sauf pour certaines catégories spécifiques, des mesures particulières.

Dans les systèmes plus formalistes, notamment, ou plus

enclins à respecter à la lettre les concepts légaux, tels que ceux de la Belgique et de la France, le temps des contrôles et de surveillance formelle est fini, mais également celui de l'aide et d'assistance statutaire.

En pratique, un garçon ou une fille, se retrouvent avec un petit paquet de vêtements à l'extérieur des murs des écoles et des services qui, pour certains, ont été l'unique protection contre la nocivité, la bêtise et la cruauté de leur propre milieu. Pourtant, ils n'ont pas souvent d'autre solution que celle de retourner au foyer familial et de ... recommencer. Ils sont plus âgés certes, mais leur personnalité demeure d'autant plus « fragile » que leur formation scolaire et professionnelle est presque toujours chaotique et incomplète. Rarement pourvus d'un diplôme en bonne et due forme, ils sont par contre connus de la police, ce qui signifie souvent qu'on ne les épargnera pas lors des rafles et des recherches faites dans leur quartier. Faut-il s'étonner dès lors qu'ils récidivent ?

Autrefois, il y avait le « refuge » du service militaire qui assurait en même temps une protection contre le milieu familial et une formation additionnelle, mais désormais l'armée moderne n'a plus les mêmes normes de recrutement et on exige des casiers judiciaires vierges. Il ne reste donc que faire appel aux services sociaux, autant pour trouver un emploi qu'un logement.

Selon les études faites en France, il semble que le taux de récidive est sensiblement moins élevé chez ceux qui ont la possibilité d'habiter dans les foyers et les hôtels pour jeunes travailleurs que chez les ex-délinquants juvéniles qui retournent dans leur famille, mais le nombre de places étant limité, une sélection préalable existe, sinon formelle tout du moins effective, ce qui rend forcément les relevés statistiques moins viables.

Par ailleurs, certaines écoles de protection dirigent des foyers où sont logés leurs anciens élèves, mais ces services qui existent au Canada, comme en Grande-Bretagne et en Suède, ne peuvent recevoir qu'un petit pourcentage de cas et sont souvent trop spécialisés pour ne pas stigmatiser ipso facto leurs locataires.

D'une manière plus générale, le système britannique comme le système suédois prévoient, pour certaines catégories, une surveillance régie par des règlements administratifs.

En Grande-Bretagne, tous les jeunes qui quittent une école de protection, un centre spécial, ou un Borstal, doivent être placés sous la surveillance d'un agent de probation. En pratique, cependant, cette surveillance ne semble pas être assurée de façon adéquate, parce que les services sont débordés et elle s'exerce surtout en ce qui a trait aux libérés des Borstals.

Par ailleurs, plusieurs écoles de protection dirigent des hôtels où on reçoit les anciens élèves, mais les statistiques démontrent que la majorité retournent dans leur famille. Ce qui, par contre, paraît être particulièrement bien adapté aux besoins immédiats, c'est l'accès au marché du travail. En effet, les statistiques démontrent que plus de 45 % d'anciens élèves des écoles de protection et de Borstal sont placés dans les diverses entreprises un mois après leur libération. Certes, il s'agit généralement de métier de manœuvre, puisque les candidats ne disposent pas de formation assez spécialisée, mais c'est là un début de réintégration à une existence normale et autonome. Des campagnes sont faites, en outre, auprès des employeurs pour donner une préférence à l'embauche de délinquants juvéniles réhabilités et les autorités du Bien-Être Social local s'efforcent dans certains endroits, de les suivre et de faciliter leur promotion.

Le système suédois de post-cure est similaire, mais plus formaliste et plus structuré. En Suède, la post-cure peut être obligatoire, ou facultative, mais généralement, pour tous les jeunes de moins de 21 ans, elle est obligatoire pendant une période de deux ans ou plus. Étant donné qu'elle comporte, en outre, certaines conditions spécifiques, elle est appliquée de façon beaucoup plus stricte. C'est ainsi que certains libérés peuvent être tenus d'habiter dans un Hôtel de Fin de Sentence et de travailler dans un bureau ou une usine, où ils sont engagés sur intervention du Comité pour la Protection des mineurs. Il s'agit là, cependant, de jeunes qui se sont rendus coupables de délits graves ou dont la conduite a permis de découvrir « certaines faiblesses particulières de caractère, ou certaines habitudes préjudiciables à leur santé ».

Les libérés de prisons peuvent être également obligés d'habiter dans un Foyer pour jeunes. Des foyers de cette catégorie existent dans les grandes villes, autant pour les filles que pour les garçons, et relèvent ou collaborent étroitement avec les institutions carcérales. On peut prétendre, cependant, qu'on prolonge ainsi la période prévue par la peine et qu'on stigmatise encore davantage, dans certains cas, les mineurs qui habitent ces foyers et qu'il est préférable, suivant le système français, de les loger dans les maisons de jeunes travailleurs.

Par ailleurs, trois édifices domiciliaires, situés à Stockholm, sont subventionnés par l'État sur la base de contrats spéciaux avec les propriétaires et reçoivent les libérés des écoles de protection. Elles ne peuvent loger, cependant, que 54 locataires qui y vivent pendant des périodes suffisamment courtes pour qu'on puisse y recevoir annuellement 327 personnes.

D'une manière générale, pour tous les jeunes qui sont en post-cure, on observe deux règles de conduite ; ils doivent avoir un travail rémunéré et pouvoir faire appel à un adulte, agent de probation ou bénévole nommé par leur tuteur, dès qu'ils sont en difficulté.

En ce qui concerne l'emploi, des arrangements qui existent avec les syndicats et avec les employeurs facilitent le placement des élèves des écoles de protection et des adolescents libérés des prisons. Pour tous ceux pour lesquels ces arrangements ne peuvent pas temporairement être faits, on dispose, en outre, d'un certain nombre de places dans le secteur de la construction routière et dans celui des travaux forestiers. Les problèmes de pénétration sur le marché du travail n'apparaissent pas quand les jeunes quittent l'institution, mais quand par la suite ils perdent leur emploi. La première obligation de la personne préposée à la surveillance consiste donc à s'assurer que le garçon, ou la fille, travaille effectivement, et communiquer au besoin avec l'employeur pour se renseigner sur les raisons pour lesquelles ils ont été congédiés. Étant donné que les services de surveillance sont chroniquement débordés, il s'agit là cependant d'une aide qui devient parfaitement illusoire avec le temps.

Afin de compléter la surveillance des jeunes en post-cure, comme dans le but de leur assurer des loisirs et de leur faciliter l'accès à d'autres groupes du même âge, on a organisé à Stockholm des Centres de Jeunes. Ces clubs sont dirigés par des travailleurs sociaux, ou des bénévoles, spécialement nommés à cet effet par les autorités locales. Le directeur du centre a pour mission, entre autres, d'attirer au club tous les jeunes en post-cure, ainsi que ceux qui « traînent » dans les rues, passent leurs soirées dans certains cafés, ou dans les couloirs du métro, ou encore, dans les environs des gares.

Le rôle du directeur consiste à gagner la confiance des jeunes et à dépister les cas particuliers ou difficiles. Les garçons et les filles en post-cure doivent être aidés en premier lieu et le directeur doit s'efforcer de les connaître suffisamment pour pouvoir découvrir à temps, les problèmes auxquels ils ne parviennent pas à faire face et qui ne sont pas connus des personnes préposées à leur surveillance. Il convient de constater toutefois que la tâche de ces clubs devient écrasante en raison de l'augmentation du commerce de la drogue parmi les jeunes qui prend des proportions de plus en plus graves à Stockholm.

D'une façon globale, la post-cure comprend des modes informels et formels d'aide et de surveillance et ces derniers sont plus développés en Grande-Bretagne et en Suède que dans les trois autres contextes nationaux analysés dans cette étude.

A cet égard, l'approche strictement sociale, telle qu'élaborée au Canada, demeure intéressante. En effet, plusieurs écoles de protection, dont Mont Saint-Antoine entre autres, au Québec, s'efforcent d'organiser des logements destinés à recevoir de petits groupes de leurs anciens élèves. Situés dans des maisons d'habitation anonymes, ces appartements ne sont guère différenciés et leurs locataires ne peuvent être considérés, dès lors, comme une catégorie à part. L'école se préoccupe de leur obtenir une aide sociale temporaire. Au-delà du problème de logement, se pose, cependant là comme ailleurs, celui de la pénétration sur le marché du travail et de la réadaptation à une existence normale.

Selon les recherches effectuées au Canada, comme en France, il semble que la réadaptation est beaucoup plus satisfaisante chez les jeunes qui se marient et fondent une famille que chez ceux qui, pendant la période d'un an, ou plus, qui suit immédiatement leur libération, restent célibataires. On essaye de voir là l'effet de l'acceptation de certaines responsabilités et de l'effort indispensable pour faire face aux charges financières qu'elles impliquent. Il n'en reste pas moins que la pénétration sur le marché du travail pose à tous les jeunes de cette catégorie des défis qu'ils ne sont pas toujours en mesure de relever parce que leur formation est insuffisante ou inadéquate.

En d'autres termes, la réintégration sociale demeure, à notre époque, largement tributaire des lacunes des institutions de traitement qui ne sont encore ni organisées, ni équipées de façon à pouvoir dispenser à leurs élèves un enseignement susceptible de les préparer à affronter la concurrence avec les autres groupes de jeunes ayant le même âge.

Particulièrement dramatique en période de récession et de chômage, le problème des débouchés demeure entier en tout temps et c'est là, nous semble-t-il, un des principaux facteurs de la récidive. En effet, la fragilité de la personnalité qu'on constate, à des degrés divers, chez tous les mineurs traités dans le cadre institutionnel exige des modes d'encadrement spécifiques qu'aucune société n'est parvenue jusqu'à présent à assurer.

Il est loisible de conclure dès lors que l'unique mesure de réussite de l'action sociale et judiciaire à l'égard des mineurs demeure celle relative à leur faculté de réadaptation à l'âge adulte et que les statistiques de la criminalité des jeunes adultes constituent en quelque sorte la preuve que les systèmes actuels de dépistage, de prévention et de traitement doivent être repensés en fonction des besoins réels de l'enfance malheureuse, ou déviante, et non pas des dangers de victimisation éventuelle qu'elle peut présenter. A ce propos, il convient de rappeler, en somme, que tout traitement d'un mineur doit être conçu dans l'optique de sa dangerosité future et de la nécessité absolue de l'éliminer, au lieu d'être axé sur la nécessité immédiate de l'isoler ou de le prendre en charge comme c'est encore le cas actuellement.

La délinquance juvénile est, en effet, un phénomène totalement distinct de la criminalité adulte et il ne peut s'agir à ce niveau d'un délinquant en puissance, mais surtout et agant tout, d'un jeune dont le traitement constitue un investissement social de première importance. Par opposition au concept de réhabilitation des adultes, apparaît celui de la formation du mineur qui est un pari que toute société dioit relever, même s'il exige des sacrifices et la remise en cause de toute la conception légale de la délinquance et de la criminalité, par opposition à la conception sociale de la déviance, soit de troubles de personnalité d'un être jeune, liés à sa croissance et à son besoin désespéré d'une aide et d'une assistance pleinement valables que sa propre famille ne parvient pas à lui assurer.

PERSPECTIVES D'AVENIR

Qu'est-ce que la délinquance juvénile?

Quelle est la responsabilité de la société à l'égard des mineurs et dans quelle mesure elle accepte de l'assumer?

Voici les deux questions que nous avons essayé de traiter dans les pages qui précèdent, sans pour autant vouloir donner des réponses exhaustives. En effet, il n'est pas possible de trancher le débat sans introduire un élément d'arbitraire, mais l'analyse historique de l'évolution de la pensée sociale et l'analyse criminologique comparative, relative à ses implications concrètes, permettent de dégager certaines conclusions.

A l'origine, soit tout au cours du début du XXe siècle, la délinquance juvénile a été considérée comme l'apanage des classes désavantagées et une littérature abondante soutient et tente de justifier cette thèse. Toutefois, si on prend en ligne de compte le chiffre noir de la criminalité, si on assimile à la délinquance, telle que définie par les codes, le comportement de certains mineurs issus de familles privilégiées qui n'ont jamais été jugés, ni recensés, on ne peut éviter une remise en question.

Les déséquilibres de personnalité se produisent chez les mineurs de tous les milieux sociaux, mais dans certains ils sont traités à l'intérieur du cadre fermé et protecteur de la cellule familiale, tandis que dans d'autres, cette même cellule n'est qu'un agent de détérioration. Par le passé, soit jusqu'à la fin de l'époque du capitalisme classique, les mineurs de classes privilégiées auxquels la famille ne parvenait pas à assurer une formation viable échappaient quand même à l'action formelle de la justice. Traités dans des internats privés, ils finissaient par se réinsérer dans la société d'autant plus facilement qu'ils pouvaient compter sur des débouchés inaccessibles aux autres. L'écran protecteur de la fortune familiale était là pour assurer leur honnêteté, ou encore, leur impunité.

A cet égard, l'éclatement des structures du capitalisme classique, qui s'est produit notamment sous la pression des idées de Lord Meynard Keynes et du plan Beveridge, constitue en quelque sorte le point tournant. La philosophie sociale impliquant la prise en charge par l'État des services d'aide destinés aux économiquement faibles, comme à l'ensemble de la population, a exigé une très rapide progression des taux d'impôts. Dès la fin de la deuxième guerre mondiale, les écarts entre les classes privilégiées et les classes moyennes ont commencé à s'amenuiser, plus ou moins rapidement selon les divers contextes nationaux. L'apparition des classes qu'on peut définir comme professionnelles, en tant que milieux avantagés sur le plan des revenus, mais non pas forcément de fortune ou d'héritage, a eu en outre un impact certain sur l'évolution de la pensée et de l'attitude sociale à l'égard de la délinquance et de l'enfance malheureuse.

Après avoir été confinée dans les taudis et dans les sinistres ateliers d'usines, la maladie sociale de l'enfance est remontée au grand jour dans les maisons cossues des défenseurs de l'ordre. Plus encore, comme le démontre Denis Gagné, la jeunesse actuelle utilise les comportements considérés comme délinquants, comme une arme contre l'autorité d'une société qui ne trouve plus d'idéal à lui proposer, en dehors de celui de la soumission aux objectifs du matérialisme et d'un univers peuplé de machines et prêt à créer les robots de demain.

Dès lors, la déviance peut être aussi bien la résultante des troubles de personnalité, aggravées par l'influence du milieu riche ou pauvre, d'une crise de croissance, ou encore, d'une recherche éperdue de valeurs autres que celles qui ont engendré des dictatures et des guerres coloniales.

Une telle variété de caractéristiques premières d'individus jeunes ayant des comportements délinquants représente une menace, non seulement comme par le passé à l'égard des biens et des individus, mais aussi en ce qui a trait à la remise en cause de l'ensemble de la société en tant que telle. Face à l'impasse créée par ce phénomène, l'État est forcé, en quelque sorte, de réagir. Il est impossible, en effet, de continuer à considérer que la cellule familiale, déficiente en raison de plusieurs facteurs sociaux reliés à la transformation très rapide des modes d'existence urbaine et rurale, puisse assumer, comme par le passé. toutes ses responsabilités à l'égard de l'enfance. D'ailleurs, plusieurs de ces responsabilités lui sont déjà enlevées par le système de l'éducation publique et gratuite, comme par les divers services médicaux et sociaux et les contrôles administratifs.

Jusqu'à présent, les sociétés continuent cependant à refuser d'admettre clairement que l'aide et la formation première de l'enfance doivent être assumées par l'État dans tous les cas où la situation réelle des familles l'exige. Plus encore, traumatisés par l'échec des méthodes de formation collective, telles qu'imposées lors de l'avènement du communisme en U.R.S.S., ou encore, en Allemagne, à la suite de la crise économique et de la prise du pouvoir par Adolphe Hitler, les défenseurs du régime libéral rejettent a priori la généralisation des interventions de la collectivité au niveau de la famille.

Pourtant, comme on avait essayé de le démontrer dans la troisième partie de ce livre, cette intervention existe. Incomplète, chaotique, elle ne parvient pas, dans le secteur de l'enfance malheureuse ou déviante, à élaborer des schémas globaux et se contente de traiter des cas individuels. Après avoir admis les contrôles médicaux obligatoires, la société libérale se réfugie derrière l'écran des concepts légaux périmés et inapplicables, pour éviter de faire face !

Les effets de cette attitude sont multiples. Les plus graves consistent à tolérer la cruauté et la négligence des adultes, et la détérioration de la personnalité de leurs dépendants qui en résulte. Pour ne pas prévenir, l'État se contente d'intervenir à un moment où souvent il est déjà trop tard pour traiter, mais suffisamment tôt pour punir. Parallèlement, on continue à produire des tonnes d'ouvrages pour démontrer le faible effet dissuasif des peines et l'urgence d'élaborer des méthodes nouvelles.

Il n'est pas de notre propos de chercher des modèles utopiques. Il est évident que les peines seront appliquées à l'avenir, comme dans le passé et dans le présent, ne serait-ce que pour protéger la société contre les dangers de victimisation. Le facteur de danger de victimisation n'est guère le même cependant quand il s'agit d'adultes et de mineurs, puisque l'élément de chronicité ou de détérioration définitive ne se pose jamais dans les mêmes termes.

Au niveau de l'homme de 25 ans ayant un passé criminel, il faut d'abord détruire un passé pour construire un avenir; au niveau de l'adolescent de 15, 16 ou 18 ans, il ne s'agit que de traitement. Ce que les sociétés actuelles refusent d'admettre, c'est que l'urgence de ce traitement est trop grave pour qu'on accepte de le retarder en fonction des schémas légaux et sociaux déficients.

En effet, contrairement au concept de la délinquance tel qu'il existe dans les contextes des dictatures, de gauche ou de droite, où on l'assimile au crime commis contre le bien et la sécurité du peuple, les démocraties libérales reconnaissent le bien-fondé de la pensée de la défense sociale, sans avoir pour autant le courage d'aller jusqu'à la réalisation concrète de ses objectifs. Pourtant, aussi longtemps que cette étape ne sera pas franchie, en ce qui a trait à la déviance des mineurs, le traitement des criminels adultes ne saurait changer de façon vraiment sensible.

Et pour cause!

On conçoit mal une société acceptant d'assumer les risques de victimisation que peut présenter un libéré conditionnel et refusant en même temps d'investir des sommes nécessaires pour organiser l'ensemble du système de dépistage et de prévention de la déviance des mineurs. En termes d'économie de moyens, comme sur le plan de reconnaissance des principes moraux, une telle attitude ne saurait guère être justifiable!

Il est à prévoir, par conséquent, que l'évolution déjà amorcée ira en s'accentuant et que l'application des idées de la défense sociale dans le secteur de la délinquance juvénile s'accompagnera des modes nouveaux et beaucoup plus diversifiés de prises en charge préventive.

Au-delà des tribunaux pour enfants, on va élaborer des structures socio-médicales ayant pour objectif de venir en aide aux familles déficientes, riches ou pauvres, et d'arracher l'enfance malheureuse à ce déterminisme qui est encore son lot.

Par ailleurs, en ce qui a trait aux adolescents, certains comportements considérés encore comme des manifestations de déviance seront évalués de façon différente et plus conforme à leurs motivations réelles. Parce que les sociétés seront forcées de reconnaître l'échec de certains systèmes de formation et d'éducation, qui pendant longtemps ont été considérés comme immuables et inattaquables, toute la conception de la délinquance sera révisée dans une optique nouvelle. Optique éducative, par opposition à celle qui fut, et qui demeure encore, punitive, puisque tout traitement institutionnel entrepris trop tard, insatisfaisant et inefficace, n'est en fait qu'une punition.

La maladie sociale, qui se nomme la délinquance juvénile et qui affecte les mineurs, soit les forces vives de la société, ne sera pas considérée alors comme la résultante de la faute individuelle, mais comme une remise en question globale des institutions et des services destinés à la dépister et à la traiter.

S'agit-il d'une époque très lointaine? Nous ne le croyons pas. Bien au contraire, l'évolution se précise et son rythme s'accélère à un point tel qu'on peut fort bien considérer que la société de la fin de notre siècle reconnaîtra des réalités dont celle d'aujourd'hui refuse encore d'admettre l'existence.

BIBLIOGRAPHIE

ACTA CRIMINOLOGICA (1968). *Études sur la conduite antisociale*, P.U.M. (Août-Avril), Vol. 1, 311 p.

AKERS, R. L. (1964). Socioeconomic status and delinquency behavior : a retest. *Journal of research in crime and delinquency*, 1, 30-46.

ALBERT-WEIL, Dr. J. (1966). *Le problème de la délinquance*, Librairie Générale de Droit et de Jurisprudence, Paris.

ALBERT-WEIL, Dr. J. (1966). *Le problème de la délinquance*, Pichon et Durand-Auzias, Paris, 124 p.

ALLEN, F. A. (1964). The Borderland of Criminal Justice. Essays in Law and Criminology, The University of Chicago Press, 139 p.

ALLPORT, G. W. (1935). « Attitudes », *in* : C. Murchison (ed), *A Handbook in Social Psychology*, Worchester, Clark University Press, p. 788-844.

ANDRY, R. G. (1960). *Delinquency and Parental Pathology*, London : Methuen & Co., 173 p.

ARIES, Ph.. et FELL M. (1970). *La démission du père est-elle un mythe ? in* l'École des Parents, Paris, N° 8.

ARON, R. (1962). *Dix-huit leçons sur la société industrielle*, Paris : Gallimard.

AUBRY, J. (1955). *La carence des soins maternels*, P.U.F. (Paris).

BANDURA, A. et R. H. WALTERS (1959). *Adolescent Agression*, New York : The Ronald Press Co.

BAUMAN, Z. (1961). *La jeunesse varsovienne*, extraits dans Perspectives Polonaises (10), p. 34-44.

BECKER, H. S. (1965). *Outsiders : Studies in the Sociology of Deviance*. New York : Free Press.

BELL, D. (1965). *Th epost-industrial society*, in Ginsberg (ed.): Technology and social change, New York : Columbia University Press, p. 44.

de BELSUNCE, G. (1958). *L'accès des jeunes travailleurs manuels à la vie professionnelle*. Centre d'étude des relations sociales, Faculté de Droit et Sciences Économiques, Université d'Aix-Marseille.

BENASSY-CHAUFFARD, C. et PELNARD, J. (1960). *Mobilité professionnelle et milieux culturels*. Étude d'un groupe de jeunes travailleurs de 19-20 ans. Le travail humain, Nᵒ 23, p. 130-142.

BERGER, E. M. (1952). The Relation between Expressed Acceptance of Self and Expressed Acceptance of Others, *Journal of Abnormal and Social Psychology*, 47 : p. 778-782.

BERGER, P. (1966). Identity as a Problem in the Sociology of Knowledge. *Archives européennes de sociologie*, 7 : p. 105-117.

BERGSON, H. (1962). *Les Deux Sources de la morale et de la religion*, 12ᵉ éd., Paris : Presses Universitaires de France.

BERTRAND, F. (1966). *Étude sur les valeurs familiales à Saint-Henri*. Document non publié, Département de Criminologie, Université de Montréal.

BERTRAND, F. (1970). *Milieux ouvriers canadien-français et délinquance juvénile*. Thèse de maîtrise non publiée, Département de Criminologie, Université de Montréal.

BIENKOWSKI, W. (1962). *Les attitudes vitales de la jeunesse*, extraits dans la Pologne, Nᵒ 12 (100).

BLALOCK, H. M. (1960). *Social Statistics*, Toronto : McGraw-Hill.

BLOCH, H., NIEDERHOFFER, A., *Les bandes d'adolescents*. Paris : Payot.

BLUMER, H. (1951). *Collective behavior*, in A. M. Lee (ed.). Principles of sociology, New York : Barnes and Nobles, p. 167-222.

BODINE, G. E. (1964). Factors related to police disposition of juvenile offenders : *50th Annual Meeting of the American Sociological Ass.*, Montréal (résumé).

BOHLKE, R. H. (1961). Social mobility, stratification inconsistency and middle-class delinquency. Social problems, *8*, 351-363.

BORDUA, D. J. (1958). Juvenile Delinquency and Anomia. Social problems, 6, 230-238.

BOYER, R. (1966). *Les crimes et les châtiments au Canada Français*. Montréal : Le cercle du livre de France.

BRIGUET-LAMARRE, M. (1969). *L'adolescent meurtrier*, Toulouse : Privat.

BRIM, O. G., Jr. (1964). *Who Am I? The Social Structure of Adolescent Personality*, New York : Russel Sage Foundation.

BROWN, R. (1965). *Social Psychology*, New York : Free Press.

BUCKLEY, W. (1967). *Sociology and Modern System Theory*, New Jersey : Prentice-Hall.

BURGESS, E. W. (1952). The Economic Factor in Juvenile Delinquency. *Journal of Criminal Law and Criminology*, 43, 29-42.

CAMBON, J. et LEON, A. (1963). *Stéréotypes et consciences objectives du métier chez les pré-adolescents*, BINOP (Mai-juin), p. 147-163.

CAMUS, A. (1951). *L'homme révolté*, Paris : Gallimard.

CAVENAGH, W. E. Juvenile Courts, The Child and The Law, Penguin Books, England, 300 p.

CARTER, M. P. (1962). *Home, School and Work*, a study of the education and employment of young people in England, London : Pergamon Press.

CATTELL, P. B. (1952). *Factor Analysis*, New York : Harper and Brothers.

CAZENEUVE, J. (1958). *Les Rites et la condition humaine*, Paris : Presses Universitaires de France.

CAZENEUVE, J. (1966). *Bonheur et civilisation*, Paris : Gallimard.

CENTRAL (The). *Office Information, Britain, an Official Handbook*, (1967), Crown Copyright, 588 p.

CHAFEE, Z., Jr. (1963). *Documents on Fundamental Rights*, (Vol. 1), Atheneum 20A, New York, 428 p.

CHARLES, R. (1969). *Histoire du droit pénal*, 3ᵉ éd. rev. et mise à jour (Coll. Que sais-je ?), Paris : Presses Universitaires de France.

CHAZAL, J. (1953). *Le choix de la mesure*, in Revue internationale de l'enfant, Nᵒ 1, p. 28.

CHEIN, I. (1964). *Narcotics, delinquency and social policy*, Londres : Tavistock.

CHEIN, I., ROSENBERG, E. (1957). Juvenile narcotic use. *Law contemporary problems*, 22, 210-219.

CHILTON, J. R. (1964). Continuity in delinquency, Area Research : A comparison of studies for Baltimore, Detroit and Indianapolis. *American Sociological Review*, 29, 71-83.

CHOMBART DE LAUWE, M. J. (1959). *Psychopathologie sociale de l'enfant inadapté*, Paris : C.N.R.S.

CICOUREL, A. (1968). *The organization of juvenile justice*, New York : Wiley.

CLARK, J., WENNINGER, E. (1962). Social class, area, sex and age as correlates of illegal behavior among juveniles. *American sociological review*, 27, 826-834.

CLARK, J. P., WENNINGER, E. P. (1962). *Goals orientations and illegal behavior among juveniles. Social forces*, 42, 44-59.

CLIFT, R. E. (1965). *A Guide to Modern Police Thinking*, Science in Law Enforcement Series, The W. H. Anderson Co., Cincinnati, 262 p.

CLOWARD, R., OHLIN, L. (1960). *Delinquency and opportunity*, Glencoe : Free Press.

COHEN, A. (1955). *Delinquent boys : The culture of the gang*, III, Glencoe : Free Press.

COHEN, A., SHORT, J., Jr., (1958). Research in delinquent subcultures. *Journal of sociological issues*, 14, 20-37.

COHEN, A. K. (1965). The sociology of the deviant act : anomy theory and beyond. *American sociological Review*, 30, 5-14.

COHEN, A. K. (1966). *Deviance and control*, New Jersey : Prentice-Hall.

COLIN, M. (1961). *Examen de Personnalité et Criminologie*, (Tome I), Masson & Cie, Paris, 90 p.

COLIN, M. (1963). *Études de Criminologie clinique*, Masson & Cie, Paris, 290 p.

Commission Royale d'Enquête sur l'Administration de la Justice au Québec (Rapport publié en 1968), Québec : Éditeur officiel du Québec.

Commission Royale d'Enquête sur l'Administration de la Justice au Canada (Rapport publié en 1969), Ottawa : Éditeur officiel du Canada.

CONGER & MILLER (1966). *Personality, Social Class, and Delinquency,* New York : John Willey & Sons Inc., 249 p.

CONSEIL DES ŒUVRES DE MONTRÉAL (1966). Opération : *Rénovation Sociale,* Montréal : Conseil des Œuvres de Montréal.

CRESSEY, D. R. (1966). The Prison, *Studies in Institutional Organization and Change,* Holt, Rinehart & Wiston Inc., New York, 392 p.

DEBESSE, M. (1967). *Les étapes de l'éducation.* PUF, Paris, 158 p., chap. : L'âge de l'écolier, p. 76 et sq., voir aussi les chapitres V et VI.

DE BRAY, L. et TUERLINCKS, J. (1955). *Social Case Work,* Éd. Comets, Bruxelles, 371 p.

DEBUYST, Chr. et autres auteurs (1968). *La criminologie clinique,* Éd. Dessart, Bruxelles, 302 p.

DEGOUMOIS, B. (1957). *Les principes de la procédure pénale applicable aux mineurs en Suisse.* Thèse de doctorat présentée à la Faculté de droit de l'Université de Neuchâtel, Imprimerie H. Messeiller, Neuchâtel, 274 p.

DÉLINQUANCE (La) juvénile dans l'Europe d'après guerre (1960), Comité européen pour les problèmes criminels, Conseil de l'Europe, Strasbourg, 78 p.

DE MAUPEOU ABBOUD, Nicole (1966). *Les jeunes ouvriers de moins de 20 ans :* signification et fondements de quelques comportements au travail et attitudes sociales. Thèse de 3ᵉ cycle, multigr., Paris, EPHE.

DENTLER, R. A., MOORE, L. J. (1961). Sociological correlates of early adolescent theft. *American sociological review, 26,* 733-743.

DEPPIERRAZ, J. (1934). *Les tribunaux pour enfants : le droit désirable en application du titre V du Code pénal vaudois du 17.10.1931.* Thèse de doctorat, Lausanne, Imprimerie H. Held, 222 p.

DEVEREUX, G. (1960). « Two Types of Model Personality », in : N. J. Smelser et W. T. Smelser, *Personality and Social System,* New York, John Wiley and Sons, p. 22-23.

D'HOOGH, C. et MAYER, J. (1964). *Jeunesse belge, opinions et aspirations,* Bruxelles : Université Libre, Institut de Sociologie.

DI TULLIO, B. (1967). *Principes de criminologie clinique*, Paris : Presses Universitaires de France.

DOCUMENTS publics et séries statistiques relatifs à la délinquance juvénile et à la protection de l'enfance (Grande-Bretagne, Suède, France, Belgique, Canada).

DOOB, W. L. (1948). *Public Opinion and Propaganda*, New York : Henry Hold and Co.

DOUGLASS, J. W., ROSS, J. M. (1966). Delinquency and Social Class. *British Journal of Criminology*, 6, 294-302.

DOWNES, D. M. (1966). The delinquent solution. London : Routledge and Kegan Paul.

DIUJKER, H. C. J. (1961). « Les attitudes et les relations inter-personnelles », in : *les Attitudes*, Paris : Symposium de l'Association de psychologie scientifique de langue française, p. 85-101.

DUMONT, F. (1968). *Le lieu de l'homme*, Montréal : Éditions H M H.

DURKHEIM, E. (1950). *Les règles de la méthode sociologique*, Paris : Presses Universitaires de France.

DURKHEIM, E. (1951). *Sociologie et philosophie*, Paris : Presses Universitaires de France.

DURKHEIM, E. (1960). *De la division du travail social*, Paris : Presses Universitaires de France.

EDWARDS, A. L. (1957). *Techniques of Attitudes Scale Construction*, New York : Appleton Century Crofts.

EISENSTADT, S. N. (1956). *From generation to generation*, New York : Free Press.

ELDEFONSO, EDWARD (1967). *Law Enforcement and The Youthful Offender : Juvenile Procedures*, John Wiley & Sons Inc., 346 p.

ENGLEND, R. W. (1960). A theory of middle class juvenile delinquency. *Journal of criminal law, criminology and police science*, 50, 535-540.

ERICKSON, E. H. (1959). « Identity and the Life Cycle », in : G. S. Kleine (ed), *Psychological Issues*, New York : International Universities Press, p. 1-171.

ERICKSON, K. T. (1962). Notes on the sociology of deviance. *Social Problems*, 9, 307-314.

ERICKSON, E. H. (1963). « Youth : Fidelity and Diversity », in : E. H. Erickson (ed), *Youth : Change and Callenge*, New York : Basic Books Inc., p. 1-24.

ERICKSON, M. L., EMPEY, L. T. (1965). Class position, peers and delinquency. *Sociology and social research, 49,* 268-283.

ERICKSON, M. L., EMPEY, L. T. (1966). Hidden delinquency and social status. *Social forces, 44,* 546-554.

FAU, R. (1952). *Les groupes d'enfants et d'adolescents,* Collection Paideia, Presses Universitaires de France.

FEDOU, G. (1967). *Le magistrat de la jeunesse et la détention préventive du mineur.* Conférence prononcée en 1969 à la Session de l'Université d'orientation et d'action éducative, Imprimerie administrative, Melun, 15 p.

FERDINAND, T. N. (1966). *Typologies of delinquency,* New York : Random House.

FERGUSON, T. et CUNNISON, J. (1951). *The young wage earner,* a study of Glasgow boys, Oxford University Press.

FERGUSON, T. et CUNNISON, J. (1951). *In their early twenties,* a study of Glasgow Youth, Oxford University Press.

FINESTONE, H. (1957). Cats, Kicks and Color. *Social Problems, 5,* 3-13.

FITZGERALD, P. J. (1962). *Criminal Law and Punishment,* Clarendon Press, Oxford, 278 p.

FORMAN, P. E. (1963). Delinquency rate and Opportunities for Subcultural Transmission. *Journal of Criminal Law, Criminology and Police Science, 54,* 317-321.

FRECHETTE, M. (1967). *Le Processus d'identification chez les criminels récidivistes,* thèse inédite, Montréal, Université de Montréal.

FRECHETTE, M. (1970). Le criminel et l'autre. *Acta Criminologica, 3,* p. 11-102.

FRECHETTE, M., RIBORDY, F. (1970). Recherche pénitentiaire, Rapport de recherche inédit, Département de Criminologie, Université de Montréal.

FRIEDLANDER, K. (1951). *Délinquance juvénile,* Paris : Presses Universitaires de France.

FRIEDLANDER, K. (1951). *La délinquance juvénile,* Théorie - Observations - Traitement. Presses Universitaires de France, Paris, 292 p., p. 213.

FROMM, E. (1945). Escape from Freedom, New York : Rinehart and Co.

FROMM, E. (1949). « Psychoanalytic Characterology and its Application to the Understanding of Culture », in : G. S. Sargent et V. F. Smith (ed), *Culture and Personality*, New York : Viking Fund, p. 1-12.

FUSON, W. M. (1942). « Attitudes : A Note on the Concept and in Research Context ». *American Sociological Review*, 7 : 856-857.

FYVEL, T. R. (1964). *The Insecure Offenders*, Penguin Books, Great Britain, 264.

FYVEL, T. R. (1963). *The Insecure Offenders*, Rebellious Youth in the Welfare State, Penguin Books, Great Britain, 265 p.

GANS, H. J. (1965). *The Urban Villagers*, Toronto : Collier-Macmillan.

GALBRAITH, J. K. (1958). *The Affluent Society*, New York : Houghton Mifflin.

GALBRAITH, J. K. (1968). *Le nouvel état industriel*, Paris : Gallimard.

GAUDEZ, P. (1961). *Les étudiants*, Paris : R. Juillard.

GERAUD, R. (1962). *Jeunesse privée d'étoiles*, Paris : Plon.

GIBBENS, T. C. N. (1958). Car theives. *British Journal of Delequency*, 4.

GIRARD, A. et CLERC, P. (1964). *La famille et l'orientation scolaire au niveau de la sixième*, Enquête de juin 1963 dans l'agglomération parisienne, Population (INED), n° 4, août-septembre.

GIRARD, A. et CLERC, P. (1964). *Nouvelles données sur l'orientation scolaire au moment de l'entrée en sixième* (Population, n° 5).

GIRARD, A. (1964). *Le choix du conjoint*. Une enquête psycho-sociologique en France, INED, Travaux et Documents, cahier n° 44, PUFF.

GIROUD, Françoise (1958). *La nouvelle vague, Portraits de la jeunesse*, Paris : Gallimard.

GIROD, R. (1953). *Attitudes collectives et relations humaines*, Paris : Presses Universitaires de France.

GIROD, R. et ROUILLER, J. F. (1963). *Milieu social et orientation de la carrière des adolescents*, troisième partie : projets et attitudes à 35 ans. Centre de Recherches de la Faculté des Sciences Économiques et Sociales de l'Université de Genève.

GLUECK, S. (1956). *Délinquants en herbe*, Paris : Emmanuel Vitte éd., p. 226.

GOERGE, P. (1952). *La ville*, Paris : Presses Universitaires de France.

GOLD, M. (1963). *Status Forces in Delinquency*, AnnArbor : Institute for Social Research.

GOLD, M. (1966). Undetected Delinquency Behavior. *Journal of Research in Crime and Delinquency*, *3*, 27-47.

GOLD & SCARPITTI (1967). *Combating Social Problems*. Holt, Rinehard and Winston, U. S. A., 580 p.

GOLDMAN, N. (1964). *The Disposition of Juvenile Arrests by Urban Police*, in : E. W. Burgess, D. J. Bogue (ed.). Contributions to Urban Sociology (577-591), Chicago : University of Chicago Press.

GONIN, D. (1967). *Psychothérapie de groupe du délinquant adulte en milieu pénitentiaire*, Paris : Masson.

GOODE, W. J. (1960). Illegitimacy in the Carribean Social Structure. *American Sociological Review*, *25*, 21-30.

GOODMAN, P. (1956). *Growing up absurd*, New York : Random House.

GORDON, R. A., SHORT, J. F. (1963). Values and Gang Delinquency : a study of street corner groups. *American Journal of Sociology*, 68, 109-128.

GOSSELIN, E. (1965). La troisième solitude : *une étude de la pauvreté dans la région de Montréal*, Montréal : Conseil du travail.

GOUGH, H. G. (1960). Theory and Measurement of Socialisation. *Journal of Consulting Psychology*, 24, 33-30.

GRANDCHAMP, P. (1921). *Contribution à l'étude de la réforme du droit pénal de l'enfance dans le canton de Vaud.*

GREEN, B. F. (1954). « Attitudes Measurement », in : G. S. Lindzey (ed), *Handbook of Social Psychology*, Londres : Addison Wesley, p. 335-370.

GUILFORD, J. P. (1954). *Psychometric Methods*, Toronto : McGraw-Hill.

GUINDON, Jeannine (1960). La formation des éducateurs spécialisés à l'institut de psychologie de l'Université de Montréal. *La Revue canadienne de criminologie*, 2, n° 3.

GURVITCH, G. (1960a). « Bibliographie de la sociologie de la connaissance », *Cahiers internationaux de sociologie*, 32 : 135-170.

GURVITCH, G. (1960b). « Problèmes de la sociologie de la vie morale », in : G. Gurvitch (éd), *Traité de sociologie*, t. II, Paris : Presses Universitaires de France, p. 137-173.

GURVITCH, G. (1963). La vocation actuelle de la sociologie, Paris : Presses Universitaires de France.

GURVITCH, G. (1963). *Traité de sociologie*, Paris : Presses Universitaires de France.

GURVITCH, G. (1965). « *La sociologie de la connaissance* », Revue de l'enseignement supérieur, 1-2 : 42-43.

HAICAULT, Monique et ROUSSELET, J. (1964-1965), Étude d'une promotion d'apprentis scolarisés de la métallurgie (R.N.U.R.). *Motivation, attitudes et ambitions professionnelles*, C.E.R.C.E.T.J., Paris : Ministère du Travail.

HAMILTON, G. (1965). *Théorie et pratique du case work*, Comité français de service social et d'action sociale, Paris, 294 p., cf. le chap. III, p. 55 sq.

HARD. R. H., PETERSON, S. J. (1968). Neighborhood status and Delinquency Activity as indexed by police records and a self report survey. *Criminologica*, 6, 37-48.

HARTMANN, H. et R. M. LOEWENSTEIN (1962). « Notes on the Superego », *Psychoanalytic Study of the Child*, New York : International Universities Press, p. 42-81.

HAYNER, N. S. (1933), Delinquency Area in the Puget Sound Region, *American Journal of Sociology*, 39, 314-328.

HAYNER, N. S. (1946). Criminogenic Zones in Mexico City, *American Sociological Review*, 11, 428-438.

HELPER, M. M. (1955). « Learning Theory and the Self Concept ». *Journal of Abnormal and Social Psychology*, 51 : 184-195.

HESNARD, A. (1957). *Psychanalyse du lien interhumain*, Paris Presses Universitaires de France.

HEUYER, G. (1939). *La délinquance infantile et juvénile*, Paris : L'enfance coupable.

HEUYER, G. (1969). *La délinquance juvénile*, PUF, Collection SUP, Paris, 308 p., voir chap. VI, Délinquance des filles mineures, p. 212 sq.

HIJAZI, M. (1966). *Délinquance juvénile et réalisation de soi*, Collection de médecine légale et de toxicologie médicale, Ed. Masson & Cie, Lyon, 296 p., p. 234 sq.

HIMELHOCK, J. (1964). Socioeconomic Status and Delinquency in

Rural New England. *59 Annual Meeting of the American Sociological Association*, Montréal (résumé).

HOGGART, R. (1970). *La culture du pauvre*, Paris : Les Éditions de Minuit.

HOLLINGSHEAD, A. B. (1966). *Elmtown's Youth*, Science Editions, John Wiley & Sons Inc., 480 p.

HORTON, J. (1964). The Dehumanization of Anomie and Alienation : A Problem in the Ideology of Sociology. *The British Journal of Sociology*, 15, 283-300.

HORST, P. (1966). *Factor Analysis for Data Matrix*, Toronto : Holt, Rinehart and Winston.

JACQUEMIN, A. and TULKENS, H. (1971). « La lutte contre la délinquance : les initiatives privées et leurs rapports avec le secteur public », *Revue de Droit Pénal et de Criminologie*, 51, 879-897.

JANSYN, L. R. (1966). Solidarity and Delinquency in a Street Corner Group, *American Sociological Review*, 31, 600-614

JENNY, J. (1960). Le jeune hors de sa famille et dans la cité. *Le groupe familial*, n⁰ 6, p. 13-24.

JENNY, J. (1961). Les équipements socio-culturels pour les jeunes dans les nouveaux groupes d'habitation (problèmes psychosociologiques). *Enquête d'exploration sur les comportements, besoins et aspirations des adolescents et jeunes adultes et sur les conceptions de leurs parents*, Paris : Éducation et vie sociale.

JEPHCOTT, P., CARTER, M. P. (1954). *The Social Background of Delinquency*. Document non publié, University of Nottingham.

JONES, H. (1965). *Crime in a Changing Society*, Londres : Penguin Books.

JOUBREL, H. (1957). *Mauvais garçons de bonnes familles*, Aubier Montaigne (éd),, Paris, 254 p.

JOUSSELIN, J. (1959). *Jeunesse, fait social méconnu*, Paris : Presses Universitaires de France.

JUVENILE Delinquency in Canada (1965), The Raport of the Department of Justice Committee on Juvenile Delinquency, Queen's Printer, Roger Duhamel, Ottawa, 337 p.

KELLY, G. A. (1955). *The Psychology of Personal Constructs*, New York : Norton.

KENISTON, K. (1965). *The Uncommitted*, New York : Harcourt.

KENISTON, K. (1967). The Sources of Student Dissent. *The Journal of Social Issues*, 23, 108-137.

KENISTON, K. (1968). *Young Radicals*, New York : Harcourt, Brace and World.

KERR, M. (1958). *The People of Ship Street*, London : Routledge and Kegan Paul.

KERLINGER, F. N. (1964). *Foundations of Behavioral Research*, New York : Holt, Rinehart and Winston.

KILLIAN, L. M. (1964). Social Movements, in, R.E.L. Paris (ed.), Handbook of Modern Sociology (p. 426-456), Chicago : Rand McNally.

KINSEY, A. C. *et al.*, *Sexual Behavior in the Human Male*, Philadelphia : Saunders.

KITSUSE, J. I. (1962). Societal Reaction to Deviant Behavior, *Social Problems*, 9, 247-256.

KLEIN, M. (1965). « Notre monde adulte et ses racines dans l'enfance », in : A. Levy (éd.), *Psychologie sociale, textes fondamentaux anglais et américains*, Paris, Dunod, « Organisation et sciences humaines », 5 : 46-65.

KLEINEBERG, O. (1940). *Social Psychology*, New York : Henry Holt and Co.

KOBRIN, S. (1951). The Conflict of Values in Delinquency Areas. *American Sociological Review*, 16, 635-661.

KOBRIN, A. (1962). The Impact of Cultural Factors on Selected Problems of Adolescents Development in the Middle and Lower Class. *American Journal Orthopsychology*, 32, 387-390.

KOHLBERG, L. (1958). *The Development of Modes of Moral Thinking and Choice in the Years from Ten to Sixteen*, thèse inédite, Chicago : Université de Chicago.

KOHLBERG, L. (1963a). « Moral Development and Identification », in : Stevenson (ed.), *Child Psychology*, Chicago : The University of Chicago Press.

KOHLBERG, L. (1963b). « State and Sequence : The Development Approach », texte préparé pour la S.J.R.C., Conference on Moral Development.

KOHLBERG, L. (1964). « Development of Moral Character and Moral Ideology », in : M. L. Hoffman et L. W. Hoffman (ed.),

Review of Child Development Research, New York, Russel Sage Foundation, 1 : 13; 3 : 176-180.

KORNHAUSSER, W. (1959). *The Politics in Mass Society*, Glencoe : Free Press.

KRECH, D. et R. S. CRUTCHFIELD (1948). *Theory and Problems of Social Psychology*, New York : McGraw-Hill.

KROEBER, A. L., KLUCKHONN, C. (1952). *Culture : A Critical Review of Concepts and Definitions*, New York : Random House.

KVARACEUS, W., MILLER, W. B. (1959). Norm-Violating Behavior in Middle-Class Culture, in : E. W. Vaz (ed.), *Middle-Class Juvenile Delinquency*, (p. 233-242), New York : Harper (1967).

LAFLAMME-CUSSON, Suzanne (1971). *Les éducateurs*, Rapports de recherche inédit. Département de Criminologie, Université de Montréal.

LAFON, R. (1950). *Psychopédagogie médico-légale*, Paris : Presses Universitaires de France.

LANDER, B. (1954). *Toward an Understanding of Juvenile Delinquency*, New York : Columbia University Press.

LANDER, B. LANDER, N. (1964). Deprivation as a cause of Delinquency : Economic or Moral, in : B. Rosenberg (ed.), *Mass Society in Crisis*, p. 130-141, New York : Macmillan.

LANDIS et al. (1963). Emplementing two Theories of Delinquency : Value-Orientation and Awareness of Limited Opportunity, *Sociology and Social Research*, 47, 411-413.

LAPASSADE, G. (1963). *L'entrée dans la vie*, Paris : Éditions du Seuil.

LAROCQUE, P. (1965). *Les classes sociales*, Paris : Presses Universitaires de France.

LAUZEL, J. P. (1966). *L'enfant voleur*, Paris : Presses Universitaires de France.

LAVALLEE, C. et MAILLOUX, N. (1965). Mécanismes de défense caractéristiques des groupes de jeunes délinquants en cours de rééducation. *Contribution à l'étude des sciences de l'homme*, 6, 52-66.

LEAUTE, J. (1970). « Ce que coûtent les crimes et les délits », *Revue Internationale de Criminologie et de Police Technique*, 24, 315-317.

LE BLANC, M. (1968). *Délinquance juvénile à Montréal* : 1960-1966,

Montréal : Département de Criminologie, Université de Montréal.

LE BLANC, M. (1969). *Inadaptation et classes sociales à Montréal*, Montréal : Département de Criminologie, Université de Montréal.

LEBOVICI, S. (1962). *Carence affective et éducative*, Publication du Centre International de l'Enfance, Paris.

LEDUC, Hélène (1964). Travail préliminaire à une étude sur les relations entre la pensée formelle et l'établissement de l'identité chez les garçons délinquants de 15 à 20 ans. Thèse inédite, Université de Montréal.

LEDRUT, R. (1968). *Sociologie urbaine*, Paris : Presses Universitaires de France.

LÉGISLATIONS relatives aux jeunes délinquants et à la protection de l'enfance : France, Belgique, Grande-Bretagne, Canada (Provinces de Québec, d'Ontario et de Colombie Britannique).

LE GUILLANT, L. (1961). *Jeunes « difficiles » ou temps difficiles.* Paris : les Éditions du Scarabée.

LEMERT, E. M. (1967). *Human Deviance, Social Problems, and Social Control*, New Jersey : Prentice-Hall.

LEON, A. (1957). *Psychopédagogie de l'orientation professionnelle.* Préface de Henri Wallon, Paris, P.U.F.

LEPLAE, Claire (1970). *La sociologie de la famille en Belgique*, 1957-1968. Recherches sociologiques n° 1, Centre de recherches sociologiques de l'Université Catholique de Louvain, 119 p.

LEWIN, K. (1951). *Field Theory in Social Science, Selected Theoretical Papers*, New York : Courtwright.

LIKERT, R. (1932). « A Technique for the Measurement of Attitudes », *Archives of Psychology*, n° 140.

LIND, A. W. (1930). Some Ecological Patterns of Community Disorganization in Honolulu. *American Journal of Sociology*, *36*, 206-220.

LORENZ, K. (1966a). « Ecce Homo », *Encounter*, *22* : 25-39.

LORENZ, K. (1966b). *On Aggression*, Londres : Methuen.

LORING, L. M. (1966). *Two Kinds of Values*, Londres : Routledge and Kegan Paul.

LOX, F. (1969). *Le problème des placements*, Éd. L'Office de la protection de la jeunesse, Bruxelles, 21 p.

LUNDEN, W. A. (1964). *Statistics on Delinquents and Delinquency*, Illinois : Thames.

MAILLOUX, N. (1968). Psychologie clinique et délinquance juvénile, in : D. Szabo (éd.), *Criminologie en action*, Montréal : Les Presses de l'Université de Montréal.

MAISONNEUVE, J. (1967). *Relation affective et couple conjugal*, in : Le groupe familial, n° 36.

MANNHEIM, H. (1965). *Comparative Criminology*, London : Routledge and Kegan.

MARCUSE, H. (1963). « Dynamismes de la société industrielle », Annales, 18 : 906-932.

MARNY, J. (1965). *Les adolescents d'aujourd'hui : culture, loisirs, idoles, amour, religion*, Paris : les Éditions du Centurion.

MARQUISET, J. (1964). *Le Crime*, Que sais-je ? P.U.F., Paris, n° 297, 126 p.

MARTIN, J. (1961). *Juvenile Vandalism*, Springfield : Thomas.

MASSICOTTE, E. Z. (1936). Quelques rues et faubourgs du vieux Montréal, *Les cahiers des Dix, 1,* 105-156.

MATZA, D., SYKES, G. M. (1957). Techniques of Neutralization : a theory of Delinquency, *American Sociological Review,* 22, 664-670.

MATZA, D. (1964). *Delinquency and Drift*, New York : Wiley.

MATZA, D. SYKES, G. M. (1961). Juvenile Delinquency and Subterranean Values, *American Sociological Review, 26,* 712-719.

MAUCO, G. (1967). *L'inadaptation scolaire et sociale et ses remèdes.* Cahiers de pédagogie moderne, Collection Bourrelien, Paris, 198 p., l. 139.

MAUPEOU, N. de (1968). *Les blousons bleus*, Paris : Colin.

MAYS, J. B. (1954). *Growing up in the City*, Liverpool : Liverpool University Press.

MAYS, J. B. (1962). *Education and the Urban Child*, Liverpool : Liverpool University Press.

McCORD, W., McCORD, J. (1960). A Tentative Theory of the Structure of Conscience, in : D. Wilner (ed.), *Decisions, Values and Groups*, p. 108-135, New York : Pergamon.

McCORD, W., ZOLA, I. (1962). *Origins of Crime. A New Evaluation of the Cambridge-Somerville Youth Study*, 2ᵉ éd., New York et Londres : Columbia University Press.

McCORD, J. et GLEMES, S. (1964). « Conscience Orientation and Dimensions of Personality », *Behavioral Science*, 9 : 18-29.

McEACHERN, A. W., BAUZER, R. (1967). Factors related to dispositions of Juvenile Contacts, in : W. W. Klein, B. G. Myerhoff, (ed.), *Juvenile Gangs in Context : Theory Research and Action*, 148-161, New York : Prentice-Hall,

McGRATH, W. T. (1965). *Crime and its Treatments in Canada*, Toronto, 510 p.

MEAD, G. H. (1934). *Mind, Self and Society*, Chicago : The University of Chicago Press.

MELVIN, M. (1959). « Personal Adjustment, Assumed Similarity to Parents, and Inferred Parental Evaluation of the Self », *Journal of Consulting Psychology*, 22 : 481-485.

MERENDA, P. F., CLARKE, W. (1959). « Factor Analysis of a Measure of Social Self », *Psychological Report*, 4 : 597-605.

MERTON, R. K. (1938). Social Structure and Anomie, *American Sociological Review*, 3, 672-682.

MERTON, R. K. (1949). Social Theory and Social Structure, in : A. Levy (éd.), *Psychologie sociale*, p. 393-421, Paris : Dunod (1965).

METIVIER, J. (1968). Recherche expérimentale préliminaire sur les relations entre fonctionnement intellectuel, conception de soi et de la société et communication chez le délinquant. Thèse de licence, Université de Montréal.

MIDDENDORFF, W. (1960). *Nouvelles formes de délinquance juvénile*. Rapport présenté au deuxième congrès des Nations Unies pour la prévention du crime et le traitement des délinquants.

MICHAUD, L. (1952). *L'enfant pervers*, Paris : Presses Universitaires de France.

MILLER, W. (1959). Lower Class Culture as a Generating Milieu of Gang Delinquency. *Journal of Sociological Issues*, 4, 5-19.

MILLS, C. W. (1942). The Professionnal Ideology of Social Pathologists. *American Journal of Sociology*, 49, 165-180.

MIZRUCHI, E. H. (1964). *Success and Opportunity*, New York : Free Press.

MONGEAU, J. (1966). Résultats d'un groupe de délinquants juvéniles à des épreuves opératoires. Thèse de licence inédite, Université de Montréal.

MONGER, M. (1964). *Casework in Probation*, Butterworths, London, 242 p.

MONOD, J. (1968). *Les barjots*. Paris : Julliard.

MORIN, E. (1962). *L'esprit du temps*, Essai sur la culture de masse. Paris, Grasset.

MORIN, E. (1963). *Salut les copains*, Le Monde, 6 et 7 juillet.

MORRIS, T. (1958). *The Criminal Area*, London : Routledge and Kegan Paul.

MOYSON, R. (1967). *Le vol dans les grands magasins*. Centre National de Criminologie, Publication n° 2, Éditions de l'Institut de Sociologie, Bruxelles, 144 p.

MUCCHIELLI, Dr R. (1965). *Comment ils deviennent délinquants, Genèse et développement de la socialisation et de la dissocialité*. Paris, Éditions sociales françaises.

MYERHOFF, H. L., MYERHOFF, B. G. (1964), Field Observation of Middle-Class Gangs : *Social Forces*, 42, 328-336.

NAVILLE, P. (1954). La vie de travail et ses problèmes, Paris, Armand Colin, *Cahiers de la Fondation Nationale des Sciences Politiques*.

NERON, G. (1968). *L'enfant fugueur*, Paris : Presses Universitaires de France.

NEWCOMB, T. M. *et al. Social Psychology*, New York : Holt Rinehart and Winston.

NYE, J. E., SHORT, J. F. (1957). Scaling Delinquent Behavior. *American Sociological Review*, 22, 326-321.

NYE, J. E., SHORT, J. F. (1958). Extend of Unrecorded Juvenile Delinquency : Tentative Conclusions, *Journal of Criminal Law, Criminology and Police Science*, 49, 296-302.

NYE, J. E. (1958). *Family Relationships and Delinquent Behavior*, New York : Wiley.

NYE, I., SHORT, J. F. (1959). Reported Behavior as a Criterion of Deviant Behavior, *Social Problems*, 5, 207-213.

PARROT, P., RIBETTES, J., MABILLE, A. M. (1957). *Le vol de voiture chez l'adolescent*, Paris : Sauvegarde de l'enfance.

PARROT, P., GUENEAU, M. (1959). *Les gangs d'adolescents*, Paris : Presses Universitaires de France.

PARSONS, T., SHILS, E. A. (1951). *Toward a General Theorie of Action*. Boston : Harvard University Press.

PERRUCHOT, H. (1958). *La France et sa jeunesse*, Paris, Hachette.

PIAGET, J. (1932). *Le jugement moral chez l'enfant*, Paris, Alcan.

PIAGET, J. (1937). *La construction du réel chez l'enfant*, Genève : Delachaux et Niestlé.

PIAGET, J. (1946). *Le développement de la notion de temps chez l'enfant*, Paris : Presses Universitaires de France.

PIAGET, J. (1947). *Psychologie de l'intelligence*, Paris : Collection Armand Colin (1961).

PIAGET, J., INHELDER, B. (1955). *De la logique de l'enfant à la logique de l'adolescent*, Paris : Presses Universitaires de France.

PIAGET, J. (1964). *Six études de psychologie*. Genève : Éditions Gauthier.

PIAGET, J. (1966). Le problème des mécanismes communs dans les sciences de l'homme. *Actes du sixième congrès mondial de sociologie*, Genève : Association Internationale de Sociologie.

PIAGET, J. (1968). *Six études de psychologie*, (éd.) Gonthier, Genève, 189 p., p. 84-85.

PINATEL, J. (1960). *La criminologie*, Spes, Paris, 209 p. p. 129-130.

PINATEL, J. (1962). Rapport sur le traitement, *le statut légal et le traitement des jeunes adultes*, Soc. Int. de Défense Sociale.

PIZZORNO, A. (1963). « Lecture actuelle de Durkheim », *Archives européennes de sociologie*, 4 : 1-36.

POLK, K. (1957). *The Social Areas of San Diego*. Thèse de maîtrise non publiée, Université Northwestern.

PORTERFIELD, A. L. (1943). Delinquency and its Outcome in Court and College, *American Journal of Sociology*, 49, 199-208.

PORTERFIELD, A. L. (1946). *Youth in Trouble*. For Worth. Leo Potishman Found.

RACINE, Aimée (1966). La délinquance juvénile en Belgique en 1960, 1961 et 1962. Éd. par le Centre d'Étude de la Délinquance Juvénile, A.S.B.L., n° 16, Bruxelles, 50 p.

RACINE, Aimée (1968). La délinquance juvénile en Belgique en 1963, 1964 et 1965. Éd. par le Centre d'Étude de la Délinquance Juvénile (CEDJ), Bruxelles.

RADZINOWIEZ, L. (1964). The Criminal in Society, *Journal of Royal Social Arts*, 112, 916-929.

Rapport de la Commission Royale d'Enquête sur le Bilinguisme et le Biculturalisme (1969), Ottawa : Imprimeur de la Reine au Canada, Volume 3A.

Rapport Ingleby (Grande-Bretagne). Publications du Gouvernement.

REDL, F. et WINEMAN, D. (1967). *L'enfant agressif*, tome II, Fleurus, Paris, p. 211.

REISS, H. Jr., RHODES, A. (1961). The Distribution of Juvenile Delinquency in the Class Structure, *American Sociological Review*, *26*, 720-732.

RIESMAN, D. (1964). *La foule solitaire*. Paris : Arthaud.

RIGAUX, M. et TROUSSE, P. (1962-1968). *Les crimes et les délits du code pénal*, t. I-V (Encyclopédie formulaire des infractions), Bruxelles, Bruyland; Paris, Lib. Gén. de Droit et de Jurisprudence.

RIGNEY, F. J., SMITH, L. D. (1960). *The Real Bohemia*, New York : Basic Books.

RIOUX, M. (1965). *Jeunesse et société contemporaine*, Montréal : Presses de l'Université de Montréal (1969).

RIOUX, M. (1969). Remarques sur la sociologie critique et la sociologie aseptique. *Sociologie et sociétés*, *1*, 53-67.

ROBERT, P. (1967). *Les bandes d'adolescents*, Paris : Les éditions ouvrières.

ROBERT, P. (1969). *Traité de droit des mineurs*, Édition Cujas, 240 p.

ROBIN, G. T. (1964). Gang Member Delinquency : its Extent; Sequence and Typology, *Journal of Criminal Law, Criminology and Police Science*, *55*, 55-59.

ROCHEBLAVE-SPENLE, A. M. (1962). *La notion de rôle en psychologie sociale*, Paris, Presses Universitaires de France.

RODMAN, H. (1963). Lower-Class Value-Stretch. *Social Forces*, *42* : 205-215.

RODMAN, H. GRAMS, P. (1967). *Juvenile Delinquency and the Family : A Review and Discussion in Task Force on Juvenile Delinquency* (188-222). The President Commission on Law Enforcement and Administration of Justice, Washington : U. S. Government Printing Office.

ROGOFF, Natalie (1964). *On the Flow of Talent in Society*, Mimeogr. University of Oslo.

Rogow, A. et Lasswell, H. D. (1963). *Corruption and Rectitude*, New York : Prentice-Hall.

Rousselet, J. (1961). *L'adolescent en apprentissage*, Paris : Presses Universitaires de France, Collection Paideia.

Rousselet, J. et Haigault, Monique (1964). Recherche sur les motivations et les ambitions socio-professionnelles de jeunes demandeurs d'emploi. Centre d'Études et de Recherches sur les *Conditions d'Emploi et de Travail des Jeunes*, Paris : Ministère du Travail, 2 tomes multigr.

Roussopolous, D. (1968). What is the New Radicalism? *Our Generation*, 6, 15-26.

Roy, G. (1947). *Bonheur d'occasion*, Montréal : Beauchemin.

Royal Commission, Inquiry into Civil Rights (1968). Report Number One, Volume I, II, III, Ontario, 497 p. et 1331.

Salisbury, H. E. (1958). *The Shook-up Generation*, New York : Harper and Row.

Shiele, R. et Monjardet, A. (1964). *Les apprentis scolarisés*, leur mentalité vue par 5.000 d'entre eux. Les Éditions Ouvrières, Paris.

Schmelck et Picca (1967). *Pénologie et Droit pénitentiaire*, Édition Cujas, Paris, 369 p.

Sears, R. R., Maccoby, E. E., Levin, H. (1957). *Patterns of Child Rearing*, New York : Row Paterson.

Sears, R. R., Rau, L., Alpert, R. (1965). *Identification and Child Rearing*, Stanford : Stanford University Press.

Sellin, T. (1938). *Culture Conflict and Crime*, New York : Social Science Research Council.

Sellin, T. Wolfgang, M. E. (1964). *The Measurement of Delinquency*, Philadelphia : Wiley.

Selltiz, C., Jahoda, M., Deutsh, M., Cook, S. W. (1959). *Research Methods in Social Relations*, New York, Hold, Rinehart and Winston.

Selosse, J., Michard, H. (1963). *La délinquance des jeunes en groupe*, Paris : Cujas.

Selosse, J., Michard, H. (1965). *Vols et voleurs de véhicules à moteurs*, Paris : Cujas.

Selznick, P. (1952). *The Organizational Weapon*, New York : McGraw-Hill.

SHAW, C. R. (1930). *The Jack Roller*, Chicago : University of Chicago Press.

SHAW, C., McKAY, H. (1942). *Juvenile Delinquency and Urban Areas*, Chicago : University of Chicago Press.

SHERIF, M. (1948). *Outline of Social Psychology*, New York : John Wiley and Sons.

SHERIF, M., CANTRIL, H. (1947). *The Psychology of Ego-Involvment, Social Attitudes and Identification*, New York : John Wiley and Sons.

SHEVKY, E., BELL, W. (1955). *Social Area Analysis*, Stanford : Stanford University Press.

SHILS, E. A. (1960). « Mass Society and its Culture », Daedalus, 89 : 288-314.

SHOHAM, S. (1965). Value Deviation, Social Stigma and Deviant Behaviors. Rapport présenté au 5e Congrès International de Criminologie.

SHORT, J. F. Jr., STRODTBECK, F. L. (1965). *Group Process and Gang Delinquency*, Chicago : University of Chicago Press.

SHORT, J. F. (1968). *Gang Delinquency and Delinquent Subculture*ᶜ New York : Harper & Row.

SCHMID, C. F. (1960). Urban Crime Areas : Part I-II, *American Sociological Review*, 25, 2 : 527, 542, 3 : 655-678.

SIMMONS, J. I., WINOGRAD, B. (1966). It's Happening, California : Marc-Laurel.

SLACHMUYLDER, L., SCHURMANS, J. *Notions pratiques de psycho-pathologie infantile*, Éd. de l'École de Cadres, Bruxelles, 62 p. + XVI p., p. 35.

SLOCUM, W. L., STONE, C. L. (1963). Family, Culture Patterns and Delinquent Type Behavior. *Marriage and Family Living*, 25, 202-208.

SOCIÉTÉ des Nations (1935). *L'organisation des tribunaux pour enfants et les expériences faites jusqu'à ce jour*, Recueil publié par la Société des Nations en collaboration avec la Commission Internationale Pénale et Pénitentiaire, Genève, p. 157.

SOPCHAK, A. L. (1952). « Parental *Identification and Tendency toward Disorders* as Measured by the Minnesota Multiphase Personality Inventory », *Journal of Abnormal and Social Psychology*, 47 : 159-165.

SPERGEL, I. (1964). *Racketville, Slumtown Haulburg*, Chicago : The University of Chicago Press.

SPILLER, B. (1965). Delinquency and Middle-class goals. *Criminological Law, Criminology and Police Science*, 56, 453-478.

STANCIU, V. V. (1968). *La criminalité à Paris*, Paris : C.N.R.S.

STARK, W. (1958). *The Sociology of Knowledge*, Glencoe : Free Press.

STEPHENSON, G. M. (1966). *The Development of Conscience*, Londres : Routledge and Kegan Paul.

STOCK, D. (1949). « An Investigation into the Interrelations between the Self Concept and Feelings Directed toward Other Persons and Groups », *Journal of Consulting Psychology*, 13 : 176-180.

STOETZEL, J. (1954). *Jeunesse sans chrysanthème ni sabre*, Paris : UNESCO, Plon.

STUWARD, P. (1965). *Abstrac : Analyse de facteurs et calcul des scores*, Montréal : Centre de Calcul, Université de Montréal.

SUTHERLAND, E. H. (1937). *The Professionnal Thief*, Chicago : University of Chicago Press.

SYKES, G. M., MATZA, D. (1957). Technique of Neutralization, *American Sociological Review*, 22, 664-670.

SZABO, D., GOYER, F., GAGNE, D. (1964). « Valeurs morales et délinquance juvénile », *l'Année sociologique*, 3 : 75-110.

SZABO, D. (1965). « Société de masse et inadaptations psycho-culturelles », *Revue française de sociologie*, 4 : 472-486.

SZABO, D., GOYER-MICHAUD, F., GAGNE, D. (1965). « Jugements moraux et milieu socio-culturel », *4ᵉ Colloque de recherche sur la délinquance et la criminalité*, Société de criminologie du Québec, 195.

SZABO, D., GAGNE, D. (1967). Moralité adolescente et structure sociale : inadaptation et structure de caractère, in : Actes du *5ᵉ Colloque de recherche sur la délinquance et la criminalité* (115-128).

SZABO, D., LE BLANC, M., DESLAURIERS, L., GAGNE, D. (1968). Interprétation psycho-culturelle de l'inadaptation juvénile dans la société de masse contemporaine, *Acta Criminologica*, 1, 9-135.

SZABO, D. *et al.* (1969). Instruments de mesure et méthodologie. Moralité adolescente et structure sociale. (Monographie n° 3), Université de Montréal, département de criminologie.

Szabo, D. (1969). *Ordre et changement*, Les Presses de l'Université de Montréal.

Tait, C. D., Hodge, E. F. (1962). *Delinquents, their Family and the Community*, Springfield : Thomas.

Tappan, P. W. (1947). Who is the Criminal? *American Sociological Review*, *12*, 96-101.

Teindas, G., Thireau, Yann (1961). *La jeunesse dans la famille et la société moderne*, Paris, Les Éditions Sociales Françaises, 2 t.

Terry, R. M. (1962). *Criteria Utilized by Police in Screening of Juvenile Offenders*, Milwaukee : Unpublished Master Dissertation, University of Wisconsin.

Tessier, B. (1970). *L'évaluation de la religion rééducative dans le processus de rééducation*, Montréal : Service de recherche de Boscoville.

Thurstone, L. L. (1921). « The Method of Paired Comparison for Social Values », *Journal of Abnormal and Social Pathology*, 15 : 384-400.

Thurstone, L. L. (1946). « Comment », *American Journal of Sociology*, 52 : 39-50.

Thurstone, L. L., Chave, B. J. (1929). *The Measurement of Attitudes*, Chicago : The University of Chicago Press.

Touraine, A. (1969). *La société post-industrielle*, Paris : Denoel.

Trasher, F. (1936). *The Gang*, Chicago : The University of Chicago Press.

Tremblay, M. A., Fortin, G. (1964). *Les comportements économiques de la famille salariée du Québec*, Québec : Presses de l'Université Laval.

Troyano, Hélène (1912). *Les juridictions spéciales pour les mineurs et la mise en liberté surveillée*, Thèse n° 299, Université de Genève (Faculté de Droit), Imprimerie G. Vaney-Burnier, Lausanne, 222 p.

Ullman, A. D. (1965). *Sociocultural Foundations of Personality*, Boston, Houghton Mifflin.

Un million d'enfants (1970). Une étude sur les troubles de l'affectivité et de l'apprentissage chez les enfants canadiens, CELDIC, Publié par Leonard Grainford, Toronto (Canada).

Vaz, E. W. (1967). *Middle-class Juvenile Delinquency*, New York : Harper Row.

VEBLEN, T. (1899). *The Theory of the Leisure Class*, New York : Macmillan.

VEILLARD-CYBULSKI, M. (1953). *Les relations de l'enfant placé dans une famille avec ses parents et les relations des offices de placement avec les parents d'enfants placés ou laissés dans leur famille en liberté surveillée, in : l'information au service du travail social*, N° 9, p. 150.

VEILLARD-CYBULSKI, M. (1957). *La réforme des maisons de rééducation*, Imprimerie Ere Nouvelle, S. A., Lausanne, 20 p.

VEILLARD-CYBULSKI, M. et H. (1963). *Les jeunes délinquants dans le monde. Ce qu'ils font, ce qu'ils sont, ce qu'on fait pour eux*, Neuchâtel-Paris : Delachaux et Niestlé.

VEILLARD-CYBULSKI, Henryka (1966). *La protection judiciaire de la jeunesse dans le monde - ses débuts*, Étude historique, Éd. par l'Association Internationale des Magistrats de la Jeunesse, Bruxelles, 160 p.

VEILLARD-CYBULSKI, M. (1969). Introduction au travail social et à l'action sociale, Éd. par le Cartel Romand d'Hygiène sociale et morale, Lausanne.

VOSS, H. L. (1963). Ethnic Differentials in Delinquency in Honolulu, *Journal of Criminal Law, Criminology and Police Science*, *54*, 322-327.

VOSS, H. L. (1966). Socioeconomic Statuts and Reported Delinquent Behavior, *Social Problems*, *13* : 314-324.

WALCZAK, S. (1970). Quelques problèmes du domaine de la stratégie de la lutte contre la criminalité, rapport préparé pour le IVe Congrès des NU à Kyoto.

WARNER, L. W., LUNT, P. S. (1941). *The Social Life of a Modern Community*, New Heaven : Yale University Press.

WARNER, L. W. et al. (1941). *Deep South : A Social Anthropological Study of Caste and Class*, Chicago : The University of Chicago Press.

WEBER, M. (1958). *The Protestant Ethic and the Spirit of Capitalism*, New York : Scribner.

WERTHMAN, C., PILLAVIN, I. (1961). Gang Members and the Police, *In the Police : Six Sociological Essays*, D. Bordua (ed.), New York : Wiley.

WEST, D. J. (1964). *The Young Offender*, Published by Penguin Books, 333 p.

WHITE, C. R. (1932). The Relation of Felonics to Environment Factors in : Indianapolis, *Social Forces, 10*, 498-509.

WHITE, W. (1937). *Street Corner Society*, Chicago : The University of Chicago Press.

WHITING, J. W. M., CHILD, I. L. (1953). *Child Training and Personality : A Cross-Cultural Study*, New Haven : Yale University Press.

WHYTE, W. F. (1956). *The Organization Man*, New York : Simon and Schuster.

WILKINS, L. T. (1964). *Social Deviance*, Londres : Tavistock.

WILENSKY, H. L. (1964). « Mass Society and Mass Culture », *American Sociological Review, 29* : 173-197.

WILLIAMS, R. M. (1960). *American Society : A Sociological Interpretation*, New York : Knoff.

WILLIAMS, R. M. (1968). The Concept of Value, in : D. L. Sills (ed.), *International Encyclopedia of the Social Science, 16*, 283-287, New York : Macmillan.

WOLFGANG, M. E. (1967). The Culture of Youth, in : N. Katzenbach (ed.), *Task Force Report : Juvenile Delinquency and Youth Crime*, p. 145-155.

WRICK, E. (1966). Structural Changes in the Weltanschawing of the Juvenile Delinquency, *Swiss-American Historical Society Newsletters*, 24-30.

YABLONSKY, L. (1965). The New Criminal : A View of the Contemporary Offender, *British Journal of Criminology, 5*, 83-190.

YABLONSKY, L. (1962). *The Violent Gang*, New York : Macmillan.

YABLONSKY, L. (1968). *The Hippie Trip*, New York : Pegasus.

YINGER, M. (1960). Contraculture and Subculture, *American Sociological Review, 25*, 625-636.

YOUNG, K. (1946). *Handbook of Social Psychology*, Londres : Kegan Paul. Trench-Trubner Co.

ZAZZO, Bianca (1966). *Psychologie différentielle de l'adolescence*, Presses Universitaires de France, Paris.

TABLE DES MATIÈRES

PSYCHOLOGIE ET SCIENCES HUMAINES

collection publiée sous la direction de MARC RICHELLE